实用电视新闻采制教程

靳 斌　张树锋　编著

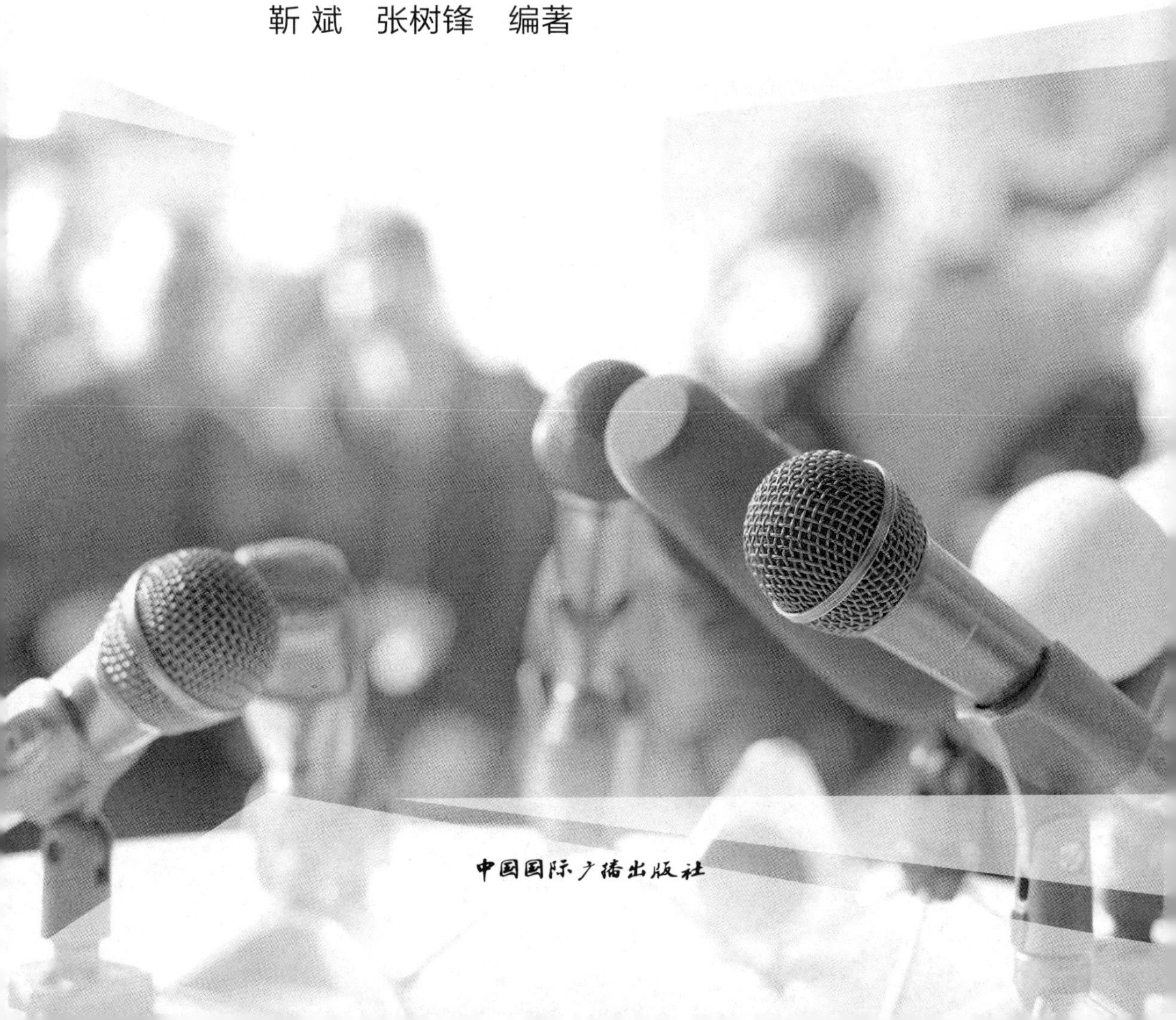

中国国际广播出版社

前　言

电视新闻是一门实践性极强的学科，实务研究是本学科的重点。本书立足于实践业务的研究，力求为电视新闻采编制作工作和学习提供实用、有效的指导和借鉴。

本书按照电视新闻业务流程划分章节：采访、拍摄、编辑、写作，以及策划与编排，内容具有较强的操作性和践行价值。每个章节以实践环节的具体研究为基本内容，并通过部分典范案例，深化对内容的理解。

关于电视新闻基础理论、事业发展主要集中在本书的概述部分，并分布、渗透于各个章节之中。职业道德和新闻法规由于其重要性及指导意义，而单独列为一章。

《实用电视新闻采制教程》在2007年出版的《电视新闻采编与制作》的基础上进行了大量的修订与完善。增加了前沿理论与行业动态，更新了案例，调整了有关论述，尤其针对新媒体环境下电视新闻的发展新增了"新媒体环境下电视新闻业务"一章内容。修订、编写工作由靳斌与张树锋共同完成，其中，靳斌负责第二章、第三章、第四章、第六章，张树锋负责第一章、第五章、第七章、第八章、第九章。

本书编写过程中借鉴、吸收了电视新闻理论、实践业务方面的专家、学者和新闻工作者的相关优秀成果，也得到了许多师友和同仁的支持和帮助。在此，向为本书提供帮助和裨益的有关人士表示衷心感谢。

因时间仓促、水平浅陋，书中肯定存在不足甚至谬误之处，敬请专家和读者批评指正。

作者

2017 年 6 月

目 录

第一章　电视新闻概论 / 001

第一节　电视新闻节目的分类 / 001
一、电视新闻界定 / 001

二、电视新闻节目分类 / 003

第二节　电视新闻节目的地位 / 008
一、电视新闻节目的特点 / 008

二、电视新闻节目的任务和地位 / 009

第三节　电视新闻的发展与现状 / 010
一、早期的电视新闻 / 011

二、电视新闻事业的发展 / 013

三、电视新闻现状 / 016

第二章　电视新闻采访 / 029

第一节　确定新闻选题 / 029
一、明确报道思想 / 029

二、获取新闻线索 / 031

三、选题原则 / 032

第二节　采访策划 / 040
一、写作选题报告 / 040

二、疏通采访渠道，赢得采访机会 / 049

　　三、拟定采访提纲 / 057

　　四、拟定拍摄计划 / 059

第三节　采访实施 / 063

　　一、把握良好的态势语 / 064

　　二、创造良好的访问条件 / 065

　　三、寻求心理接近，融洽双方关系 / 068

　　四、采访提问 / 071

第三章　电视新闻摄像 / 083

第一节　基本要求 / 083

　　一、电视摄像的共性要求 / 083

　　二、新闻摄像的个性特点 / 113

　　三、会议新闻拍摄 / 117

　　四、拍摄注意事项 / 118

第二节　采访拍摄 / 119

　　一、拍摄方向（机位设置） / 119

　　二、景别变换 / 120

　　三、过渡镜头 / 121

　　四、轴线规律 / 122

第三节　新闻用光 / 124

　　一、光的基本常识 / 125

　　二、光的种类 / 127

　　三、电视照明光源 / 129

　　四、室外拍摄的用光技巧 / 132

　　五、新闻人物用光 / 137

第四节 声音的录取 / 142
　　一、使用话筒拾音时应注意的问题 / 142
　　二、拍摄现场的录音方式（同期录音）/ 143
　　三、现场使用的设备 / 144
　　四、同期录音注意的问题 / 147
　　五、电视新闻同期声的录取 / 149

第四章　电视新闻编辑 / 151

第一节 蒙太奇 / 151
　　一、蒙太奇的含义与分类 / 151
　　二、声画蒙太奇与声画关系 / 160

第二节 剪辑技巧 / 164
　　一、镜头衔接 / 164
　　二、转场手段 / 168
　　三、较大场面的剪辑 / 170
　　四、采访段落的剪辑 / 171
　　五、过去情境的表现剪辑 / 171

第三节 电视新闻编辑业务 / 173
　　一、电视新闻编辑的任务 / 173
　　二、新闻作品内容要求 / 182
　　三、电视新闻作品包装 / 182

第五章　电视新闻写作（一）基本要求 / 186

第一节 电视新闻写作的特点与要求 / 186
　　一、电视新闻声画构成 / 187
　　二、口语化 / 192

三、线索单一，结构简单 / 203

第二节 新闻写作的基本要求 / 204

一、客观 / 204

二、真实 / 205

三、公正 / 206

四、及时 / 207

五、准确 / 207

六、简洁 / 210

第三节 电视新闻写作构思 / 212

一、确立主题 / 212

二、分析选择素材 / 214

三、安排结构 / 215

第六章 电视新闻写作（二）文体写作 / 219

第一节 消息类电视新闻写作 / 219

一、消息写作的基本要求 / 219

二、消息分类写作 / 234

第二节 专题类电视新闻写作 / 247

一、专题报道 / 247

二、调查报道 / 249

三、特别报道 / 251

四、实况直播报道 / 257

五、电视新闻性杂志型节目 / 260

第三节 评论类电视新闻写作 / 267

一、电视评论 / 268

二、电视新闻述评 / 269

　　　　三、评论员评论 / 284

　　　　四、电视短评 / 285

　　第四节　谈话类电视新闻写作 / 286

　　　　一、新闻专访 / 287

　　　　二、座谈类新闻 / 292

　　　　三、电视辩论 / 294

　　　　四、电视讲话 / 295

第七章　电视新闻栏目策划与节目编排 / 296

　　第一节　新闻栏目策划 / 299

　　　　一、定位依据 / 299

　　　　二、内容定位 / 300

　　　　三、形式定位 / 303

　　　　四、受众定位 / 309

　　　　五、栏目的活动与宣传 / 312

　　　　六、定位微调 / 313

　　第二节　新闻节目编排 / 313

　　　　一、电视新闻编排原则 / 314

　　　　二、节目编排总体要求 / 315

　　　　三、编排技巧 / 316

　　　　四、扩大信息量 / 320

第八章　新媒体环境下电视新闻业务 / 321

　　第一节　电视新闻全媒体转型的主要挑战 / 321

　　　　一、全媒体时代的到来 / 321

　　　　二、全媒体化产业重构压力 / 322

三、二元竞争格局过渡压力 / 324

　　四、政策人才优势逐渐丧失 / 326

第二节　传统电视适应全媒体转型的重要变化 / 327

　　一、核心竞争力：从信息采集转变为信息采集与内容包装并重 / 327

　　二、记者参与新闻：评论重于采集 / 329

　　三、强势编辑部：引导变为主导 / 331

　　四、业务流程与标准的调整与完善 / 332

第三节　台网互动 / 335

　　一、建立高效互动传播机制 / 335

　　二、创建无缝隙媒介覆盖 / 337

　　三、树立品牌擢升影响 / 338

　　四、报道方式的社会参与 / 340

　　五、直播的常态化 / 343

第九章　新闻法规与职业道德 / 347

第一节　电视新闻工作者职业道德规范 / 347

　　一、全心全意为人民服务 / 348

　　二、坚持正确的舆论导向 / 349

　　三、遵守《宪法》、法律和法规 / 349

　　四、维护新闻的真实性 / 350

　　五、保持清正廉洁的作风 / 351

　　六、发扬团结协作精神 / 351

第二节　新闻法规 / 352

　　一、新闻工作者应有的法律意识 / 352

　　二、关于"保守国家秘密" / 353

三、新闻传播活动中违法行为的基本特征及其主要类型 / 360

四、采访报道权的内容 / 371

五、关于肖像权 / 372

六、舆论监督中应注意的几个问题 / 374

主要参考文献 / 379

第一章　电视新闻概论

第一节　电视新闻节目的分类

一、电视新闻界定

电视新闻是以现代电子技术为传播手段，以声音、画面为传播符号，对新近或正在发生、发现的事实的报道。

"新近或正在发生、发现的事实的报道"，是对电视新闻作为新闻的共性界定。

新闻共性规律包括：（详细内容可参见第五章第二节"新闻写作的基本要求"）

1. 新闻的真实性

真实是新闻的生命，真实性是新闻的根本属性。所谓真实性就是新闻报道要如实反映客观事实，符合事物的本来面目，体现其实质。新闻的真实性主要有以下三点：

第一，新闻要素真实。

新闻要素及相关事实必须真实。包括时间、地点、人物、事件、原因、背景、细节、数字、引语要准确无误。

第二，本质真实。

具体要素的真实是真实报道的基础，同时还应注意新闻事实应是全面的，要从总体上、事实的全部总和中去把握事实，从而透过纷纭复杂的事实表象，正确地揭示事物的本质真实、反映总体的真实，避免以偏概全，以点代面，不能有任何曲解或掩饰。

第三，真实性与真实感的统一。

真实的内容还需应用真实的手段、形式表达出来，给受众带来真实感。内容本来是真实可信的，但如果写作时采访对象的语言、想法不符合人物的身份、不合事理、出现虚假、摆弄的痕迹或不合乎逻辑的情形，都会有损作品本身的真实性。

2. 新闻的时效性

包括时新性与时宜性两方面内容。

新闻报道要及时，其实就是对新闻时效性的要求。新闻被视为是"时间的易碎品"，时过境迁，会削弱甚至丧失新闻价值。因此，记者既要把握好新闻的时效性，去争时效，抢新闻，同时又要把握好新闻的时宜性原则，寻找好的契机报道新闻，取得良好的社会效益和传播效果。处理好"抢"与"压"的关系。

3. 新闻的客观性

新闻报道必须以客观实际为来源，按照事物的本来面目反映事物。当然绝对的客观是不存在的，立场是客观、公正的前提，记者的立场决定了对新闻的选择。

新闻是一种公开传播的信息，它的本源是事实，只有客观叙事才能保证信息在传播过程中不致被歪曲。同时，受众对事实本身了解的需求也决定了媒体对新闻的报道必须客观，要摒弃主观臆断或情绪化的片面报道。

4. 新闻的社会性

第一，取材的重大性。

第二，取材的贴近性。

第三，取材的针对性。

"以现代电子技术为传播手段，以声音、画面为传播符号"，是对电视新闻个性特征的揭示，具体包括：

（1）立体信息传播。

电视传播的手段是视听语言，通过声画双通道实现视听信息的立体传播。

（2）传播上的时空同步。

（3）实现了直观交流的传播效果。

二、电视新闻节目分类

电视新闻节目按照不同的作用、任务可分为四大类：

1. 消息类电视新闻

消息类电视新闻，就是报道新近或正在发生、发现的新闻事实的电视新闻，人们习惯上把消息称作新闻，即狭义的新闻。

消息类电视新闻的特点是篇幅短小、时效性强、内容广泛、信息凝练。在新闻节目中，消息所占比重大、出现频率高，是受众获取信息的主要形式。

从不同的角度划分，消息有不同的分类。

从体裁进行分类，消息可分为五类：动态消息、特写消息、综合消息、解释性消息、经验消息。

（1）动态消息。

动态消息是对于当前发生的或正处于运动状态的新闻事实的简洁报道，是新闻中数量最多、题材面最广、时效性最强的一种消息体裁。

（2）特写消息。

特写消息是对新闻事件中富有特征的片断加以细致描绘和再现的一种新闻体裁。特写消息适合于表现新闻的现场声画，具有电视特点，有很强的表现力和感染力。

（3）综合消息。

综合消息是围绕一个主题对多个新闻事实进行归纳、综合、概括、提炼而成的消息报道。多为对某一时期、某一领域全局性情况的反映，既有面的概括，又有典型材料做说明，点面结合，具有较强的思想性和指导性。

（4）解释性消息。

有些消息由于内容的专业性强或为了强化某种传播目的，在报道新闻事实的同时，更侧重于揭示和说明新闻事实的原因、内涵和性质，以及同相关事物的联系，对某些现象、事件、事实进行解释、廓清和引导。常见于自然界、社会生活、政治活动方面的重大事件和新动向的报道。

（5）经验消息。

通过对部门或个人的先进做法、成功经验的报道，提供相关领域甚至全社会借鉴的模范典型，来推动工作的进展，倡导社会的文明进步，宣传贯彻党的路线、方针、政策，是我国新闻特有的体裁，也是报道量较大、重要性较强的体裁。

2. 专题类电视新闻

专题类电视新闻是综合运用电视表现手段，对新近或正在发生、发现的重要新闻题材所作的深入、详尽的报道。围绕主题，完整、细致地报道事物的发生、发展及影响，分析原因、展示过程，对新闻事实进行解释、预测、点评。它是深度报道的一种形式。

专题类电视新闻从体裁上主要由专题报道和新闻调查报道两类节目构成。而从报道形式和结构方式上又可以分为特别报道、实况直播报道和电视新闻性杂志型节目三类。

（1）专题报道。

专题报道是对新闻事实客观、详细、深入的报道。与消息相比，除了现场直播的情况外，一般来说，专题报道的时新性弱于消息，但内容更为充分、详实，报道手法更加灵活、丰富；与新闻调查相比，专题报道在议论方面只能稍加引申发挥，不能用过多的议论、推理来说明问题，而新闻调查则侧重于剖析事理，展现调查过程，可以较多地使用议论、推理等方法挖掘原因、说明问题；与专题片相比，专题报道时效性更强，政论性较弱。

（2）调查报道。

调查报道又称新闻调查，是通过对深受关注的新闻事实所作的全面深入的调查研究来了解事实的来龙去脉，透过表象、探究原因，从而揭示事实的本质和真相，引发受众深层次的思考。

（3）特别报道。

特别报道是对特别事件或重大选题的报道，这种报道一般能够引起观众特别关注。特别报道的题材一般比较重大，都是观众非常关心的事件。

（4）实况直播报道。

实况直播报道就是指在新闻演播室或新闻事件的现场，把新闻事实的图像、声音，以及现场记者对事件的报道（包括现场采访、解释、评价），转化为电视信号并直接发射传播的报道方式，它是最能体现、发挥电视传播特点和优势的新闻报道形式。

（5）电视新闻性杂志型节目。

电视新闻性杂志型节目又称为综合性节目、板块节目。新闻性杂志型节目是按杂志的方式来组织、编排内容，以传播新闻为主，同时兼顾其他社会功能，借以满足受众多方面需求的节目类型。

3. 评论类电视新闻

评论类电视新闻是针对重大的或具有典型意义的新闻事件与问题发表评论，表明电视台的立场和观点，从而进行舆论引导与监督。评论类电视新闻主要可分为四类：电视评论、电视新闻述评、评论员评论、电视短评。

（1）电视评论。

电视评论是同时运用画面、声音和字幕等视听手段表现内容的评论，又称"图像评论"。电视评论在写作中关键是抓住评论三要素，并突出视听手段在评论中的作用，认真领会、合理运用。

（2）电视新闻述评。

电视新闻述评是叙述新闻事件与发表议论相结合的评论形式，既报道事实又对事实进行评论，边叙述边议论，或先叙述新闻事件，最后集中议论。

（3）评论员评论。

评论员评论是电视评论员或特约评论员就当前群众普遍关心的问题或重大新闻事件、社会现象，直接面向观众表示意见、看法、立场和态度。

（4）电视短评。

电视短评以短见长，及时便捷。它包括编前话、编后语和狭义的提示性评论，也包括配合播出内容而编发的"观后感""观众论坛"等内容，电视短评一般比较严肃郑重，具有很强的针对性，有助于加强宣传声势，增强新闻的分量。

4. 谈话类电视新闻

谈话类电视新闻是由记者、主持人引导，针对重大事件或群众关注的问题，谈话参与者阐述观点、进行交流的新闻节目。

从体裁角度，谈话类新闻节目大致可分为四大类：新闻专访、座谈类新闻、电视辩论和电视讲话。

（1）新闻专访。

新闻专访是记者或主持人就一定的事件、观念、人物的相关信息与特定的采访对象进行采访交流活动的新闻报道。

新闻专访具有内容集中、目的性强、交流充分等特点。所谓内容集中，是指话题单一，谈论的内容具体详实；目的性强是指通过专访，可以有针对性地了解专门、具体的事实，采访、传播目的明确，较好地满足观众的欲知心理；交流充分则明确了专访不是简单的答问式的采访，而是深入的探讨和交流。因此，综合上述特点可知，新闻专访也应属于深度报道的范畴。

新闻专访从其题材和目的可分为事件专访、观念专访和人物专访三类。

事件专访是指就新闻事件向当事人、知情者、权威人士进行专门访问，详细了解事实的整体情况和本质、意义、影响等。

观念专访是通过对权威人士的专门访问，引导受众对于关注程度较高的某类现象、问题或政策得出正确的看法和结论，目的在于回答人们对于错综复杂的问题和现象的疑问、消除疑虑，树立起正确的观念。具有较强的指导性和舆论引导作用。

人物专访是对新闻人物所作的专访。通过访问，展现人物的重要经历、主要成就，意在表现采访对象的精神风貌，给观众以启迪。

（2）座谈类新闻。

座谈类新闻是在主持人引导下，多个谈话参与者就某个新闻话题，集中、充分地表达观点、平等交流，以辩论或讨论等座谈形式进行的新闻节目。

座谈是一种组织、制作的方式，区别于以一对一谈话为主的电视专访。其风格也较电视专访轻松、开放，同时更加强调谈话各方的交流而不只是与主持人进行交流。从具体内容来看，座谈类电视新闻节目可以分为讨论式座谈和辩论式座谈。

讨论式座谈，谈话参与者的观点较为接近，一般能够形成共识，气氛较为和谐、融洽；而辩论式座谈，观点却截然相反，气氛热烈、激越。两种类型的座谈各有特色，适合于不同性质的话题，能够形成不同的意见和舆论。

（3）电视辩论。

电视辩论是由持有相反观点、不同见解的采访对象在电视上展开针锋相对的互相驳斥。

（4）电视讲话。

电视讲话是新闻人物、政府首脑、外交使节、学者专家等具有代表性的人物通过屏幕向观众发表讲话的电视报道形式。结合当前社会形势，具有较深的思想性、权威性。

第二节　电视新闻节目的地位

电视新闻节目是以传播新闻、报道和评论社会真人真事为主要内容的电视节目。新闻节目是电视传播的主体，在所有节目中占据首要地位。电视新闻节目既具有许多与报刊新闻一样的共同属性和共同遵循的规律，又有自己的一些独特个性。

一、电视新闻节目的特点

电视新闻节目的特点体现在与其他类型节目和其他新闻传播媒介（如报纸）的比较之中。

1. 面向全社会，具有强烈的时代感

新闻性节目是反映真实的自然和社会生活的，因此它的内容是极其广泛的。它的报道对象有天文地理、社会人生、政治经济、科学文化、思想言行等，各个方面无所不包，而且所报道反映的新闻信息也是为社会生活的各个方面服务的。它报道的内容常常反映现实社会的最新变化，把握社会发展的脉搏，具有强烈的时代感。

2. 用客观事实说话

新闻节目和其他节目的另一个重要区别是，它真实地反映社会生活，用客观存在的事实说话，传达社会各方面关心的问题，传递对人们有用的信息。客观真实地描述事实的本来面貌，用客观事实说话，就是"根据事

实来描写事实",这是新闻本身的属性决定的。

3. 时效性最强

随着电子科技的飞速发展,电视拥有最现代化的信息采集和传播手段,因此电视新闻具有最强的时效性,这是它和其他新闻传播媒介相比具有最大的优势。它不但能够对发生过的新闻事实及时报道,还能在发生的同时进行同步报道,这种"快"而"灵活"的特点,是报纸新闻所无法比拟的。与电视的其他各种节目相比,新闻节目的显著特点之一是有时效性的要求。

4. 传真性强

电视新闻能够真实地传播新闻事实发生的现场声画,将现场景象生动地展现给观众,使观众有身临其境之感。这种极强的传真性,不但能给受众留下深刻印象,易于接受新闻信息,而且能极大地调动受众的参与意识。利用电视自身的音像特点传播新闻信息是电视新闻节目与其他各种节目的主要区别。

二、电视新闻节目的任务和地位

电视新闻节目的任务是报道和评论最新的新闻事实。凡与此有关的节目都属于新闻性节目。

新闻性节目在电视节目系统中处于首要地位,是电视节目的主体和骨干。虽然从综合节目中所占的播出时间上看,新闻节目在电视中一般都不是最多的,但新闻传播是电视作为新闻传播媒介的首要功能。更主要的是,从节目自身所具备的特点、内容的重要性,以及对社会所产生的影响和作用来看,新闻节目都不能不在电视宣传中居主体地位。我们通常所说,社会主义的广播电视是党、政府和人民的"喉舌",也首先是在电视的新闻性节目和新闻舆论宣传的功能方面体现出来的。

新闻性节目在电视传播中居主体地位,主要表现在:

（1）在宣传计划制定和实施、宣传管理方面，新闻节目是重点内容。

（2）新闻节目在播出安排上常常占据最突出的时间位置，如早晚黄金时间、正点时间等。

（3）新闻节目编播部门常常是电视台最突出最庞大的机构，人员多、管理力量也较强等。

新闻节目居主体地位，一般是就总体而言，也主要指一些综合性的电视台。随着改革开放的深入发展，各类专业频道逐渐建立，在这些频道的播出节目中，新闻性节目可能不占首要地位，有的频道新闻性节目量很少，播出时间很短，有的频道甚至完全没有新闻节目。专业频道的出现也是电视事业本身适应社会需求的一种发展趋向。但这种发展并未改变电视的新闻传播职能和动摇新闻节目的主体地位。事实上，不断强化电视的新闻传播职能，是世界性的发展趋势。

第三节　电视新闻的发展与现状

传播新闻是电视台最重要的一项职能，如果说早期的电视台以提供娱乐节目为主的话，那么今天的电视台正日益成为人们获取新闻信息的重要来源。电视台每天播出新闻的次数，一般少的为几次，多的则达十几次。新闻节目通常又是收视率最高的节目。

电视新闻是伴随电视事业一同发展的，它的发展要受到诸多因素的影响，而最为重要的因素有三点：一是电视的普及，使电视新闻成为与观众联系最为密切的新闻媒介；二是科学技术的进步，为电视新闻事业的腾飞插上了翅膀；三是社会的发展与进步，特别是进入信息时代以后，获取信息已成了人类生存与发展的必要条件，而电视新闻则是各种传播媒介中的"佼佼者"。

一、早期的电视新闻

电视新闻是在电视事业发展到一定阶段以后开始出现的。因为早期电视的主要功能是提供娱乐而不是传播新闻。

最早的电视新闻栏目是美国全国广播公司（NBC）的《骆驼新闻大篷车》，于 1948 年春开播。由于这个节目是由生产骆驼牌香烟的厂商资助开办的，故得此名。同时开播的另外一个栏目是哥伦比亚广播公司（CBS）的《电视新闻与道格拉斯·爱德华兹》，这两个新闻栏目每次播出的时间都是 15 分钟，包括 6—8 条新闻。

日本的 NHK 刚开播时，每天共播出两次新闻节目，一次是中午 12：50 开始共 4 分钟，另一次是晚 7：20 开始共 5 分钟；主要是将广播用的新闻加以编辑，并根据内容的需要配上共同通讯社提供的照片，或是在厚纸板上画上相关的地图和图表。

中国第一家电视台——北京电视台（中央电视台前身）刚刚开播时，虽然也播出电视新闻，但没有固定的新闻栏目。1958 年 11 月 2 日，北京电视台开始口播《简明新闻》，每次约 5 分钟。稿件来自中央人民广播电台。但这种口播新闻常常时有时无。1960 年元旦，北京电视台设立了固定的电视新闻栏目，每周 3 次，每次 10 分钟。但口播新闻和图片报道不包括在这个栏目内。1962 年，北京电视台共播出电视新闻 800 多条，其中自拍 600 多条，地方台提供 200 多条。

同现在的电视新闻相比，早期电视新闻的特点是：

1. 信息量小

具体表现为新闻节目的播出次数少，播出时间短，新闻报道面窄。到 20 世纪 60 年代初期为止，一般的电视新闻栏目最长不超过 15 分钟，一天的播出次数为 1—2 次。此外，由于受当时技术条件的限制及观念的影响，电视新闻的报道面非常狭窄。很多人认为，只有影片新闻才算是真正的电视新闻。有些新闻事件，由于客观条件限制而未能拍下现场画面，因而就不加以报道。这样，电视新闻的报道范围就受到了很大局限。

2. 新闻的时效差

早期的电视新闻采用 16 毫米摄影机拍摄，需经冲洗、印制、剪辑等复杂程序。一条新闻从拍摄到制作完成，要花费很长时间。很多新闻事件发生后，往往要拖两三天才加以报道，拖一周两周也不算新鲜。那时常常有这样的情况，到了夏收才报春种；雨过天晴、烈日当空却报道抗涝保丰收；已是炎热的盛夏，新闻中的人物还穿着棉袄。有人称之为"旧闻新报"。

3. 新闻报道的形式单调

早期的电视新闻主要分为两大类，一类是口播新闻，这类新闻与广播新闻没有什么大的差别。有时配有相应的图片或图表。另外一类是影片新闻，它起源于新闻纪录电影。而且由于当时电视台的摄影力量薄弱，初期的影片新闻往往是由纪录电影制片公司或制片厂提供。后来才逐渐改为自己摄制。

早期的电视新闻节目往往过分重视新闻的形象性。很多人认为，只有影片新闻才算是真正的新闻。

不论是电视台的经营者还是电视观众，对电视新闻都不是十分重视。对于电视台的经营者来说，由于电视新闻收视率低，很少有企业愿意在其中插播广告，因而新闻部成了电视台的赤字部门。只是由于法令的硬性规定，电视台才不得不播出新闻。而对于观众来说，他们购买昂贵的电视，主要还是用来收看电影、戏剧、娱乐节目等，电视新闻只不过是其中的"加片"而已。

在我国，虽然在电视台建立之初就开始强调它是党和政府的喉舌及宣传工具，各级领导也都十分重视电视新闻的宣传作用。但由于物质技术条件不完备，电视新闻的影响也是非常有限的。

二、电视新闻事业的发展

20世纪60年代和70年代是各国电视事业进入高速发展的时期。在美国,60年代初期,电视新闻的播出时间由15分钟增加到30分钟,从此以后,电视新闻的影响开始超过报纸,逐渐成为人们获取新闻信息的主要来源。60年代和70年代是美国政治和社会最动荡不定的时期,如肯尼迪遇刺、越南战争、"水门事件"、吸毒和社会犯罪等。社会的动荡刺激了人们对新闻的需求,而电视新闻在报道重大事件和问题时大显身手,也提高了人们对它的重视程度和信任程度。

电视新闻影响范围的扩大是和电视的普及分不开的。在电视事业发展的初期,由于电视机的拥有量小,电视观众人数少,电视新闻很难与报纸和广播抗衡。只有当电视普及到一定程度,它才开始成为名副其实的大众传播媒介。

在很长一个时期内,我国电视事业的发展都非常缓慢,因而电视新闻的影响也比较小,直到80年代,电视才开始迅速普及,电视新闻也随之成为最有影响的新闻媒介。

电视网的建立是提高电视新闻影响力的另一个因素。早期的电视台大都是一个个独立的电视台,传播范围只限于其所在城市及周围地区。大都以当地新闻为主,来自国外及外地的新闻通常是靠邮寄,耗时很长。

随着微波网的建立,各城市电视台之间传送节目成为可能,以此为基础,电视网开始建立起来。电视网以大的中心电视台为核心,地方电视台以加盟的形式或是通过订立某种协定的形式参加。地方电视台向中心电视台提供新闻报道,而由中心电视台制作成统一的新闻节目,然后再通过各个地方电视台向全国转播。由于统一的电视网的出现,才有了真正意义上的全国性新闻节目,电视新闻的影响也就越来越大。

如日本的电视网,除NHK自成体系外,其他电视网都是由地方性商业电视台联合组成的。

日本的电视新闻网以东京的几个台为中心构成。这是因为政治、经济、社会等有新闻价值的全国性新闻大多发生在东京。此外，国际新闻也是传送到东京的。因此，地方台要保证新闻的供应，只能求助于东京的电视台。而灾害、事件、事故等全国性新闻有时也发生在各个地方。这时，东京的电视台通过地方电视台去获取新闻是比较经济合理的。

东京台（中心台）与地方台（加盟台）在商议的基础上签订协定，成立电视新闻网。各地方台分别负责当地新闻的采访，而东京台则将各地素材加以编辑后播出，由此制作的就是新闻网的新闻。电视网新闻的制作费，由各台根据一定的标准分担。

日本民营电视台新闻网是以1959年4月10日报道皇太子结婚为契机形成的。当时，日本共有民营电视台30家。这30家电视台分成两个系列，将器材集中到一起，联合报道这一活动。

同年8月，东京广播系列中16家电视台结成了日本第一家电视新闻网（Japan News Network，JNN），在这之后的十几年中，又陆续结成了3家电视新闻网。

中央电视台的前身——北京电视台在建立的初期，其传播范围只限于北京地区。随着微波线路的建设，电视的传播范围逐渐扩大。到1975年底，全国有26个省、市、自治区能够收看到北京电视台的节目，1976年7月1日，北京电视台在各地电视台的协作下试办新闻联播节目。从每天晚上7点开始，播出10—15分钟，全部是国内新闻。

1978年1月1日，北京电视台正式播出《全国电视台新闻联播》节目，简称《新闻联播》。各地电视台向北京电视台提供新闻，由北京电视台编辑后播出，然后再由各地电视台向全国转播。《新闻联播》的出现标志着全国电视新闻网的初步形成。1978年5月1日，北京电视台正式改称中央电视台。

推动电视新闻迅速发展的另外一项重要因素是科学技术的进步。

从20世纪60年代中期开始，通讯卫星在电视新闻报道中的作用逐渐为人们所重视。由于通讯卫星的使用，电视新闻报道的时效大大提高。电视记者可以利用卫星转播设备在世界上任何一点进行报道，重大事件在发生的同时即可传遍全世界。

1972年2月21日，美国总统尼克松首次访华。在此后的8天时间里，美国三大广播公司利用通讯卫星进行了9次电视实况转播。据估计，在美国的电视观众约6000万至1亿人，全世界的观众达数亿。

近年来，电视卫星转播设备向小型化、轻便化方向发展，一辆车就可以容纳下全部设备。因而利用卫星进行现场报道变得越来越普遍。在两次海湾战争和阿富汗战争中，美国、日本和西欧一些发达国家的电视台，以及卡塔尔半岛电视台，大都是利用卫星在现场实况报道战况，大大提高了电视新闻的时效性和临场性。

使电视新闻的面貌发生根本性变化的是电子新闻采访设备（ENG）的使用。

电子新闻采访设备主要由便携式摄像机和便携式录像机组成。它省去了用摄影机拍摄新闻时所需的冲洗和印制影片的繁琐过程，大大提高了新闻的时效。有时还可以通过微波中继线路或卫星在现场直播新闻。

在这之前的电视新闻，在本质上更接近于电视纪录片。它往往是由画面和解说词构成，有的还配上音乐。人们重视的是画面的形象性，而同期声则很少使用。

而采用ENG之后，记者就开始从幕后走到镜头前，向观众现场报道新闻。ENG首次显示其效能是在1972年秋，美国哥伦比亚广播公司由于使用ENG采访基辛格关于"和平即将来临"的记者招待会，在报道这一新闻时的时效遥遥领先。

日本和西欧各国的电视台从20世纪70年末期开始普遍使用ENG。我国从70年代末引进ENG设备，但普遍使用是从80年代中期开始，现在，不论是中央电视台还是地方电视台，电视新闻节目几乎全都改为ENG制作。

三、电视新闻现状

（一）我国电视新闻改革发展现状

我国电视新闻经过几十年的快速发展，已经取得了瞩目的成就，形成了一条体系完善、层次分明、思想深刻、竞争力强的电视新闻发展道路，摆脱了以前单一浅显的节目制作状况。随着数字革命时代的来临，我国电视新闻面临着新一轮的严峻挑战，如果不能及时有效应对，电视新闻很可能面临被淘汰的危险。

近年来，我国电视新闻性节目无论是在传播理念上，还是在制播实践上都发生了很大的变化。但当前我国的电视传播理念仍然处在以宣传主导型向信息传递型过渡的阶段。各地电视台之间以及电视节目类别间对比认识与转变的步伐并不均衡。有些电视台的套路有余而"卖点"不足，创新不够。电视新闻与报纸同行相比，看起来也不能让人乐观。具体在以下几个方面：

1. 对新闻价值的重视较弱

有些电视新闻性节目的制作和编排，并没有完全尊重新闻价值原则，也就是说它们并没有按照显著性、新鲜性、接近性、纪实性、趣味性的标准去做，结果出现了新闻节目信息量不足，吸引力低下的普遍现状。现在还有一个比较普遍的现象，综合性新闻节目总体上显得比较平稳，新闻过多，有情节、有"冲突"、有"故事"的"过程"型新闻过少，没有实现很好地讲好新闻。新闻价值标准的缺失自然难以吸引观众的收看兴趣。电视台作为党和政府"喉舌"的特殊地位，要求新闻报道必须严格遵守新闻报道的价值标准和原则。

2. 传媒行业管理人才匮乏的现状亟待改变

现今，中国传媒业正处于一个特殊的转型时期，面对着来自行业内外的强大压力。传媒业正实现向产业化过渡，它不再仅仅是传统意义上的舆论工具，正逐步过渡成为真正的产业。在某种意义上，要把传媒当成企业来办，把内容当作商品来做，以实现良性运转。以湖南电视台台长欧阳常林为例，在几年的时间里逐步将湖南卫视打造成中国收视第一的具有娱乐性质的电视台，其定位精准、眼光独到给予了湖南台第二次生命。但是像湖南电视台这样发展壮大的在国内是少之又少的，绝大多数的领导层次或对专业有能力驾驭，或对管理游刃有余，很少有全面才能的人。复合型人才的匮乏已成为制约其发展的最大也是最关键因素。

3. 媒体公信力的缺失成为最大的隐忧

现今，新媒体发展得如此迅猛，使得人们对消息的掌控变得越来越主动，不再像从前那样只是被动地接受消息，消息的碎片化和多样化也让如今的受众学会了自我选择。但另一方面的问题也随之出现，在海量信息中受众能获得真正意义的有用信息越来越少了。以前媒体的正面角色现在越来越差，公信力受到严重质疑。其原因大概有以下几点：

首先，广告的滥觞造成了民众对媒体的不信任感。在大多数国家，媒体的收入主要来自于广告，尤其在目前国内传媒盈利模式较为单一的情况下，广告几乎是媒介收入的主要来源。正是这样，广告商抓住了媒体的软肋，在传播活动中对媒介进行着或多或少、或明或暗的干扰。

其次，媒体为追求时效性、博取收视率不经核实便发布了大量不实的新闻，甚至有些记者凭空捏造信息、虚构新闻，误导受众，使得受众对媒体的信任度下降。更为常见的就是所谓的"正面假新闻"，媒体为了营造高、大、全的正面宣传效果，常常将一些典型人物神化，完全脱离实际，变得假、大、空。

再者，新闻本身的内容和受众严重分离，海量信息充斥着受众，看似庞杂的新闻信息中，却找不出几条真正贴近受众的新闻消息。使得新闻从此不再与受众联系，变得枯燥乏味，受众应有的最基本的知情权得不到满足，自然不再信赖传统媒体。

裸女跳河，救人者遭冷遇[①]

【"新闻"】1月13日，《南方都市报》所办南都网、新闻客户端及法人微博刊发《南京众人围观裸女跳河　救助者被遗忘　没人帮忙拉一把》称：昨日，南京一女子赤身裸体跳河，一男子跳下救人，待人群散去，悲剧了。有网友发表图文微博爆料，"大家都去围观裸女了，那个救人的哥们儿，大冷天的，也没人拉他一把。"现场图片显示，一黑衣男子确系正在攀爬两米多高的垂直河岸，岸边无人上前拉他一把。事后救人男子的朋友在微博上为其打抱不平，称救人男子如今正在读大四，并在南京实习。

【真相】1月14日，《扬子晚报》刊发质疑报道《裸女跳河被围观，救人者被无视？》称：记者经过采访发现事件的真相是，11日南京一女孩跳河获救，最初的新闻来源未提到救人者被漠视，而救人小伙被冷落则是12日发生在湖北黄冈的一件事，这两件事被人"拼接"在一起。

哀乐以后不免费[②]

【"新闻"】7月17日，《华西都市报》官方微博发布：为致敬罗浪先生＃哀乐以后不免费＃——11日，著名音乐家罗浪先生逝世。1945年，他创作《哀乐》，至今每天全国各大殡仪馆内，约200万逝者家属免费使用，罗浪先生曾说"免费用没关系"。中国著作权音协有关人士称，今后将向殡仪馆收取《哀乐》的使用费，以表达对音乐艺术家的敬重。

【真相】7月17日，新京报网发表报道指出：记者向中国音乐著

---

① 2016年2月3日《华夏时报》发布的《2015年虚假新闻典型案例分析　核实比轰动更重要》。
② 2016年2月3日《华夏时报》发布的《2015年虚假新闻典型案例分析　核实比轰动更重要》。

作权协会相关负责人求证此事。该负责人表示，音著协没有任何人接受过这家报纸的采访，该报道所刊发内容完全是子虚乌有的捏造。

（二）世界电视新闻发展现状

首先我们来看美国的情况。三大广播公司，即哥伦比亚广播公司（CBS）、全国广播公司（NBC）、美国广播公司（ABC），以及有线新闻网（CNN）和福克斯新闻频道（FOX NEWS）成为美国电视新闻传播的主体。

三大广播公司的新闻节目正日益受到有线电视频道中新闻节目的冲击。57%的美国人定期收看三大广播的早、晚或黄金时间的新闻节目。而60%的美国人定期收看有线电视频道的新闻节目，这些有线电视频道包括有线电视新闻网（CNN）、微软全国广播公司（MSNBC）、福克斯新闻频道（FOX NEWS）、气象频道、娱乐体育频道（ESPN）等。除此以外，大约有20%的美国人至少每周要从互联网上获取新闻。获取信息与新闻渠道的增多必然导致受众的分流，也必然带来各媒介之间在新闻领域的竞争。

虽然由于网络的出现而对电视产生一定的影响，但以直观画面为主要特色的电视新闻依然保持着新闻传播老大的地位。

三大广播公司在1998—1999年每晚的黄金时间不断增加新闻节目。另外，将白天已经报道的重要新闻在晚间的新闻杂志节目中再予以深度报道。三大广播公司的新闻节目负责人相信每天有足够的新闻让他们制作成有趣而吸引人的节目，足以填满每晚3小时的黄金时间。

当然，三大广播公司的新闻节目都必须与大量的好莱坞制作公司和自己广播公司的娱乐节目公司竞争黄金节目时间段。因为，电视上的所有节目能否生存下去，都要看节目有没有能力为广告客户拉来他们想要的受众。

就新闻报道的内容而言，三大广播公司的新闻和有线电视频道中的综合新闻频道的新闻经常关注：

（1）国际新闻；

（2）国内政治；

（3）商业及经济；

（4）社会问题；

（5）犯罪。

美国电视新闻类节目的形式大致分为三种，即新闻节目、新闻杂志节目和新闻谈话节目。新闻节目就是播出国内外和本地新闻，有新闻、短讯和一部分深度报道、背景报道。节目多为30—60分钟，由主持人主持播出，或单人播出，或多人配合分工播出。

早晨是重要的新闻节目时间，晚上是电视台新闻节目的黄金时间（prime time）。

美国电视新闻节目中最赫赫有名的是三档晚间新闻节目：NBC由汤姆·布罗考主持的《晚间新闻》，每天晚上全国有1130万观众收看，CBS由丹·拉瑟主持的《晚间新闻》，每天观众1070万，以及ABC由彼得·詹宁斯主持的《今晚世界新闻》等。这些新闻节目是美国电视新闻节目的旗舰，影响巨大。

新闻杂志节目是一种综合性的、以深度报道、背景报道、新闻分析、现实纪录短片等为主的新闻类节目。以深入、透彻、完整、全面、多样、引人入胜见长。时间长度一般为30—60分钟。多在晚上的黄金时间播出，第二天还有重播。新闻杂志包括综合节目和专题报道节目两种，主要区别是，前者每期一般报道两三件新闻事实，而后者则每期只报道一件新闻事实。

目前，电视新闻杂志节目非常走红，日益引人注目，很多的新闻杂志节目挤进了美国电视节目收视率最高的50位行列。电视台也热衷于制作、播出新闻杂志节目，因为新闻杂志节目能像娱乐节目那样吸引很多观众，而制作费用却比娱乐节目低得多。例如，制作一期新闻杂志节目大约花费

50万美元，而制作一期电视剧则要花费100万美元。

电视新闻杂志节目是一种低投入、高收视率的节目，对广告客户具有极大的吸引力。1997年美国广告客户投放在各种新闻杂志节目中的广告费高达7.91亿美元，比1996年上升12%，比1995年上升20%。广告客户喜欢在此类节目投放广告的原因就在于该类节目收视率相当高，但又属于黄金时间段价格最低行列中的节目，可谓物美价廉。

收看新闻杂志节目的观众往往也是家庭年收入10万美元左右的消费者，他们购买力旺盛、年轻，有较高的社会经济地位，这是任何其他娱乐节目的观众群无法比拟的。

所有新闻杂志节目在内容上比较接近，最常见的节目主题有5个，即犯罪、性与家庭、健康、消费者问题及演艺圈。唯一进行政治内容报道的就是《60分钟》节目。《60分钟》提供各种具有冲击力度的调查报告、访谈、特色专栏及新闻人物剖析，其成就使其1999年的31周年纪念日引人注目。该节目在1998—1999年度尼尔森排名中列第七，也是它第22次在各种黄金时段节目中名列前十。《60分钟》已经获得了68项艾美奖，还有几乎每项主要的广播新闻奖项。根据尼尔森调查，1998—1999年度，每个星期天晚上，平均有1900万人收看该节目。所有的新闻杂志节目的样式也一样：可信、老练的主持人与记者联合如实地报道发生的各类新闻事件和人物。

1999年美国新闻杂志类节目排名收视率如下：CBS《60分钟》12.4%、NBC《日界线》8.3%、ABC《20/20》7.8%、CBS《48小时》6.9%。

据有关数据表明，以上列举的美国新闻杂志节目的收视率有所下降，《20/20》栏目已经由以前的每周四次改为每周两次，收视率也从1998年的10.9%下降为7.8%。新闻杂志节目过滥，以及其他新节目形式的出现（如游戏节目《谁能成为百万富翁》），都成为该节目收视率下降的内在因素。但是，由于新闻杂志类节目的制作费用比娱乐节目的制作费用低得多，所以，出于资金的考虑，它仍是美国电视台在黄金时间中的重头戏。

第三类新闻节目的形式是新闻谈话节目，此类节目在广播电台中较为常见，电视中也较多。新闻谈话节目就是选取媒介报道的新闻中受众感兴趣的话题，由主持人与嘉宾、现场受众及打入热线电话的受众进行讨论。此类节目中有严肃认真的讨论和对话，也有调侃幽默乃至耸人听闻的内容。

在美国有如下的主要电视新闻杂志类和谈话类节目：

（1）CBS《60分钟》（杂志类）创办于1968年，时长为60分钟；

（2）CBS《48小时》（杂志类）创办于1988年，时长为60分钟；

（3）CBS《面对全国》（谈话类）创办于1964年，时长为60分钟；

（4）ABC《20／20》（杂志类）创办于1968年，时长为60分钟；

（5）ABC《夜线》（专题类）创办于1979年，时长为30分钟；

（6）NBC《今天》（谈话类）创办于1952年，时长为120分钟；

（7）NBC《今晚》（谈话类）创办于1954年，时长为60分钟；

（8）NBC《日界线》（杂志类）创办于1992年，时长为60分钟；

（9）PBC《麦克尼尔和莱赫尔新闻小时》（专题类）创办于1975年，时长为60分钟。

三大广播公司的每天新闻节目安排非常类似。首先是早间的新闻节目和新闻秀（其中有很多生活服务类的内容），然后在重要的整点时间播出滚动新闻，一般是中午的12：00、下午的16：00、17：00、晚上的23：00，每天下午6：30或7：00播出各自最重要的晚间新闻节目，经常是全国性的联播节目，每天晚上9：00—11：00普遍播出各类新闻杂志节目、深度报道节目等，在更晚一些的时候播出新闻谈话节目。

例如，哥伦比亚广播公司第9频道2000年3月30日全天的新闻安排如表1-1所示。

表1-1　CBS 9频道2000年3月30日新闻节目时间表（星期四）

节目名称	时间
CBS早新闻	4:35—5:00
今早目击新闻	5:00—7:00
早间秀	7:00—9:00
午间新闻	12:00—12:30
16点目击新闻	16:00—17:00
17点目击新闻	17:00—18:00
18点目击新闻	18:00—19:00
CBS晚间新闻	19:00—19:30
23点目击新闻	23:00—23:30
CBS新闻《最后时间》	4:00—4:35

从表1-1中可以看出，以CBS为代表的美国三大台全天新闻节目设置的总体特点：

（1）跨度长：分布于全天的各个时段。凌晨4:35就已经开始播报今早新闻，在上午、下午、黄昏、晚间和深夜都有新闻节目。

（2）总时间长：新闻在24小时中反复播出，全天总时间共达14.5小时。

（3）新闻重复滚动播出：《目击新闻》在重要的整点滚动播出，使人们能及时了解新闻事件的最新发展动态，也便于观众在不同时间收看。

（4）从时间段来划分，节目又可以分为早间节目、日间节目、晚间新闻。

在日本，电视新闻从诞生至今发生了极大的变化。日本各个电视台从认为电视新闻是"吃钱的虫子"已经转变为电视新闻是"赚钱的机器"，而观众收看电视新闻了解国内外大事及各种信息已成为每天生活必不可少的一部分。

据NHK放送文化研究所的《放送研究与调查》2000年8月刊登的调查报告中指出，日本人最爱看的节目顺序依次为：新闻和新闻秀、天气预报、电视剧、体育节目、歌舞音乐节目、一般资讯节目（自然、历史、旅游、科学等）、各类娱乐节目、政治经济节目、早晨和白天的板块节目，等等。而且新闻报道类节目的收视群年龄的范围越来越广泛，显著的变化是20岁左右的年轻人开始喜欢收看新闻类节目，这也是日本商业台重视新闻类节目的原因。

日本各个电视台的新闻节目，以NHK和位于东京的五大商业电视网的新闻板块节目影响力最大，其收视率也最高。众所周知，日本与美国不同，美国是典型的商业广播电视体制，商业化是美国广播电视的主体。而日本的广播电视体制是双轨制，即公共广播（NHK）和商业广播并存的体制。双轨制导致了日本的电视新闻节目有两大阵营：NHK的电视新闻节目和位于东京的五大商业广播电视网的电视新闻节目（朝日电视台、富士电视台、日本电视台、TBS电视台、东京电视台）。

NHK的电视新闻节目给观众的印象是通俗易懂、准确客观。NHK拥有强大的新闻采访网，因此NHK从早到晚及时地、准确地向日本观众提供大量的国内外新闻。不仅有早晚的新闻板块节目，同时，每个正点播出最新的电视新闻。正点新闻是NHK的特色之一。

正点新闻采用的是传统的新闻播报方式，主持人照稿宣读新闻。

其中早上6：00—8：15播出的新闻板块中的7：00这一时段和晚上《NHK新闻7》是收视率最高的电视新闻节目。

NHK把向日本民众提供迅速、客观、公正、准确而全面的新闻报道看作是公共广播电视机构应负的责任，因此得到了日本民众的高度信任。NHK被称为"值得信赖的广播机构"。无论是NHK的广播新闻还是电视新闻，都是日本民众最信赖的新闻来源。每当发生重大新闻事件和自然灾害时，日本民众都会不自觉地收听或收看NHK的节目。这是日本商业台根本无法比拟的。

早在1981年，广岛媒体联盟对当地民众进行了媒体信赖度调查（以%表示）：

对NHK完全信任度：49.0%；

对NHK大致信任度：41.2%；

对报纸信任度：36.3%；

对商业台的信任度：26.3%。

　　从中可以看出，每10人中就有9人以上信赖NHK。远远高于报纸、商业台。特别是家庭主妇和年轻一代受众都表示对NHK"绝对信任"，学生中表示"不信任"的人为零（研究集团的大众传播1990编《广播》）。又据1997年9月NHK"放送文化研究所"的调查，日本大众对NHK的信赖甚至超过了日本政府和国会。

　　NHK如此高的信赖度究竟来自何处呢？新闻报道应该是客观公正的。在采访报道中，不掺入主观成分是新闻客观报道的准则。但是，在新闻采访报道时，要真正贯彻起来却是说起来容易做起来难。凶杀事件姑且不提，在报道政治新闻和经济新闻时，如果没有记者主观的思想做后盾，要想使采访有深度、广度是很难做到的。如果只报道事实，会使受众不能了解事实的真相。日本的报纸和其他媒体的新闻报道的独断、主观成分过浓，特别是娱乐新闻、犯罪新闻尤为突出。而NHK只是将事件本身进行报道，不掺杂主观成分，一直积极努力地保持客观姿态。例如在报道名人结婚、离婚等娱乐新闻时，在尚未确定的传闻和猜测阶段，绝不进行报道。而商业台为了抢收听率或收视率完全不加顾忌地抢先报道。NHK正是这种长期坚持为民众提供公正、准确、客观、及时的新闻报道，从而在日本广大民众中树立了"信赖"的形象。

　　另一方面，NHK长期采取了及时报道灾害、积极预防的政策。众所周知，日本是一个地震多发国家。而现在NHK对地震的报道几乎与地震是同步的。因为一是东京的国家地震监测部门会在地震发生的3分钟内向NHK发出有关数据，NHK接到后直接播出；二是NHK拥有自己的地震收录系统，并在全国各地的地方机构设有地震仪。同时地震收录系统与国家气象厅联网，一旦发生地震，收录系统会自动运转，每隔8秒把各地的监测情况汇集到中心主机。NHK自己开放的这套地震收录系统在阪神大地震时期发挥了巨大的作用。NHK使日本的广大民众完全相信它的可靠性。曾有"日本首相是从NHK里得知阪神地震发生的"说法。

受众对NHK与商业电视台的评价（%）如表1-2所示。

表1-2 受众对NHK与商业电视台的评价（%）

评价	NHK	商业台
事件发生时反映及时迅速	54	19
社教节目寓意深刻	48	7
新闻报道节目客观、公正	35	4
新闻报道有深度	25	16
有符合自己情绪的节目	23	24
娱乐节目有趣、丰富	17	62

从表1-2中我们可以十分清晰地了解NHK新闻节目的特点。而日本商业电视台的娱乐节目是观众所喜爱的。

在英国，各大电视机构更加注重早间新闻的投入，而日间新闻节目相对较为简陋，主要以演播室主持人播报加现场画面的形式为主。例如英国广播公司一频道部分新闻设计成一分钟新闻在整点之前播出，不失短小精悍。

晚间黄金时间的新闻时间较短，英国广播公司和独立电视网晚间新闻节目都是30分钟，第四频道的晚间新闻也只有50分钟。相比之下，英国广播公司的早间新闻节目《早餐新闻》长达3小时。

其中一个可能的原因是英国人早间关注新闻的习惯造成的，另一个原因是电视机构与平面媒体竞争的结果。在英国，报刊业相当发达，而大部分报纸都是早晨就出版了，因此加大早间新闻增强竞争实力不无道理。

以下我们将主要对三家电视台的早、晚间节目进行重点介绍。

（1）早间新闻节目。

英国早间主要的节目板块有以下三个栏目：

①《早餐新闻》（Breakfast），英国广播公司；

②《今天上午》（This Morning），独立电视台；

③《超级大早餐》（The Big Breakfast），第四频道。

尽管三家电视机构早间板块的名字很新闻化，况且有意思的是第四频道还给自己的栏目取了一个与英国广播公司名牌栏目《早餐新闻》相近的名字，但实际上后两者都有挂羊头卖狗肉之嫌。《早餐新闻》是纯新闻的节目，而后两者均是以娱乐和游戏为主的娱乐节目。如2000年12月4日独立电视台的《今天上午》节目首先以对一个刚刚获得超级模仿秀冠军的专访开始，而后是对包括本年度最佳唱片的回顾和派送圣诞节礼物等内容。而第四频道的《超级大早餐》就是一个十足的娱乐游戏节目，开场男女主持人将大号内裤套在裤子上出场，然后是十几分钟的一通神侃狂聊，再接下来是对流行乐手的专访、各种电话有奖竞猜等内容，极尽娱乐之能事，而且镜头左摇右晃，有专门娱乐频道的味道。

（2）晚间新闻节目。

三家电视机构晚间新闻的报道手法和内容基本与白天的相同，只是增加了一些最新进展情况，如对美国大选的报道，早上报道可能没有结果（由于时差的原因），晚上的新闻则会更多关注结果和各方面的反映。

晚间新闻主要有以下三档：

① BBC，22:00，新闻；

② ITV，18:30，新闻；

③ 第四频道，19:00，新闻。

不同于对早间节目的处理，但有诸多相似之处：

① 三家电视机构对晚间新闻栏目报道内容极其相似。以12月4日的节目为例，三个栏目都关注了诸如一个黑人小学生的被杀、美国大选、英国列车时刻表的可靠性等内容。而且，部分新闻（像黑人小学生被杀事件），由于三个栏目得到的素材相同，所以新闻基本上如同是一个台报出来一样。

② 主持人选择得相似。三档节目主持人均为中年男性（第四频道加了

一个女性辅助主持人），给人的感觉是阅历丰富和具有很强的亲和力。

③ 报道方式和手法的相似。演播室主持人＋现场画面＋记者现场报道是三个栏目对新闻的报道方式，大屏幕和双视窗等技术手段也极为相近。

④ 三个栏目本身的特色区别并不大。较为值得借鉴的是第四频道的晚间新闻栏目的演播室等因素的特色。

演播室分为两个景区。第一个由一个大屏幕和忙碌的工作场景为背景组成。第二个是大屏幕加一张桌子组成。用相同的频道标志。主持人也分为两个，一个中年男性和一个中年女性。第一个景区下，由男性主持人播报，而且是站立播报方式。第二个景区下，由女性主持人播报，采取坐式播报方式。两种方式合理搭配，有变化也有个性。

第二章 电视新闻采访

新闻采访是新闻工作者为掌握新闻素材而进行的调查研究活动,是新闻制作各环节的基础。记者通过采集素材、对客观实际进行调查了解,去反映具有新闻价值的事件、经验和问题,从而发挥新闻的功能和作用。

电视新闻采访实现了记者与采访对象在镜头前共时空的交流,使观众成为采访和新闻事件的直接目击者。采访过程中,立体、全方位的信息传达,以及观众对新闻事件的参与感、与采访对象的交流感,共同形成了电视新闻采访内容的丰富性和真实感,使其具有其他媒体难以比拟的独特的传播优势。

一般来讲,电视新闻采访工作分为以下几个步骤:

第一,确定新闻选题;

第二,采访策划;

第三,采访实施。

第一节 确定新闻选题

一、明确报道思想

报道思想是指导新闻报道的思想、方针、原则,贯穿于新闻工作的整个流程，指导着采编的各个环节，是确定新闻选题的指导因素和重要依据。

报道思想是编辑部在一定时期或阶段内，为达到预定的新闻传播目的而制定的新闻报道的设想和意图，表明报道的目的、内容、范围、重点和要求。报道思想一般分为一定历史阶段、全局性的报道思想和指导某一段时间、某项重大事件、某一特定问题的报道思想（报道提示）两种形式。

明确报道思想首先要了解当前党和政府的方针、政策、中心工作，在报道中把握大局、抓住重点。在选题过程中，从全局来思考，权衡题材的价值，从而做出正确、合理的判断和取舍。

下面以中央电视台部署十八大（中国共产党第十八次全国代表大会）预热报道工作来看下报道思想是如何明确与进一步实施工作的。

它强调以"走基层"方式，立足百姓视角。2012年9月6日，中央电视台新闻中心召开迎接十八大"走转改"主题采访活动策划会。副总编辑、新闻中心常务主任黄传芳强调，一定要根据中央领导要求，了解当前党和政府的方针、政策，以"走基层"方式、立足百姓视角，做好"喜迎十八大"相关报道。分为五步走：一是要组织记者进一步深入基层展开持续采访，站在普通百姓的角度，以普通老百姓的视角，聚焦十年发展成就。二是要大力宣传基层党建工作成绩，树立典型人物形象，以故事化题材与表达方式突出基层党组织和党员的模范带头作用，进一步拓展报道面，全方位展示十年来的变化与成就；三是要坚持内外宣相结合，特别要突出外宣报道针对性，真实反映百姓对国家稳定、社会发展的期盼，回应国际舆论关注；四是要深入采访，在生动性上下功夫，力争多出精品；五是要进一步加大报道力度，"走转改"报道要在各频道重点新闻栏目中全面体现，形成舆论强势。

在综合频道、新闻频道多栏目开播《变化十年》《走基层·我这十年》系列报道，它们找准自己的立足点，强调以普通百姓的生活变化与感受为落点，反映十年来社会发展、民生保障的改善与变迁。约40余集的《变化十年》的叙事链条由点及面，以人物故事引出十年来改变百姓生活方式的新事物，以记者体验反映该新事物带来的便利，并以对新事物所在领域的聚焦，介绍"变化"背后的故事通过记者长期在基层的参与式、伴随式采访，以故事性"小切口"折射社会发展、百姓幸福感提升的"大主题"。

在《走基层·我这十年》中，首部系列报道《大成村的"金司令"》就赢得了广泛关注。主人公前延边军分区副司令金文元退休八年来，投入个人安置费与积蓄，独自进山垦荒造林的故事，通过主人公"年过半百学开拖拉机"的朴实表达，体现了老军人甘于奉献、以苦为乐的优秀品质。自9月3日节目开播以来，就引起了社会各界的关注。沈阳军区全体官兵收看节目，并开通"山沟司令金文元"微博专题讨论区，表达对老军人金文元的敬意。节目视频在全军政工网点击量直线上升，链接当天即突破三万次，留言量超过6000条。

二、获取新闻线索

新闻线索是指已经发生或即将发生的具有新闻价值的事实的一种信号或简要的信息。线索是确定选题的具体指向，沿着采访线索深挖下去，就有可能捕捉到具有一定价值的报道题材，得到好的选题。获取新闻线索有以下途径：

（1）接受采访任务。

时政新闻、会议报道大多是上级指派的任务。部门负责人会提前以分派任务的方式通知记者何时去何地采访何事。在要闻总汇类节目中，这是主要的选题方式。

（2）观众来电、来函。

观众提供的线索或正在发生的新闻事件，往往包含有大量鲜活、生动、有价值的社会新闻。在社会新闻节目中，这是重要的选题方式。

（3）从其他媒体获取线索。

通讯社、报刊、广播、网络每天都刊发大量信息，可以成为电视记者获取新闻线索的渠道。有的消息是粗线条的，可以加工成详细的电视报道；

有的消息适合形象化的表现，可以拍成富于电视形象化特征的电视作品。

（4）建立线索关系网络。

这种关系网可由通讯员、行业部门办公人员、社区服务者以及热心观众、亲友组成。记者向他们告知随时提供采访线索的联系方式，并定期不定期地与他们沟通新闻消息。

（5）跑新闻。

生活中所到之处有很多新闻线索，这就需要记者勤奋并且善于发现，善于从社会现实和生活中发现新闻事件，采制出最新的独家新闻。

三、选题原则

获得采访线索之后，就可以沿着采访线索进一步挖掘，并进行初步的分析，认为有关内容具有一定的新闻价值，值得进行较为深入的报道，就可以拟定题目进行采访报道。确定新闻选题需要把握以下原则：

1. 具有较强的新闻价值

新闻价值是衡量事实能否构成新闻的客观标准。衡量新闻价值的主要标准有：

第一，新鲜性。事实越新鲜，新闻价值越大。

第二，重要性。内容越重要，新闻价值越大。

第三，接近性。指新闻内容与受众的接近程度。在利害关系上、地理上、心理上越接近受众的内容，新闻价值越大。

第四，显著性。报道对象的知名度越高，新闻价值越大。

第五，趣味性。受众越感兴趣的事，新闻价值越大。

需要指出的是，以上标准并非判断一个事实是否具有新闻价值的必备标准，一个事实往往只需具备其中的几个要素而不是全部要素，便可构成新闻。

作为新闻记者所应具有的职业素养，对客观事实中新闻价值的发现与识别能力显得非常重要，而这种对客观事实中新闻价值的发现与识别的判断能力就是新闻敏感性。具体来讲，新闻敏感是记者对社会现象的洞察能力、对事物发展变化的反应能力、对新闻线索的辨别能力，以及对新闻事实的分析能力的集中体现。

新闻敏感在采访活动中表现在以下几个主要方面：

第一，迅速而准确地判断某一事实的意义；

第二，及时判断某一事件是否能引起受众的兴趣；

第三，及时判断某一事实是否新鲜；

第四，系统感知某一事实的深刻影响力；

第五，及时判断事物的众多表征中的价值大小；

第六，迅速判断事实的可能趋势。

2. 坚持正确的舆论导向

坚持正确的舆论导向，是社会主义新闻工作的重要任务，意味着新闻媒体宣传必须要坚持党性原则和喉舌意识，在政治上同党中央保持一致，以党的基本理论和基本路线以及有关的方针政策引导人，以人民群众的伟大实践引导人。具体来说，在当今形势下，坚持正确的舆论导向，就是要制造有利于进一步改革开放、建立社会主义市场经济体系、发展社会生产力的舆论；有利于加强社会主义精神文明建设和民主法制建设的舆论；有利于鼓舞和激励人民为国家富强、人民幸福和社会进步而艰苦创业、开拓创新的舆论；有利于人们分辨是非、坚持真善美、抵制假丑恶的舆论；有利于国家统一、人民心情舒畅、社会政治稳定的舆论。

坚持正确的舆论导向的核心是坚持党性原则。社会主义新闻事业的党性原则的含义是：新闻事业是中国共产党领导的社会主义事业的有机组成部分，通过新闻活动去反映世界、影响世界，做党、政府和人民的耳目喉舌，为人民服务、为社会主义服务。党性原则既涵盖新闻事业同党和政府的关系，也涵盖了新闻事业同人民的关系，体现了社会主义新闻事业对党负责和对人民群众负责的一致性。

3. 具有较强的时效性

时效性是衡量一条新闻线索能否最终成为选题的重要标准。时效性强，新闻才具有竞争力。

时效性是指新闻报道产生应有的社会效果的时间限度。即在什么时间范围内，新闻才有传播效果，才有价值。新闻必须力求时效，而在具体操作中，时效性又具有两层含义：时新性和时宜性。时新性是指新闻应是时间上最新的报道，即新闻传播应当尽可能地接近事实本身的发生时间。时宜性是指当前形势下最适合需要的报道，即适合时势需要的报道。

把握新闻时效时需注意，事件性新闻更侧重于时新性，而非事件性新闻，如观众普遍关注的社会问题、社会现象的报道，则更侧重于时宜性。

4. 保证典型性和独特性的统一

在新闻报道中，要注意选择那些具有代表性和普遍意义的人物、事件作为选题内容。典型性选题具有形象、具体、深刻、生动等特点，既能反映事物本质又能体现报道主题，同时这类选题往往又是受众普遍感兴趣的、社会影响较大的题材，容易引起较大的关注。通过对典型人物、事件、问题、现象等的报道，揭示客观事物的本质意义，以其较强的说服力和感染力为受众所认识、接受。

在强调典型性选题的普遍意义时，也要注意题材内容的独特性和鲜明的个性，这样才能够避免新闻报道"千人一面"、互相重复，从而以内容的新鲜感、独特性赢得较高的收视指数。

第20届中国新闻奖三等奖的电视消息《听证会上的惊天一"抛"》[①]，选题上它是一条典型的会议新闻，但是它又不同于一般的会议报道，它是一条完全由新闻现场构成的主题重大的独家报道。这条消息从听证会上唯一持反对意见的代表为了争取发言机会而采取出人意料的办法入手，反映了民生的重大问题，主题深刻。

---

① 第20届中国新闻奖三等奖获奖作品（黑龙江电视台2009年12月8日）。

这条消息主要讲的是：2009年，国内的燃气、电、供热、自来水等生活必需品的调价听证会密集登场，"涨"声一片，公众普遍表示难以承受。临近岁末，哈尔滨市宣布要将自来水价格上调33%，市民普遍反映涨幅过大。但听证会上的32名代表中，有31名一边倒地同意涨价，听证会成了名副其实的"听涨会"。市民代表刘天晓多次举手想要表达反对意见未果，由于得不到发言机会，刘天晓愤怒地将桌上的矿泉水瓶抛向主席台。记者敏锐地抓住了这一转瞬即逝的镜头，独家捕捉到了这个具有新闻价值和"深层信息"的瞬间，用极强的现场感，揭示了涨价背景下民众的呼声，构成了主题重大的独家报道。

5. 具有形象化特征，适合电视表现

电视传播是声画双通道的传播。声音、画面具有形象、直观的特点，给受众带来的真实感、现场感、感染力和冲击力是电视传播的优势所在，但抽象、思维、概念化的内容却是电视难以表现的。因此在选题过程中太理念化的内容如果无法将其形象化、具体化就尽量舍弃。而那些现场感强、可视性强的内容就可以纳入选题范围。

例如中央电视台《新闻1+1》2015年制作的新闻《天津滨海新区危险品仓库发生爆炸　已致50人死亡》，记者蒋林在天津滨海新区爆炸现场。现场可以看到巨大的蘑菇云浓烟，还有记者的切身感受会感觉嗓子有一点小小的刺激性，具有很强的现场性。

天津滨海新区危险品仓库发生爆炸　已致50人死亡[①]

评论员　白岩松：

您好，观众朋友，欢迎收看正在直播的《新闻1+1》。

昨天晚上11点半，在天津滨海新区存放危险品的仓库突然发生爆炸，造成了巨大的人员伤亡和财务损失，随着人们陆续知道消息，

---

① 中央电视台2015年8月14日播出的《新闻1+1》。

一直到今天，中国人的视线都已经投放到了天津。伤心、难过、祈福、驰援，想提供帮助，我想今天所有人的心都在天津，到现在为止已经22个小时过去了，究竟最新的情况怎么样？不过在连线记者了解最新的信息之前，我们先透过今天下午，透过无人机拍摄的爆炸场地周边的一些情况，去了解一下现场是什么样的。

（插画面）

这就是发生了爆炸之后的区域，浓烟当时还在继续向上，其实爆炸最初的时候，就升腾起了巨大的这种蘑菇云，它产生的这样的一种破坏能量是巨大的，而且我们也能看到，其实在这个爆炸点的周边有好几个小区，离它最近的都不到一公里，而且在旁边的这种存放的停车场里头，停了六千辆左右的新车，六分之一左右已被烧毁，剩了一个壳，这就是爆炸的这种中心的点。

同时，天气预报报道是西北风，也就是说它比如带来的这种空气，会向着东北的方向奔渤海的方向去继续地这种前进。

我们再来看一个数字，天津日报官方微博，今晚7点16说，截止到今天下午18时晚上6点，事故已经造成50人死亡，701人住院观察治疗，其中重症伤员71人。但是这样的数字都只是一个动态的数字，可能随时还会发生变更，毕竟还有一些失联的人员现在还没有取得联系，大家会去祈福。接下来，我们要去连线本台的记者蒋林，他现在就在现场。

白岩松：蒋林你好。

本台记者　蒋林：岩松你好。

白岩松：我觉得首先要关注你的位置，现在离爆炸点，也就是核心的这个地方有多远？你的报道现场。

本台记者　蒋林：我在今天离爆炸现场最近的时候，直线距离不超过一公里，透过天津海关的大楼，我在爬到这个楼上15层的时候，我可以非常清晰，就像可能刚才通过无人机所看到的这个画面，今天下午，其实有一度站这儿在这个窗口我也会觉得很刺痛，而且蒸腾起来的这种浓烟，我们 15 层的这种大楼上其实也可以闻到。

我现在的这个位置，在今天下午有了一次向外的撤离，其实这是因为今天的风向有了一个小小的变化，从面向我们这个海关大楼右侧的方向，调整到了海关大楼的左侧，其实可能修正这一点小小的角度，但是对于周边的不少的救援抢险，包括我们现场报道的人员来说，可能又有了新的威胁，所以在今天下午，大概 4 点钟的时候，我现在达到的这个位置，距离核心现场是 1.3 公里，但是并不遥远。

白岩松：蒋林我要打断你一下，因为其实我并不希望此时此刻，你离的距离非常近，1.3 公里也已经足够近了，我也注意到你在准备期间的时候，就没有戴口罩，现在连线也没有去戴，那么是否接到相关的这种信息，比如说空气是安全的，是否有一些有害的这种物质，你们有过这样的一种去采访或者说得到这样一种提醒了吗？

本台记者　蒋林：那我就把我今天下午的这个感受去做一个梳理。在到达核心现场，也就是说最近大概隔一公里这个位置上，因为当时的风向是和我们身边擦肩而过的，所以其实浓烟是从我身旁大概 50 米的地方过去，那么在这个时候是闻不到现场有任何的爆炸或者燃烧之后的味道，但是当我爬到海关大楼上的时候，风向发生了变化，非常清晰地能够闻到，而且直到现在其实会觉得自己的鼻腔或者说自己说话的时候，自己的嗓子会有一点小小的刺激性，因为这毕竟是一个堆放化学品的仓库。

而我现在所站的这个区域，其实是和现在的风向成一个平衡的状态，风是朝我们现在所说的可能偏向于渤海这个位置继续在吹，那么我们距离它的这个一公里的距离，其实就是一个平行于现在烟所飘的这样一个距离。

在我今天下午 6 点钟的时候，得到过一个消息，就是北京军区防化团在相隔 500 米的范围之内，他们没有检测出氰化物，但是这个消息其实停止在了今天晚上的6点钟，我们也希望及时随时地更新这样一个空气检测的信息。他们派出了很多的流动检测车，变成了一个环状去围绕现在仍然在燃烧的区域检测，但是现在现场仍然在开一个会商会，所以没有能够拿到最新的一个消息，目前距离这个平行的风向，我是闻不到任何的气味的。

白岩松：接下来，你刚才提到了防化人员，那现在第一个在现场是否还有燃烧点，是否还有火光，另外防化人员之前就说要进入到核心区，现在是否已经进入？据你了解的情况。

本台记者 蒋林：好的，我先来请大家看一看，我们车载的一个远景的摄像机，能够给到的此时此刻，距离我1.3公里以外的一个画面，天色渐暗，但是很明显在我的身后，会有一片天际是能够被照亮的，而这个光亮点并不是一处，从我这个角度上看，其实它是一条线，它也就在告诉我们其实我身后不止一个起火点。我也想请车上的导播为我们播出一个画面，这是今天晚上7点20分，我们在能见度允许的情况下最后进行的一次航拍。

在这个时候升空，其实天色渐暗，和我们下午最大的区别就是除了烟柱，除了可能白色、灰色或者黑色不同的浓烟之外，我看到了非常明显的明火，这也就告诉我们，其实现场的这火势，虽然它可能和昨天比较起来，也许它的再生呈现一个减小趋势，但是现场仍然有不少的起火点。

白岩松：另外刚才一个问题是防化人员。

本台记者 蒋林：岩松刚才还问到了关于防化人员这样一个问题，防化人员在他们达到之后，最开始我们了解到的情况是，他们会身着重装的这种防化设备，我的理解应该就是一个最严密级别的防化服，会进到核心现场，但是通过对于现场的研判，确实可能这个危险性仍然是非常大的，所以现在是通过一个对周边逐渐去缩小一个范围的方式，来得到现场的一个实施的数据。我会在这段连线直播结束之后，再一次联系这个防化团的相关人员,我也很想知道,他们的人员有没有进去,或者他们现在有没有带回最新的情况。

白岩松:非常感谢蒋林,你自己一定要注意安全,另外也等着你最新的信息给观众朋友来进行通报。

接下来,蒋林已经介绍了,刚才我们已经透过他给我们提供的即时的这样一个画面,感觉到后面在天际处依然有很多这种燃烧点,那此时该进行怎样的一种处置,既满足大家赶紧把这个火势给控制了,同时又必须这种处置是安全的。接下来,我们要连线一位专家,清华大学公共安全研究院副院长袁宏永。

白岩松:袁院长你好。

清华大学公共安全研究院副院长　袁宏永:你好。

白岩松:你看此时此刻,刚才我们前方记者已经给我们报道了,有几种颜色的烟,白色的、黄色的、黑色的,另外火还有一些,那此时要进行相关处置的话,应该遵循什么样的选择,既可能减少它的火,同时又是安全的。

袁宏永:依然是要了解他们这个仓库区储存的物品品种的分布,弄清楚品种的分布以后,有针对性地进行扑救。

白岩松:对不起稍微要等一下,马上我们要继续连线在前方的蒋林,他身后的这种情况有所变化,蒋林究竟后面的是火,还是其他的什么信息发生变化了吗?

本台记者　蒋林:好的,只能够在这样一个范围之内,描述一下我最新看到的一个情况。大概就是在我刚刚和你通话结束之后,现场是出现了将近40秒的时间,明显的我们可以觉得火光在变大,而且有一股白烟蒸腾起来,现在还不能够去确认这样一个光亮的增加,是有了新的这种燃点,更靠近我们的燃点。

那么还有一种可能,是我们今天下午,其实听到消防部门,对于他们抢险的一个情况,预案处置的时候有说到,他们可能会通过一种轻度爆破的方式，来把一些堆放的化学品炸开，然后让这样的一个环节，通过一种点对点的轻度爆破的方式，来进行一个灭火，我先把这个消息告诉大家，然后我现在马上去核实，我们刚才身后到底是一个什么样的情况，岩松。

第二节　采访策划

采访策划是指根据新闻选题来研究、筹划采访方案，包括确立报道主题、报道形态、选择采访对象、采访方式、采访角度、确定采访范围、写作选题报告、采访提纲，最终制定拍摄计划的过程。

采访策划的关键环节主要有：写作选题报告、确定采访范围、联系采访对象、拟定采访提纲和拟定拍摄计划。

一、写作选题报告

记者对新闻线索经过深思熟虑，按照新闻规律初步确定采访选题之后，所确定的选题一般需要新闻部门负责人的审批（接受上级命题任务的情况除外），这个过程就是上报选题。

根据新闻采制的难易程度以及不同节目形态的要求，上报选题的方式分为两类：一类是上报标题，这类情况适用于一般动态消息的选题；另一类需要上报选题报告。深度报道或是大型的专题新闻、系列报道应当有正式的选题报告，用以阐明记者的设想、构思，经过负责人的修改同意之后，方可进行采访。

1. 上报标题（详细内容见"标题写作"）

（1）标题要简练、准确，以实题为主；

（2）标题中要尽可能多地纳入新闻要素；

（3）将新闻中最有价值的内容写入标题。

2. 选题报告

选题报告应包括以下内容：

（1）新闻标题（初步拟定）；

（2）基本内容（新闻要素）；

（3）拍摄目的或报道思想；

（4）报道形式或节目形态；

（5）选题重要性阐释；

（6）采访对象和采访范围；

（7）报道角度；

（8）节目结构；

（9）采访程序及时间安排。

写作选题报告的过程，就是记者对所拟定的新闻选题进行阐释、对采访计划进行策划的过程，选题报告一旦经过相关负责人审批、修改和确认，就会具有很强的指导性和计划性。因而，对于大型采访活动、重大题材深度报道的选题报告而言，详实严谨、科学合理的规划设计，将有助于记者进一步理清思路、明确目的，更有助于新闻部门对采访活动做出统筹安排，从而最大限度地实现采访报道的预定目标。

对于选题报告的内容，这里还有几点需要进一步说明：

（1）新闻标题、基本内容、主题和报道思想是对新闻内容所作的概括性说明，应该注意重点突出，言简意赅，立意要深刻，主题或报道思想要和当前宣传方向、宣传重点相吻合。

（2）报道形式或节目形态的选择对于采访报道来说也非常重要，选择适当的报道形式更加有助于新闻价值的体现。与内容相适应的报道形式能够更加有目的地去捕捉、挖掘有关的材料，也关系到采访投入的规模、时间、精力、结构等问题，能够更加丰富、准确、恰当地表现题材内容。

（3）选题重要性的阐释相当程度上影响着负责人对选题的取舍以及

对选题重要性和价值的判断,因而这部分并非可有可无,而一定要内容充实、论证得体。同时也要注意实事求是,不对重要性作过分的夸大和渲染。

《"空巢老人"的内心世界到底是怎样?》选题策划(节选)

一、新闻事件/现象

"空巢老人",即与子女分开居住的老人。随着我国逐步进入老龄社会,"空巢老人"现象已成为重要的老龄问题之一。如何解决"空巢老人"的生活问题,如何丰富他们的精神生活,已成为当今社会的新课题。九江市庐山区一项"空巢老人"的现状与未来调查结果显示,当今城市"空巢老人"的现状不容乐观。

二、调查的主题

"空巢老人"的内心世界到底是怎样?

三、节目逻辑结构

(1)由郑传恩老人的死,展开本期节目的脉络。

(2)由记者深入到各个基层,去采访一些"空巢老人",了解他们的心理状态和生活情况。

(3)由记者深入去采访几个典型"空巢老人"的儿女,了解他们对于父母的现状,作何感想,以及他们自己的内心世界。

四、节目悬疑点

(1)探究"空巢老人"的内心世界是怎样的?

(2)了解作为"空巢老人"的儿女,心理又是怎样的一个状态?

(3)"空巢老人"这一社会现象,日益突出,政府将采取什么方法去缓解?

五、调查的方面

第一方面:采访路人,对于郑传恩事件的看法。

采访对象一:普通职员

问题:对于这样一个老人,死了三天之后,家里的子女都不知晓,如果不是邻居报警，时间还会更长，那么你对于这样的一个事件，有什么样的看法？

采访对象二：商人

问题：对于这样一个老人，死了三天之后，家里的子女都不知晓，如果不是邻居报警，时间还会更长，那么你对于这样的一个事件，有什么样的看法？

采访对象三：×××

问题：对于这样一个老人，死了三天之后，家里的子女都不知晓，如果不是邻居报警，时间还会更长，那么你对于这样的一个事件，有什么样的看法？

第二方面：采访几个典型的"空巢老人"，了解他们的真实想法。

采访对象一：下面即将采访某企业老总的母亲

问题：

（1）您作为某企业总经理的母亲，您为自己有这样的儿子感到自豪吗？

（2）您最希望儿子给您什么？

（3）您平时是怎样去打发您的时间的？

（4）您晚年最大的希望是什么？

采访对象二：下面即将采访那位民工的父亲

问题：

（1）儿子在外打工多久回家看你们一次？

（2）多久打一个电话给您？

（3）您在家里，要是生病了，儿子们都不在您的身边，您怎么办呢？

（4）您晚年最大的希望是什么？

第三方面：采访郑传恩老人的儿子，以及其他几个典型人物的子女。

采访对象一：郑传恩老人的儿子

问题：

（1）您工作是不是很忙？

（2）真的忙到了几天连给父亲打个电话的时间都没有吗？

（3）如果时间可以倒流，您会不会多留一点时间去陪您的父亲呢？

采访对象二：某企业的总经理

问题：

（1）在这里，我想请问您，一个月，你有多少时间是与您的父母一起度过的？

（2）您大概隔多久给您的父母打一个电话？

（3）您现在也作为一个孩子的父亲，您的小孩上大学了，他多久给您打一个电话？

采访对象三：普通的民工

问题：

（1）您是从哪里来的？

（2）家里父母的身体健康问题，您担心吗？

（3）您多久给您的父母打一次电话？

（4）如果父母发生了什么意外，而您又不在他们的身边，那该怎么办呢？

第四方面：采访相关的政府部门以及心理专家。

采访对象一：×××

问题：

（1）"空巢老人"这一社会现象，我们的政府机关制定了哪些法律法规或者说措施呢？

（2）对于这样一个"空巢老人"的社会现象，我们所制定的一些解决方案，它的作用到底有多大呢？

采访对象二：心理专家

问题：

（1）对于"空巢老人"这一社会现象，我们作为子女的，应该从心理哪些方面去关注我们的老人呢？

（2）那么作为老年朋友们，他们又该怎样去调节自己的一个心态呢？

（3）……

六、节目结构

第一部分：由一位空巢老人"正常死亡"为第一部分的内容，也是该话题的引入部分。

郑传恩1937年出生于四川成都。北京京剧院一级美术设计师，参与《新蔡文姬归汗》《风雨同仁堂》《宝莲灯》《圣洁的心——孔繁森》《画龙点睛》等京剧的舞台美术设计，曾获得"五个一工程"奖和两次"文华"舞台美术设计奖，曾担任中国舞台美术学会戏曲艺术委员会主任，并在中央戏剧学院做过教学工作，并且获得政府特殊津贴，去世时67岁。

67岁的老人被发现时，已经是消失在人们视野中的第四天，这一天是9月25日。

因为一连三天没有见到他，北京丰台区马家堡东路海户西里南社区居委会工作人员拨打了119报警，大红门消防中队的消防员和洋桥派出所的民警用钥匙开了门，发现他躺在客厅的地面上，脸色发黑，穿着整齐，像是要出门的打扮。

被发现时，老人已经去世了，法医鉴定结果为正常死亡。去世的老人是北京京剧院的一级舞台美术设计师郑传恩，由于此前他一直患有脑血栓和心脏病,因此邻居和老同事都认为他很可能死于心血管破裂。

没有人知道他去世前的情景,在他狭小的房间里,装着电话,墙上装有一按就响的电铃,电铃连接着楼上的邻居家,而这个邻居家里随时有人。

但这个电铃一直没有响起。

第二部分:

(1)就郑传恩老人的事件,随机采访一些路人,想听听普通大众的看法。

(2)采访几个典型的"空巢老人",透过他们的语言,真实地了解他们的内心世界。

(3)采访几个典型"空巢老人"的儿女,他们所从事的职业各不相同,透过他们的回答,来了解作为"空巢老人"的儿女们的心声。

第三部分:采访政府的相关人员。

(1)根据会议精神,了解制定的相关的就"空巢老人"的一些法律法规。

(2)采访相关的负责人,就这些出台的措施实施的程度进行一个了解。

(3)对于"空巢老人"这一日益突出的问题,我们的政府有没有新的措施方案。

七、节目切入方式

以主持人现场评述的方式来进行节目的切换。

八、记者出镜场次/内容

记者作为节目切入方式的出镜,一个是出现四次,分别是:

第一方面:采访路人,对于郑传恩事件的看法。

第二方面:采访几个典型的"空巢老人",了解他们的真实想法。

第三方面:采访郑传恩老人的儿子,以及其他几个典型人物的子女。

第四方面：采访相关的政府部门。

九、需拍摄主要场景/细节/空镜

（1）郑传恩老人居住的地方；

（2）人流较多的街道；

（3）民工工作的工地；

（4）眼神；

（5）采访郑传恩老人的儿子时，注意长镜头的运用，以便更客观地记录他的真情实感的流露；

（6）野外小鸟筑造的鸟巢，有聚集小鸟的时候，也有空巢的时候（空镜头）；

（7）天空、蓝天、白云；

（8）充满生命力的树。

十、可能出现的主要问题

被采访者不愿意把自己最真实的想法公之于众，导致节目就没有多少可看性。

十一、节目落点

采访心理医生，给予"空巢老人"、儿女们，以及社会各界一个比较准确的心理指导。

十二、结尾

由该节目作为一个引子，让大家都来关注这一社会现象，让做儿女的更加关心自己的父母，同时也为自己的子女做一个好的榜样，让我们的社会真正地达到一个和谐社会。（2008年6月18日发布）

（4）根据选题要求和报道目的来选择最恰当的采访对象，同时确定采访范围，选择确定这些内容时，可以根据其重要性和对报道的影响程度依次列出几个层次的内容：

第一，主要新闻事实和关键采访对象；

第二，相关新闻事实和有关人物；

第三，背景新闻事实和进行分析、评论的各界人士。

而选择各类采访对象时，又要考虑这几个因素：

第一，采访对象应该具备回答问题的资格或权威；

第二，采访对象善于表达并愿意配合采访；

第三，采访对象应具有诚实可信的屏幕形象。

（5）采访是一项创造性的工作，除了采集相关信息以外，对报道角度的选择，也是发挥记者主观能动性、体现新闻价值的重要手段。记者采访前应在对有关资料进行综合分析的基础上，选择独特的报道角度，从而平中见奇、点石成金，使得新闻报道不同凡响。

（6）根据题材内容和报道形式或节目形态，可以初步拟定出节目的基本结构，用以指导采拍制作。当然，随着采拍内容的不断丰富、变化和调整，最终的节目结构势必会与预想中的有所不同，甚至会做出很大的调整，但节目结构的提前拟设对于清理思路、制定较为完备的采拍方案来说，依然十分必要。节目基本结构包括这样几方面内容：

第一，主干线索。即引导、串联整个节目内容进展的主线，这条主线可以是记者调查研究的行踪，可以是论证逻辑的递进，也可以是情节的发展、起伏。总之，对于新闻报道，尤其是结构复杂的深度报道，选择一条明晰、逻辑性强的主干线索对全篇起着重要的作用。

第二，段落、层次。这是对节目内容的具体筹划和落实，按照严谨的逻辑顺序，沿着主干线索进行内容布局。尽管布局谋篇没有一定之规，但重点突出、逻辑清晰、结构合理，既能准确叙述新闻事件，又能充分进行分析评论，还能展示背景，充实细节，也是对层次安排、结构经营的总体要求。

第三，逻辑与过渡。逻辑决定了内容叙述、分析论证是否清晰、合理。而理性的思维、清醒的头脑，以及对于客观事物、规律的整体认识和把握，对于事物内部矛盾的判断构成了逻辑思维的基础。而段落、层次间的过渡，节目整体的起、承、转、合也是保证内容合理流畅的要素。

（7）对采访时间和程序进行合理、科学的统筹安排，能够使采访活动取得更高的效率，在单位时间内获得更多的信息。在一个固定的时间段，跑哪些部门、找哪些人、采取哪些形式、看哪些现场、参加哪些活动，应提前做出大致的安排，待联系好采访对象、部门后，再同有关的负责人员进行详细的敲定。

二、疏通采访渠道，赢得采访机会

选题报告经过审批后就成为采访方案和计划，而如何将纸上的计划方案落实到具体采访实践当中就需要应对采访过程中可能出现的困难和障碍。采访中遇到的最大的外部困难就是采访对象，由于各种原因而不愿接受、配合采访，于是通过什么样的手段去赢取采访机会、疏通采访渠道，对于采访的顺利实施就显得非常关键。

面对不愿意接受采访的采访对象，我们要善于分析原因，区别各种情况，分别采取针对性的方法：

1. 积极预约，以诚感人，取得采访对象的信任

有的采访对象由于不愿被人打扰，或出于保护隐私的需要，或者由于对媒体、对记者的不信任，甚至反感等原因而拒绝接受采访。在这种情况下，如果记者以诚恳、耐心的态度，以灵活、积极的手段去努力争取，一般会取得一定效果的。

从记者角度来讲，决定采访对象是否接受采访的主要因素包括：

① 媒体的影响力和公信力；

② 记者是否具有广泛的社会关系；

③ 诚恳、耐心；

④ 灵活有效的手段；

⑤ 魅力、信任感、亲和力。

其中，记者主观能动性的发挥，即诚恳的态度、灵活的手段，起着决定性的作用。具体来说，为了赢得采访机会，首先，要通过适当的方式让采访对象感受到记者的态度，而提前的预约是必要的。

在采访前，记者应该以电话预约、书面预约、当面预约等形式向采访对象提出采访要求。在几种预约形式中，书面预约较为郑重、礼貌、周全，可以作为预约的第一步。之后再通过电话或面谈主动联系，重申采访要求。

其次，如果可能的话，与采访对象事先的沟通十分必要，通过沟通，可以让采访对象建立起对记者的信任感，包括对记者品格的信任和业务能力的信任，从而愿意接受采访。为了保证这种采访前的沟通达到良好的效果，对采访对象的背景研究也就显得十分重要。

采访对象的背景研究包括：

第一，采访对象的重要经历、专业领域、工作状况、基本观点；

第二，业务、工作之外的生活和兴趣爱好；

第三，工作、生活、经历中有价值的细节；

第四，事件采访中采访对象与事件的关联及参与程度。

美国著名新闻节目主持人芭芭拉·沃尔特斯在采访娱乐主持人卡罗尔·伯内特前做了非常详细的准备工作，进行了周密的背景研究：

● **大事记**

1934年4月26日，卡罗尔·伯内特出生于得克萨斯州的圣安东尼奥；

1938或1939年与父母移居洛杉矶；

1940年卡罗尔和祖母移居洛杉矶；

1944年12月妹妹克瑞斯町出生；

1946年父母离异；

1952年6月卡罗尔从好莱坞高中毕业；

1952—1954年就读于加利福尼亚大学洛杉矶分校；

1954年卡罗尔的父亲去世；

1954年8月卡罗尔赴纽约；

1955年卡罗尔在保罗·温切尔（Paul Winchell）的电视秀中任职13周，与唐·萨罗扬结婚；

1956年9月定期出现在电视节目《斯坦利》中；

1956年11月9日，首次出现在加里·穆尔（Garry Moore）的早晨秀中；

1957年3月，节目《斯坦利》取消；

1957年7月，作为蓝色天使，首次出现在夜总会，演唱"I Made a fool of Myself Over John Foster Dulles'"；

1957年12月访问洛杉矶，将妹妹接回纽约；

1958年1月10日母亲去世；

1958—1959年任职于ABC的《哑剧竞赛》节目；

1959年与唐·萨罗扬离婚；

1959年5月出演百老汇戏剧《一旦上床》，此后该戏剧被列为百老汇剧目。

● 童年时代—家庭—教育情况

1934年4月26日卡罗尔·伯内特出生于得克萨斯州的圣安东尼奥。"我更多地是个爱尔兰人，也有部分印第安血统，我的家族是有着印第安切罗基都族血统的爱尔兰人和英国人。"（摘自《绅士》，1972年6月）

卡罗尔的父亲是圣安东尼奥一家电影院的经理，他是一个富有魅力的男人，但是意志力薄弱，喝起酒来比工作更带劲。"他6英尺2英寸半高，细高个，和吉米·斯图尔特的说话方式和怪僻的性格有些相像。"（摘自《自立门户》，1970年12月）

卡罗尔的母亲名叫露易斯·克赖顿·伯内特。"妈妈个子矮小，心情暴躁易怒，但非常机智、和蔼。"（摘自《自立门户》，1970年12月）

"妈妈将她的幽默感遗传给了我。我愿意将我悲伤的事情告诉她，而她却会使我破涕为笑。她说戏剧就是悲剧加上时间。"（《电视指南》，1972年7月1日）

30年代后期的一段时间，卡罗尔的父母移居洛杉矶，将她留在得克萨斯州与她祖母共同生活。1940年，卡罗尔和"南里"（Nanny）回到父母身边。

卡罗尔的父母经常吵闹，频繁分居。1944年12月克瑞斯玎在其父母短暂的重逢后出生。

● **职业生涯**

卡罗尔曾说她离开加利福尼亚是因为"要成为电影明星，你必须长得像玛丽莲·梦露（Marilyn Monroe）或托尼·柯蒂斯（Tony Curtis）。不幸的是我更像托尼·柯蒂斯"。（摘自《传记》，1962年）

卡罗尔1954年8月到达纽约，唐·萨罗扬一个月之后抵达。卡罗尔搬到了"试演俱乐部"，那是一个戏剧或影视女明星辈出的地方。她的第一份工作是在洛克菲勒中心地区的一家餐馆当服务员。"我能告诉那些有抱负的演员们的是，打一份零工，这样可以使你在见到一个制片人时，不至于流露出令人难堪的、垂涎三尺的窘相。"（摘自《传记》，1962年）

她和制片人、代理人兜圈子，但得到的答案还是老样子："我不会给你工作，除非看到你的工作成果。"最后，有人建议她制作自己的节目。

● **个人材料**

70年代初期，卡罗尔体重骤减，衣服从14号减为8号。同时，她戒了烟和咖啡。成为一个素食者,并且有过之而无不及。"我不吃任何罐装和冷冻食品。"(《电视指南》,1979年4月14日)

1974年间,卡罗尔一直头痛难忍,每天服用8片阿司匹林。1974年,一个朋友于是建议她做瑜伽。"你不必担心你的灵魂,除非你有意这么做。我不再依靠阿司匹林生活,头也不疼了。在我的一生中从没有感到生活那么美妙。"

2. 为赢得采访机会而采取的特殊采访手段

在面对因存在缺陷、过错或违法行为而不配合采访的采访对象时,可以采用一些特殊的采访手段,如突入采访、外围采访和隐性采访等来获取所需的信息。但这些采访方式同常规方式相比,尽管在顺利地获取信息方面优势明显,但在操作过程中也都各自存在一些需要注意的问题。在使用这些特殊手段进行采访时,记者切记要尊重新闻事实、遵守法律规定、严守职业道德。

(1)突入采访。

突入采访是指在批评或揭露性报道中,为防止批评报道对象因提前得知采访消息而及早准备、做手脚,掩盖事实真相、设计应对的方法,甚至躲避、阻挠采访等情况的发生,记者在未通知采访对象的情况下,突然出现在采访现场或者采访对象面前,迫使采访对象在事实面前说出实情,或者通过对采访对象种种掩饰、回避、对抗采访等言行的记录,来揭示事实真相。

例如:有一篇文章《是对峙,不是对抗》[①]恰好说明了这一点。

在深圳,老范和我去调查外贸诈骗公司,公司老总拖住我们,进屋打了个电话。十几分钟后上来七八个人,都是平头,黑T恤,大金

---

① 柴静.看见[M].桂林:广西师范大学出版社,2013年1月第一版.

链子,肚子走在人前头:"哪儿来的?"我跟老范对视一眼,想的一样:老大,换换行头嘛,这套已经过时了呀。

金链子问我:"你们干吗的?"

"记者。"

"来干什么?"

"接到新闻线索来调查。"我看了一眼摄像李季,知道他肯定在拍。

"谁给你的线索?"他肚子快顶着人了。

"观众。"我问他:"您是谁?"

他愣了一下。

"谁让您来的?"

"我兄弟……朋友。"

提供新闻线索的人说过,这些黑势力背景的人有枪,他见过。但我知道这些人的目的不是要伤害我们,只是要赶我们走,我们的目的也不是把他当场扭送公安,是要把他拍下来。

扯平。

这一小会儿,经理已经在掩护下撤退了,他们也准备撤了。公司空空如也。我只好代尽主人之谊,客气地送他们到电梯口:"知道经理去了哪儿告诉我们一声。"他们相互对视,哈哈大笑,电梯关上了。

在突入采访中需要注意:

① 记者应提前掌握被访内容和被访对象的基本情况,在有确凿证据的情况下进行突访;

② 提问准备要充分,同时应有备用方案以防出现突发情况。

(2)外围采访。

记者在采访过程中不直接与采访对象接触,而是先从采访对象周围或侧面了解情况,以帮助记者掌握大量信息和具体细节,面对采访对象时用切中要害的提问，使采访对象无法回避。

在新闻调查《一只猫的非常死亡》中，它由一只猫死在一双高跟鞋下铺陈开来，但并没有就事论事，而是通过约谈包括网友、调查者、当事人朋友及同事、当事人在内的各种涉事群体，敏锐地抓住各种线索，并层层深入地将整个事件全方位、多角度地依次展开，将整个事件的真相一步步地依次展现在观众面前。

节目开始之前，作品通过幕后解说及一系列的剪辑，设置了一个个的悬念，在概述节目表现主题的同时，用一连串的问号吸引住观众的视线。在节目开始后，主持人柴静以简洁的语言概述了事情的起因及发展，并代替观众，对当事人虐猫行为的最初动机发起了质疑——"是仇恨？是利益？是欲望？"她说的正可能是观众心中的疑问，这种"你们想知道的，正是我们所要去努力探求的"手法，起到了吸引观众继续观看、寻找事实真相的兴趣。

本节目的开头选择了用一种对比的方式展开，先以一段动物的镜头，讲述"每天都有很多动物死去，有的死于人为，有的死于自然，有的死于意外，然而，从没有像这只猫的死亡，激起了人们强烈而广泛的关注。它，死于一双高跟鞋"，一段欲扬先抑的镜头表现及幕后解说，将一只猫的非常死亡以一种打动人内心深处的情感的方式引起观众兴趣，更激起了人们对于事件发生前因后果的求知欲。节目往纵深发展，基本是循着解说＋蒙太奇镜头的方式介绍事件发展，接着介绍网友的愤怒时，切入网友"鹊桥不归路"、"小青"和"追尾巴的猫"三人的视频片断，借他们的讲述以及对他们的采访，为情节的层层展开准备了很好的过渡。例如接下来的线索搜寻的表现上，当被主持人问及"那么多线索，你怎么去找"时，网友"小青"回答道"我也不知道，但睡了一觉，第二天起床时已经有很多线索了"，也在同时为下文线索的进一步展开做了很好的铺垫。节目选择采访对象，一种充当情绪的感染者甚至煽动者，一种充当搜索的生力军，两者的结合，更有利于全方位还原事件真相，这是节目成功不可或缺的一个方面。

线索继续深入,从网络悬赏到事件发生突破性的发现,摄像机镜头也随之不断变换。例如谈到虐猫幕后黑手时插入的游戏"CS"图像,例如提到50万网络货币悬赏虐猫者时,利用了一个"恐怖提刀者"的Flash动画形象,极言网友的愤怒。镜头语言的使用特别到位。线索继续深入,虐猫者所在地及其身份逐渐清晰的同时,节目插入了另一条平行线索——虐猫的另一位当事人,萝北县广电局李某浮上水面,为下文情节的顺势展开做了铺垫。

随着已经查找到的线索,节目组来到萝北县,刚开始并没有试图采访虐猫者王某,而是先从外围着手,对王某的同事进行采访,通过王某同事对王某平日待人处事态度的描述及对王某此举的惊讶与质疑,营造了一种类似于结构势能的氛围,为下文对王某的采访,刻画一位心理抑郁者内心的矛盾及人性的复杂埋下了伏笔。

在外围采访中需要注意:

第一,找到关键知情者,多方印证、丰富采访内容;

第二,外围迂回是手段不是目的,通过这一手段,促使采访对象说出关键性的内容,即关键内容应出自采访对象之口,采访才更具说服力。

(3)隐性采访。

又称秘密采访或暗访,是指新闻记者在未被采访对象感知的情况下,运用摄像机、录音机或照相机等工具,秘密地获取新闻事实的方法。具体分为两种形式:偷拍偷录和涉入式采访(记者在不公开真实身份的前提下涉入新闻事件之中,成为"亲历者")。

隐性采访作为显性采访的补充,能够获取其他新闻手段难以获取的新闻事实,有其积极意义。但同时,由于其方式的隐蔽性,这种采访方式是否合法也引起一定的争论。归纳起来,在什么情况下允许未经许可而自由拍摄、录音,可以画出这样几条界限:

第一,摄录场合是自由场合还是非自由场合。所谓自由场合,是指社会公众可以自由出入和交往的场合，例如街道、田野、娱乐场所、体育比赛、公众集会，等等，记者享有自由摄录的权利；

第二，摄录对象是群体还是特定个人。成批的人群或当个人出现在自由场合时无需征得被摄录个人的许可；

第三，摄录目的是出于维护社会公共利益还是其他私利。对于正在进行的严重危害、违反公共利益的行为，包括违法犯罪行为，可以不经行为人许可进行摄录。但如果其中涉及未成年人，应该进行技术处理掩盖、遮挡。至于那些与社会公益无关的题材，严禁偷拍；

第四，摄录内容是真实的还是歪曲的。如果在角度、用光等方面对拍摄对象进行丑化或对内容进行断章取义、加以拼凑的行为是不允许的；

第五，记者是消极地不暴露身份还是积极地伪装身份。记者不允许伪装成官员、军警、公务员以及违法行为者进行活动。

另外，在隐性采访中还需要遵循以下几条原则：

第一，保护未成年人；

第二，保守国家机密；

第三，非商业性；

第四，尊重个人隐私；

第五，非攻击性；

第六，避免干预司法、审判。

三、拟定采访提纲

在选题报告基本确定，与采访对象、部门、单位联系、约定的同时，记者需要写出采访提纲来指导即将开始的采访。采访提纲应根据选题报告所确定的采访目的和采访意图，针对新闻事件和采访对象的具体情况来拟定、设计问题。

问题设计大致有这样几种类型：

（1）过渡问题，引入采访主题或过渡进入另一话题的问题；

（2）概括性问题，了解事情概况的问题；

（3）中心问题，能够挖掘事件关键要素、反映事物本质的问题；

（4）探讨性问题，针对一些没有定论、值得深入的话题，可进行开放式交流的问题；

（5）敏感问题，受众关注程度高，采访对象出于个人或其他方面原因不愿、不便谈及但同时对采访来说又比较重要、非问不可的问题；

（6）印证性问题，请采访对象核实的问题；

（7）结束性问题，在采访结束之前，促使采访对象回忆、补充内容的问题。

在采访提纲拟定过程中，可以根据以上几个问题的类型，列出具体的问题。而对于一般的、非深度报道的事件性采访来说，问题设计无须这么详细、具体，只要列出时间、地点、人物、过程、原因、背景、相关人士等需要掌握的新闻要素即可。

美国内华达新闻学教授拉鲁·吉尔兰德曾在拟定采访提纲方面推出了设计问题的辅助公式，有一定的指导意义。他提醒记者在设计提问时应该涉及下列一些具体的问题：

（1）目标——你们（或组织）要实现的目标是什么？

（2）障碍——你们遇到过什么难题吗？目前的阻力是什么？

（3）解决——你们是怎样对付这些难题的？是否有解决矛盾的计划？

（4）开始——这一设想是什么时候开始的？是根据谁的意见提出的？

当然，采访提纲的拟定还和记者本人的采访习惯、交流方式有很大的关系，但确保问题的独特、准确、连贯、创意、引人入胜是更为重要的因素。提出恰当的问题，成功的采访多半取决于提出恰当的问题。杰克·海敦在《怎样当好新闻记者》一书中写道：大约有99%的新闻是部分或全部以访问——也就是向人提问题为基础写成的。《纽约时报》的主编对他手下的记者说："只要你善于在尽可能多的话题上提出恰当的问题，你就是做得相当出色了。"在这种提问技巧下，使基辛格说出了很多事后连自己都感到后悔的话。具体的提问技巧包括：

（1）抓住核心问题，开门见山，切中要害。

这种方法是一开始就提出硬性的、紧扣主题的问题，然后扩展为比较笼统的问题。它适用于采访那些善于言辞、敏于思考、感觉自信的对象。开门见山会让对方觉得你坦率有效率，切中要害可以使对方觉得你懂行，值得交谈。

（2）由浅入深，追问问题，发掘未知的细节。

深度报道的提问有许多尖锐的问题，有时难免让记者碰壁，采访对象要么拘谨不安，支支吾吾，谈不到要害，要么有心拒绝，闪烁其词，加以敷衍。这就要求记者具备追问的毅力和技巧。

（3）诱导性的提问，引出生动活泼、论点鲜明的谈话。

（4）适度的沉默。

美国著名的电视节目主持人迈克华莱士说："我发现，在电视采访中最有趣的做法就是问一个漂亮的问题，等对方回答完毕你再沉默三四秒钟，仿佛你还在期待着他更多的回答。你知道会怎样吗？对方会感到有点窘促而向你谈出更多的东西。"

采访提纲只是一个基本的依据，记者在采访时还要注意根据现场的变化随机应变，去调整、完善拟定的采访提纲。

四、拟定拍摄计划

准备就绪后，可以拟定拍摄计划。拍摄计划以经过审批修改后的选题报告为基础，将选题报告中各项内容逐一确定后，在其后加上采访提纲以及对摄像、采访人员的具体要求，即是一个较为完整的拍摄计划。

拍摄计划的构成：

（1）审批修改后的选题报告；

（2）采访提纲；

（3）镜头设计；

（4）对采制人员的要求、规范等。

相比其他媒体的新闻而言，可视性是电视新闻节目的特征和优势所在。生动、形象的画面是新闻内容的重要组成部分。因此对于新闻画面的构思、预设也成为拍摄计划的一部分。电视新闻镜头的设计不像先期制作的影视剧分镜头脚本那样，可以提前将拍摄内容、运动方式、景别、角度、光效、场景这样一些细节统统规划、设计得非常完整详细，由于新闻的不可预知性，只能将所需画面作一个大致的构想和设计，用来指导拍摄实践。

记者预先设计的镜头应该包括：

（1）外景、环境、现场的空镜；

（2）事件主要过程和关键细节；

（3）最能反映事件性质、特征、人物本质的画面；

（4）记者、采访对象在画面中的构图以及出镜方式；

（5）再现新闻过去时空的画面设计。

拍摄计划的最终完成要靠记者、摄像等采制人员来具体实现，因此对于采制人员，尤其是大型新闻报道的记者、摄像的要求必须具体、严格，以确保任务的完成、节目风格的凸显。记者的定位、提问、交流的方式、语言的表达、肢体语言信息的传达以及摄像的基本手法、风格、与记者的配合等方面都是需要认真思考的问题。

下面所录一篇阐述，是一个典型的拍摄大纲。

《新闻调查·从市长到囚犯》阐述 [①]

一、关于选题

A：腐败，在国人关心的十大社会问题中排第一，这有原国家体改委一项民意调查为证。所以选题的关切度和拉动力是天然的，"腐败"二字具有足够卖点，从这个意义上说，我们手中的"牌"，已有了五分成色。

---

① 中央电视台1998年4月17日播出的《新闻调查》。

B：朱振江的受贿特点不在于数额巨大，而在于日积月累。这从"反面教材"的角度讲有普遍意义。然而就节目而言，缺乏足够刺激。这就要看我们开掘"平常"的能力。

C：我们对朱振江的兴趣，在于他的"忏悔书"。这会使我们很自然地区别于通常所见的对腐败过程的展示，从而进入腐败者的内心世界。这个世界可能不好随意触摸，但它肯定别有洞天。所以"腐败者的内心独白"，将成为本片的标志和创作的原点，决定我们对主题的确立和风格样式的选择。

二、内容与主题

A："忏悔书"只是选题依据，节目不能依赖和完全围绕它展开。要把"忏悔书"内容转化成采访结果。"忏悔书"只是一个梯子。

B：我们有三项任务：

（1）叙事：朱的犯罪过程及主要事实；

（2）人物刻画：朱的人生经历、性格品质；

（3）问题探究：朱腐败的内外在原因。探究问题意图不能太浓，尽可能地把"问题"包裹在叙事和人物刻画的过程。

C：本片应使观众关心下述问题：

（1）权钱交易的本质；

（2）受贿者的内心冲突的道德依据；

（3）人性的蜕变。

三、关于表现

A：这是个45分钟的一对一的谈话节目。这种样式的确定，源于选题提供给我们的创作元素，源于一个犯罪市长的"忏悔书"。既然我们对"内心独白"情有独钟，则一对一的访谈当属别无选择。

B：话语表情是节目中最活跃的因素。因此，环境、影调和画面的设计应遵从"两个有利于"的原则，背景资料的展示要控制在最低限度并进行消色处理，以保证谈话形式、色调、节奏、气息的完整性。

C："狱中访谈"决定了本片的结构方式。用被访者进入和离开采访现场做构架是最简单、最直接的办法。但这个开头和结尾要专门设计，要框得住45分钟。

D：这45分钟将由4个段落构成：走向深渊的第一步——从忐忑不安到心安理得——从受贿到索贿——人生观照。

四、关于人物

A：朱振江的人生线：（刻画人物）河北农村的穷孩子——靠奖学金毕业的大学生——获国家级奖励的技术革新能手——县长——市长——囚犯。

B：朱振江的腐败线：（叙事）试图抵制——顺水人情——默认——心安理得——依"礼"办事——索贿。

C：受贿心理防线：（问题探究）社会风气（怕得罪人）——人之常情——按程序办事——刑不上大夫——悔过。

只提醒一点：朱振江的"忏悔书"只是表面文章，并非"灵魂深处的革命"。他的动机（包括接受电视采访）是为了减刑，所以他会"摸着石头过河"。这需要我们注意方法。

五、关于记者

A：记者举足轻重，这是本片样式决定的。从符号上讲他是"半边天"，但在采访现场及内容的把握上，他将主宰一切。

B：定位是个问题，毕竟我们第一次面对囚犯。我们既要尊重他的人格，又不能过于亲和；既要揭露他的犯罪事实，又不能审讯。基本的原则应该是：平等意识、观众视点、职业角色。

C：在采访方式上应该是交流与审视结合。交流：用于叙述事实，让对方表白自己。审视：在叙事和表白的过程中不断找出破绽，进行反驳或质疑。交流与审视交叉推进，此起彼伏，形成谈话的节奏与冲突。

D：段落感是这种纯粹的谈话节目所必需的。应在主要事实和问题的关节点上进行几个回合的交锋，形成相对完整的段落。这会使节目的内在节奏大大加快。

E：请注意"留白"，即对方沉默或无言以对时留出一段时间的静场。这会增强谈话内容的张力，也会给编导留出一些剪辑和转场的气口。

六、摄像和灯光

A：开场和结尾的两组镜头，要体现专业品质。

B：因为是一对一的采访，所以应统一双方的景别。少一些过肩镜头。俯拍的机位不要简单处理。

C：做背景交代用的空镜，全部采用移动拍摄，在运动上与访谈形成反差。

D：灯光是我们重要的修辞手段。它要帮助我们刻画人物，并悄悄地烘托和渲染气氛。

我们对灯光有以下要求：

（1）要有人物造型，但不要明显的轮廓光；
（2）要有特殊的影调和质感，但不失新闻节目的特点；
（3）记者与朱的灯光处理要有些区别，但朱不能打成反面人物；
（4）背景要简单，但要有监狱的特征。

需要指出的是，拍摄计划是节目前期制作的纲领性的要求，为防止意外、突发情况的出现，大型报道的拍摄计划往往需要有备用方案。同时面对采访、拍摄现场随时可能发生的变化，拍摄计划要根据现实情况进行不断的调整与充实。

第三节　采访实施

经过精密、细致的采访策划，采访就可以进入实施阶段，采访实施过程中，提问是核心，心理接近是基础，因此，如何融洽采访双方关系，如何把握、运用提问技巧，就成为记者在采访过程中需要认真研究和掌握的内容。同时，在电视采访过程中，我们还需要充分考虑电视形象化记录的特点，对采访记者和摄像记者提出相应的要求，确保采访实施过程中良好的现场效果和视觉效果。

一、把握良好的态势语

采访活动实质上是一种人际交往活动，而记者在这种人际交往活动中所表现的举止、仪表、服饰、气度直接影响着采访对象和记者自己的心理，相当程度上决定着采访的质量和效果。作为电视记者，除了与采访对象交流外，还要留意自己在屏幕前的形象和状态。因此，把握并且运用良好的态势语成为记者在采访中首要考虑的问题。

1. 表情语

表情语是指眉、目、鼻、嘴组成的"三角区"和脸上的肌肉、脸色等对于情感体验的反应动作。表情语的核心是目光语和微笑语。在采访过程中，与采访对象大方、自然、庄重、灵活地对视、微笑，对于缩短双方心理距离，融洽现场气氛很有帮助。

2. 手势语

手势语是通过手和手指、手掌、拳或手臂的动作变化来传递信息的一种语言。手势语可以用来表达人的情感、态度，可以用来模拟、比划事物，可以表示抽象的概念，可以指明具体的对象，在日常交际中使用非常广泛。在采访过程中，手势语运用得当，可以使提问、表达更加生动、形象。但要注意不要刻意追求新奇、避免单调重复，更不要过于频繁，显得不够稳重。

3. 体姿语

体姿语是指身体在某一环境中以动态或静态姿势传递信息的语言，包括首语（头部语）、站姿语、坐姿语、步姿语和界域语等。其中，首语、站姿、坐姿、步姿应以自然、庄重、和谐、协调、从容为基本要求。界域语也叫个人空间、人际距离，一般认为距离在 15 厘米之内为亲热界域区；距离在 75 厘米之内为个人界域区，是与熟人交往的空间距离；距离在 210 厘米之内为社交界域区，新闻采访双方距离应为社交界域区。

4. 服饰语

服饰语是交际场合通过服装、饰品和化妆来传递信息。人的服饰、化妆连同人的行为、言谈在一起，构成人的整体信息结构，能够显示人的职业、爱好、社会地位、性情气质、文化修养等。对于新闻记者而言，服饰、化妆要注意以下几个方面：

第一，大方庄重，符合身份。不要过分的华丽妍冶，以免喧宾夺主，分散观众注意力；

第二，干净、整洁，避免过度修饰；

第三，要与采访环境、采访主题和谐统一。

二、创造良好的访问条件

记者与采访对象约定正式采访的时间、地点的时候，必须注意要创造良好的访问条件。选择合适的采访时机，选择良好的采访环境有利于采访对象以良好的情绪和心态接受采访，有利于营造良好的氛围，有利于电视采访信息更加完善地传达。

1. 选择适宜的采访时机

第一，从采访对象的角度出发，需要考虑的因素包括：采访对象是否有空闲、采访对象的思想情绪、身体状况等。

第二，从新闻报道的角度出发，主要考虑的是时宜性，在与采访对象相关的新闻事件发展到一定阶段时，进行采访报道，从而取得更佳的社会效果和传播效果。

2. 选择良好的采访环境

第一，选择安静、不受干扰的环境，以利于采访双方进行深入交流。即使是在嘈杂的事件现场进行采访，也尽量保证录音效果。

第二，选择富于美感的采访环境以利于美化电视画面。

第三，选择典型的采访环境，注意环境背景蕴含的信息与采访对象及采访主体要协调一致。

下面以2008年春节前，国家主席胡锦涛先后看望了科学家钱学森、闵恩泽，并对两位科学家表达了新年的祝福新闻报道为例。在该报道中，胡总书记在看望闵恩泽时，有一段同期声就是在闵老的书房里，从满架子书的背景上，突出了闵恩泽博览群书、著作等身的科学家的鲜明形象。在中央十套《大家》栏目中，主人翁的活动背景都与其工作环境、职业学识有关。比如采访季羡林的那期节目是在家中进行的，家中书香气息极为浓厚，与季羡林老先生的身份相吻合。在这些电视采访中，记者就是充分利用环境背景的设置，充分展示了"大家"们的职业素养、学识风范、兢兢业业的精神，从而给观众们留下鲜明的形象。

第四，选择采访环境时还应考虑环境背景能够为采访对象的言行提供充分合理的支持与依据。

在一些灾难报道中，这一点体现得尤为突出。1999年4月以来，中央电视台记者从南联盟发回的大量现场报道中有相当一部分是当地居民站在被炸毁的设施现场对北约的野蛮行径进行控诉，类似这种环境处理就具有很强的说服力。

中央电视台2013年4月21日播出的《四川雅安芦山县地震7.0级地震专题》中，记者蒋林在地震灾区现场对现场的情况做了条理清晰的介绍。以刚到现场和报道之时的现场变化开始，介绍了抢险工作的设备以及抢险分工的变化，利用现场环境画面给关心灾区情况的国人吃了一颗定心丸。如果不是在这个特定的事故现场，如果没有现场提供的特定依据，观众很难了解到灾区状况。

当然在某些突发事件现场进行采访时,要尽量避免现场中杂乱而无意义的"噪音"干扰。在有些情况下,混乱的现场确实能够造成一定的紧张感和临场性,但电视记者也应考虑提供给观众的应该是尽可能高质量的声音与图像。因而,对于采访环境的选择,还应该包括在不影响现场真实感的前提下,尽可能选择有利于声画录取的"干净"的空间。

尽管环境背景在采访中发挥着重要作用,但我国目前的电视采访在环境选择上还是存在着一些误区。记者经常将采访现场选在室内,背景一律是毫无特点的书架或地图,将环境信息轻易地舍弃。更有甚者,在选择采访环境时人为摆拍的痕迹过于明显,造成信息传达的失真。由于环境的造假,令观众很自然地对采访的真实性产生怀疑。

因此,电视记者在采访环境的选择当中,首先需要坚决杜绝人为摆拍的"虚假"现场,此外还应该善于拓展采访空间,特别是在以名人或政要为主要表现对象的人物专访中,采访空间可以突破以往选取的信息传达不明显的中性环境,去探索其他的空间形式。比如可以采取行进式采访,使拍摄主体在运动中打破沉闷单一的采访空间,同时也能够在运动中更好地展示背景环境,加快新闻节奏,突出紧张感。1994年《焦点时刻》的记者在基辛格博士匆匆走在大会堂走廊时,采用了行进式采访的方式,见缝插针地向基辛格提了几个私人问题,那种争分夺秒抢新闻的精神给观众留下了深刻印象。另外还可以拍摄采访对象的日常生活空间来丰富采访环境,拓展采访空间,更为生动、立体地展示拍摄主体丰满的性格与形象。在2016年1月6日播出的《鲁豫有约》采访胡歌那期《遇到合适的人很难》中,胡歌和鲁豫坐在沙发上一边喝着酒,一边谈蜕变的经历,整个谈话氛围显得非常轻松、自由,生活化的交谈无形中带给观众一种亲和力。

第五,选择一些特殊的、常人无法进入的空间环境进行采访,能给观众带来耳目一新的感觉,满足观众的探秘心理。

在2016年BBC所拍的《中国新年》中第一集《归乡》里,在讲到春运那部分的时候,主持人进入铁路控制中心,铁路控制中心新鲜的事物让人感到新奇、耳目一新。

三、寻求心理接近，融洽双方关系

记者在采访开始正式提问之前，要充分利用准备工作中的多种素材，善于把握心理因素，使得采访双方心理接近，达到相互信任的目的，在融洽的气氛中进行采访交流。

1. 做好所有准备工作，提早进入采访现场

记者提前进入采访现场，摄像、灯光等各部门做好相关的准备工作，调试设备、监测效果，等候采访对象的到来。这样可以让采访对象感受到记者对自己的尊重、对采访的重视，就会对记者表现出来的专业素质和业务能力感到信任，有利于采访的顺利开展。

2. 给采访对象留下良好的第一印象

第一印象会对双方交流产生很大的影响。记者注意要调节好心理状态，以良好得体的言谈举止给采访对象留下良好、深刻的第一印象。

第一，调节心理状态，摆正自身位置。

正确认识记者和采访对象的关系，对于采访的顺利进行至关重要。面对采访对象，首先，记者要保持一种平等的心态、平视的视角，官员、领导不是记者的上级，普通群众也不是记者的下级，这样才能做到不卑不亢、客观超脱；其次，采访活动尽管是一项严肃的工作，但它更是一种人际交往，因此，记者要避免摆出一副公事公办的样子，与人产生一种心理隔阂，而是要热情、自然，注重情感的交流。

第二，注意仪表风度，把握良好的态势语。

关于态势语，前面已做过详细的介绍，需要强调的是，尽管每个记者都有不同的风度和气质，但礼貌、自信、庄重、大方、热情、积极应是对于所有记者的一个共性要求。

第三，把握好有声语言的表达。

提问前的沟通以及提问过程中，有声语言塑造着人的"第二形象"。优雅得体的谈吐、富于美感的音质、音调，也是构成良好的第一印象的要素。首先，在表达内容上，遣词造句上要规范、得体，力避粗俗，其次，声音形式上也应力求完美。声音有力，不过多停顿，语调一致，给人以控制、力量、自信的感觉。相反，声音低弱，含混不清则反映了怯懦、不自信的心理。

3. 架设沟通桥梁，取得采访对象认同

记者以敬业精神、专业态度和良好的第一印象，可以取得采访对象的基本认可，初步达到与采访对象的心理接近。这时，采访对象往往愿意与记者进行交流，但还远未形成一个气氛融洽的"话场"。记者可以利用一些双方共同的话题作为"中介物"，或是采访对象非常关心、感触颇深的话题作为"由头"和铺垫，让彼此心理"预热"，逐渐进入正题，架设起双方心理沟通的桥梁。

第一，利用"中介物"，拉进双方关系。

采访中的"中介物"，是指能够引发双方心理共鸣的共同之处，包括相通、相似的背景、经历、爱好，共同的朋友、熟人，共同熟悉的事物、领域等内容，以此为话题，拉近双方关系。

第二，利用对方关心、欲知、深有感触的话题，引起采访对象的认同。

记者通过事先的背景研究，了解到采访对象比较关心、耽于思考，甚至为之苦恼、迫切要求解决的问题，以及感触很深的事情，利用这些话题，很容易引起对方的相知感和认同感，从而愿意吐露心事。

4. 洗耳恭听，激发采访对象的自信和交谈欲望

采访活动中，记者是主导，采访对象是主体。应该把绝大多数时间留给采访对象。高明的记者并不体现在采访时发表了多少宏论，而是巧妙地在现场"消隐"，穿针引线，引导采访对象尽情发挥。认真倾听也是尊重

采访对象的表现，在采访时记者要注意：

第一，采访对象谈话时不要随意打断，除非跑题。但在纠偏时也要注意技巧，不要让对方感到难为情。

第二，利用微笑、点头等态势语鼓励、激发采访对象。但在同时也要注意少发出声响来表示赞同，以免对采访对象声音的录取形成噪音、造成干扰。点头也不应该太频繁，否则会有损于记者独立思考的形象。

5. 消除采访对象镜头前的紧张心理

一般情况下，采访对象在面对摄像机镜头时都会感到紧张。而如果过度紧张，则会出现思维不连贯、语言不完整，甚至脸红心跳、声音发抖的现象，俗称"晕镜头"。为了让采访对象适应拍摄现场，放松心态、消除紧张情绪，记者必须采取一些有效的手段。

第一，采访开始前的一段笑话或幽默的语言可以起到放松的效果。

金星在主持《金星秀》时，每次开场前，都要花差不多 10 分钟，跟助理沈南的幽默对话吸引了观众，打消了大家的顾虑，消除大家的紧张情绪，使大家有一个轻松的心态参与。

在 2017 年《金星自述艺考曲折经历》那期节目中，在节目刚开始就模拟了一个奇葩的艺考现场，以此来引出节目所谈论的艺考话题。模拟的艺考现场金星模拟艺考考官，沈南和两位工作人员模拟艺考考生。下面就是模拟现场的对话：

金星自述艺考曲折经历[①]

三位考生：考官好。

金星：考生们好。欢迎大家来到"超能艺术学校"的 2017 年的艺考现场。很明显我是今天的主考老师。这位家长请你到外面去好吗？

---

① 东方卫视电视台 2017 年 3 月 1 日播出的《金星秀》。

沈南：老师，我不是什么家长，我是考生。

金星：保安。

沈南：不是，老师，我是考生。

金星：这位同学，在这之前你落榜多少期了。

沈南：不是老师，我没落榜过，我是应届考生。

金星：应届生？老三届的？

……

就像这样，一种幽默的模拟情景很快就使观众放松下来，消除了紧张情绪。

第二，提前开机、开灯，试录一段内容也可使采访对象逐渐适应现场。

第三，充分的准备是消除紧张情绪最为有效的手段，因此在采访预约时告知采访对象采访内容是必要的。

四、采访提问

采访提问是采访活动中最为关键的环节，是整个采访工作内容的集中体现，提问质量直接决定着采访活动乃至整个新闻活动的成败。因此，掌握正确的提问方法、运用有效的提问策略、把握提问重点，是需要记者认真学习、领会并在实践中不断摸索、提高的。

1. 围绕采访主题、驾驭提问过程

记者在提问过程中应发挥主导作用，既要调动采访对象的积极性，又要适当地、有意识地限制采访对象的谈话，不能偏离话题太远、太久，使谈话内容紧紧围绕采访主题展开，将现场主动权控制在手中。

采访提问是在有限的时间里目的性很强的谈话，不是随意的漫谈。为避免游离、徘徊于主题外的提问的现象出现，记者必须熟悉采访提纲、提问大纲，明确采访目的，尤其要注意对关键性问题的挖掘。

关键性问题也就是最能反映人物特征、事物本质的中心问题。对关键性问题开掘的过程也就是不断深化主题的过程。因此，记者要学会多侧面、多角度、锲而不舍地把关键性问题问透彻、弄明白，保证提问的效率和质量。

2. 提问具体明确，问题针对性强

提问应力避空洞抽象、大而无当，因为人们在日常交流时所谈内容是具体、实在的，而采访这种特殊的人际交流方式也应该建立在这个共性基础之上。即使是在专业性很强或抽象的思维领域，也应尽可能用人们熟知的意象、常识、原理去描述、诠释。还可以将抽象的一个问题分解为若干个具体、易答的小问题去提问，逐渐接近最终的抽象问题，有了前面的铺垫，便于受众对这个问题的理解。除具体之外，还要注意提问一定要明确，避免产生歧义，导致采访对象一头雾水甚至答非所问。

面对具体的采访对象，记者还要注意提问那些最适宜采访对象回答的问题。问题的针对性越强，越能挖掘出采访对象独特的、具有个性的内容，从而摆脱那种程式化、千篇一律的提问方式，做出与众不同的采访报道。

3. 寓问于谈，深入交流

对于深度报道或人物专访来说，答问式的采访方式根本无法深入事物本质和人物内心。而以讨论、求教、商量的形式出现的谈话式采访，针对这种情况则比较有效，有利于采访双方深入交流。谈话式采访建立在气氛融洽、记者被认可、接纳的基础之上，体现了采访的最佳状态。

在谈话式采访中，记者的提问要有启发性，能够引导采访对象深谈。记者思路要敏捷，善于发现对方谈话中的关键信息，及时做出反应。同时，记者也要注意自己在采访中的主导作用的发挥，防止谈话偏离主题，使采访变质为漫谈。

4. 随机应变，即兴提问

采访提问是个动态的过程，任何预先的计划、设定都只是一个依据、框架。除非摆拍，实际采访不可能完全按照采访提纲进行，总会有意料之外的情形出现。这就需要记者根据新情况、新问题，及时调整提问内容及策略，调动思维、组织语言，使采访高质量地延续下去。如何发挥即兴提问的优势，可以从以下几点着手：

第一，对于采访对象及要采访的事件做透彻详实的背景研究；

第二，掌握谈话主动权和主导地位，将话题控制在一定范围内；

第三，敏锐捕捉稍纵即逝的关键信息，及时做出反应。

5. 把握提问顺序，控制提问节奏

在采访现场，先问哪个问题，后问哪个问题，哪几个问题以哪几种方式搭配起来使用，都需要精心设计，这样的设计使得采访提问的节奏协调、合理。

第一，先易后难。一般来讲，浅显易答的问题放在开始有利于缓解采访对象紧张心理，也符合人们的认知规律，循序渐进，逐渐适应采访交流的状态。

第二，张弛有度。问题的编排也要注意松紧搭配、难易结合。一味地以轻松、易答的问题提问，容易使采访对象松懈，难以进入状态。而将紧张、严肃、重大的问题堆积在一起提问，则又容易造成气氛紧张，"火药味"十足，甚至使采访"搁浅"。正确的方法应该是：以重要、关键性问题为主，辅以轻松的问题将几组严肃问题隔断，形成以轻松问题为铺垫的几组关键性提问。

第三，宽窄结合。宽，是指内容宽泛的提问，及开放式提问，提问的范围较大，采访对象有很大的发挥余地。窄，是指可供采访对象回答范围很窄的提问，即封闭式提问，又称闭合式提问或限制式提问，是一种有明确指向的、需要采访对象做出直接回答的提问。一般来说，在采访中应以闭合式提问为主，这样在有限的时间里提问效率会很高。但闭合式提问过多，会使采访变得生硬，不利于形成融洽的氛围，同时一些关键问题上也不利于采访对象的发挥。因此，在提问时应根据具体情况，善于把握时机，

将开放式提问与闭合式提问有机结合起来。

第四，专业性问题与一般性问题的协调。记者要对采访对象从事的工作、活动和所研究的领域有一定的认识才能保证采访的深入进行，所以必须要有相当数量的专业性问题用来和采访对象深入交流。同时还要考虑受众的接受能力和对专业问题的认知水平来设计一些问题，用来强调、解释、说明采访内容。

我们以《鲁豫有约·访百家讲坛易中天》[①]为例，分析一下这两类问题是如何协调的。

一、由称呼引起的官文化

鲁豫（以下简称"鲁"）：您当老师当了多少年？

易中天（以下简称"易"）：从事这个职业是1975年。

鲁：我数学不好，是多少年，30，不对，31年。

易：数不清可以掰手指头。

鲁：在学校里一般大家都怎么称呼您？易老师？易教授？

易：一般官场都叫易教授，他把教授当成一种官衔来叫，好像叫局长似的，这是我最不喜欢的一种称呼。

鲁：哎呀，刚才我还叫易教授呢，一般都叫您易老师？

易：是，我自己门内的学生是叫先生的。中国人最喜欢的就是叫官衔，农村里叫张会计、李出纳也就罢了，还有叫王过磅的（笑）。

鲁：过磅是什么？

易：就是收那个粮食的时候在那个磅上磅一下，负责的人也叫一个官衔，叫王过磅。还有最可笑的是你知道那个监狱的犯人叫武警战士叫什么？

鲁：不知道，"长官"？好像不对。

易：不行，长官是国民党的叫法。

---

① 香港凤凰卫视电视台2012年5月7日播出的《鲁豫有约》。

鲁：那叫什么？

易：叫班长。

鲁：那为什么不叫个官大点的呢？

易：不能，因为他们是战士，你把他叫成连长、排长，那不行，混淆了战士和官的界限，叫班长，是战士里的小官，是兵头将尾，中国的官文化……

鲁：您可以写篇文章。（超级失败的一个问题，再次让老易觉得鲁豫准备不足）

易：早写过了，你没看？上网搜下。

二、易中天的语言风格

鲁：在学校里易老师也是特别风趣，学生们特喜欢上他的课。他喜欢用挺现代的语言去讲那些挺古老的、看起来挺枯燥的历史，所以这也慢慢成了易老师的一个招牌吧，就像一个标记，很受欢迎（引子）。

（广告，短片）

鲁：大家看，这就是易老师讲三国时的风格，我注意到了，一开始您是穿西装出镜的，后来就改成了现在的……（切入点不错，由服装开场）

易：中华小立领。

鲁：什么叫中华小立领？

易：就是像中山装，但领子是立的，是中华装。

鲁：是经过改良的中山装，是这个意思吧？

易：那我就不太清楚了。

鲁：是您自己设计的还是……

易：买的，买的。

鲁：慢慢看到形象有些改变，但语言风格一直是这样的，平时讲课就这样吗？（自然过渡）

易：是，聊天也是。

鲁：像大家一般会笑的地方，比如：唱卡拉OK，开Party，是您现场想出来的，还是在备案时就准备一些？

易：一般是脱口而出。

鲁：那现场讲的时候会有这样一种效果吗？大家会乐吗？（傻问题）

易：会乐，肯定会乐，你不乐吗？

鲁：我乐呀。

鲁：但我感到现场看电视那个气氛挺严肃的，看电视时几乎听不到笑声，还是我看到的地方没有笑声。

易：也不可能每一期节目从头到尾都是这个，要都是这个那是相声晚会，那不是《百家讲坛》。

鲁：在这里我想说一点，本来想最后说的，易老师把讲座内容编了一本书，叫《易中天品三国》。

易：就叫《品三国》。

鲁：我们先来谈谈这个问题，很有意思。

三、反盗版？关于出书的事情

（短片：新书竞标，出版史上头一遭，55万册14%版税）

鲁：刚才握手的是三方，你更看重的是量。

易：这本书与《百家讲坛》的演讲有不同：第一点，每一集都重新写过；第二点，24集变成25集；第三点，专门为本书写的一万多字的文章；第四点，专门为本书制作的光盘，特别的爱献给特别的你。而且这么多内容只卖25元钱，很便宜。主要考虑读者大部分是青年学生，自己不赚钱，用爸爸妈妈的钱。没有像很多人想的那样我们恶意操作，赚钱。

鲁：看一本书是不是畅销，主要看有没有盗版。

（短片：易中天反盗版）

鲁：刚才我看一本书，问易老师是不是盗版，易老师说是伪书。那盗版跟伪书有什么区别。

易：盗版书的内容是跟正版书一模一样的。……伪书的内容根本不是这个内容。

鲁：那是别人写的。

易：两种情况：一、内容不全，价格偏高，消费者受损失。

鲁：还有呢？

易：还有就是这本，张大可的书，其他的没换就一个皮换了……

鲁：这本书有您很小的照片，为啥？

易：不清楚，美编不是我。

鲁：一般喜欢您书的人都希望看到您大一点的照片，你看"爱中天"一直在点头。

易：我长得不好看。有人问我《百家讲坛》选人标准是什么？我说，第一条就是丑。丑一点，老一点，有公信力嘛。

鲁：那您品三国之后准备做些什么？

易：休息。反正不会搞一个什么中天有约之类的。

鲁：谢谢您不跟我竞争。

鲁：出书呢？

易：我现在主要把眼前的事情做好。我觉得一个人把眼前的事情做好就天下太平了，干吗那么多雄心壮志呢？要是观众不喜欢，我三国不品完就下课。

鲁：你们希望易老师以后讲什么？

观众：……自己的故事。

鲁：我看您一时下不了课。今天谢谢您，希望更多的人能看到您正版的书，不要盗版或伪书。

6. 根据采访实际，灵活调整提问策略

在采访实施过程中，记者应当从实际出发，根据不同的采访对象、不同的时间场合、不同的采访要求，制定相应的采访提问策略，而不应拘泥于各种提问原则、规定之类的内容。

在时间紧迫、采访对象不愿客套应对的情况下，采取"倒金字塔式"提问方法，把最重要的问题放在开头，再提次要问题，可以采取"答问"式提问，无须交谈，直接得到最关键的信息，以提高效率。

根据采访对象的性格、情绪、素养，选择适合的方式、语言进行提问交流，或开门见山、或迂回接近、或引导、或激将，等等，不一而足。

7. 特殊采访对象的特殊提问手段

在批评报道中，批评对象因存在过错或违纪、违法行为，面对记者时往往会推卸责任、掩盖真相或干脆缄口不语，在面对这些特殊采访对象时，需要采取一些特殊的提问手段。

第一，先入为主。

面对拒绝回答问题的采访对象，记者可以将既成事实作为问题的主干，要求采访对象去核实、印证或者提出自己的观点和看法。在这种情况下，采访对象往往无法回避，或是予以承认，按照记者的思路说出事实，如果不作回答，也就意味着默认了这个事实。

例如，记者在向一位有违法乱纪行为而又不愿接受采访的官员提问时，如果问"这件事是你干的吗？"采访对象肯定会直接否定的。可如果以先入为主的问法进行提问："你的这种行为是有人指使呢？还是你自己要这样做？"这样的话，不管采访对象如何回答，都是对自己违纪行为的承认。

但这种方法主观性太强，有违新闻报道"客观""公正"的准则，不在不得已的情况下最好不要使用。

第二，以子之矛，攻子之盾。

记者利用外围采访所获得的材料和证据对采访对象的回答进行证伪，

使采访对象面对充分、确凿的证据无法自圆其说，只能说出实情或在镜头前顾左右而言他，甚至溜之大吉，使谎话不攻自破。

在《焦点访谈·罚要依法》①中，记者大量使用了这种技巧：

解说：第二天，为了慎重起见，我们专门请我们准备跟踪采访的运煤车过磅称重。

（转为货车在过磅称重的现场，采访运煤汽车司机的一组镜头）

记者：多少吨？

司机C：22吨9。

记者：车的自重是多重？

司机C：9吨。

记者：9吨。22减少9还剩13吨，煤的重量是13吨，你的车载重量是15吨，那么就是说还有两吨的富余。

（记者站在山西省潞城县的慢流河段上，镜头摇至"309国道文明路"路标）

记者：观众朋友，这里是山西省潞城县的慢流河。我身后呢有一块路标，上面写着309国道，由慢流河至河北省界34公里，是文明路。

（转为采访正在山西省潞城县慢流河段罚款的交警大队民警）

解说：那辆根本没有超载的运煤车，开到了头天晚上我们曾来到过的潞城县慢流河这一所谓的"文明路段"。

记者：我看您在这儿收费，是收什么费？

韩旭东（潞城县交警大队民警）：主要是罚款。

记者：罚什么款呢？

韩旭东：超载。

记者：前面有一辆车它没有超载，您也罚款了。

韩旭东：哪个车没超载？

---

① 《中国广播电视新闻奖1997年度新闻佳作赏析》，新华出版社，1999年版。

记者：那咱们去看一下好吗？去看一下吧。

韩旭东：没有超载的？

记者：对，没有超载，但是您也罚款了。走，咱们去看一下吧，在前面。前面这辆车超载了吗？

韩旭东：这个车，你像他这个车，超……超载。再一个说这个灯光不全。

记者：是超载？还是灯光问题？

韩旭东：超载。灯光不全。

记者：这个车现在超载吗？

韩旭东：这个车现在不超。

记者：不超载，您刚才说超载，而且罚了款。

韩旭东：一般……反正都是超载。

记者：一般超载，那这辆车超载了没有？

韩旭东：这辆车它护网不全，防挡板不行，这都能处罚他。

（"现场罚款决定书兼罚款收据""交警民警道路执勤执法法规"特写，转为采访山西省潞城县交警大队干部）

解说：罚款单上的罚款理由只用一个对勾表示，这种"欲加之罪，何患无辞"式的罚款，自然找不到一个正当的理由。即便这辆车的灯光确有问题，根据《交通民警道路执勤执法规则》第13条规定："民警在白天不得拦路检查过往车辆的照明灯"。

第三，适度刺激。

记者以尖刻的提问，刺激采访对象的情绪，使采访对象的戒备、防范心理在恼羞成怒的状态下失去控制，从而显露真实的、常态的言行。

2009年上映的《海豚湾》中记者通过这种方法使采访对象日本渔业部副部长诸贯秀树在镜头前随着记者的提问其脸色变化特别明显，几乎无法为自己开脱。

> 诸贯秀树：听我说，我们的捕杀技术已经大大提高了。太低町的渔民使用特制的刀具，他们把那个插入脊柱。大部分动物都会立即死亡。
>
> 记者：立即死亡？是吗？
>
> 诸贯秀树：是的。
>
> 记者：那如果他们是被除此之外别的方法杀死？是不是可以说很残忍？
>
> 诸贯秀树：我说过了，我不想谈"如果"。（表情开始变化，甚至有点不耐烦）
>
> 记者：我想给你看段录像。（渔民残忍杀害海豚的录像）
>
> 诸贯秀树：你是在什么时间，什么地点拍到这个的？（此时他已经混乱了，表情极其不自然）（2009年7月31日在美国上映）

使用这种提问方法时要注意两点：一是采访对象存在过错行为；二是刺激以不伤害、非敌意为度。

8. 检查采访有无疏漏

采访提问结束之前，采访对象应该对照采访提纲的内容检查一下采访有无疏漏，是否达到预期目的。需要从采访内容和形式两方面进行检讨。

（1）采访内容是否完整。

第一，记者所采访的内容是否能够体现主题，足以结构全篇；

第二，新闻要素是否完整，事件是否清晰；

第三，人物个性是否凸显，细节是否生动；

第四，事先未曾预计到，在提问中挖掘出来的新内容是否问得透彻。

（2）采访形式是否完美。

第一，采访对象的情绪、状态是否良好；

第二，采访对象表述是否清晰、观众是否理解；

第三，拍摄、录音效果是否达标。

检查过程中，如果发现以上哪个环节出现漏洞，尽量在采访工作完全结束前进行弥补，尽可能避免补拍或在后期修改等情况的发生。

第三章 电视新闻摄像

画面是电视新闻的主要表现元素,它能直观地展示新闻事件现场情形,给观众以临场感,使新闻更具真实感。在电视新闻的拍摄过程中,摄像记者的首要任务是采录到能把新闻事实交代清楚的画面和声音,同时应发挥主观创造性,运用景别、构图、运动、光线、色彩等手段报道好新闻。

第一节 基本要求

一、电视摄像的共性要求

新闻摄像作为电视摄像的种类之一,必须遵循电视摄像的共性规律,在光学镜头的使用、画面构图、色彩运用、运动方式上掌握其内在规律和相关要求。

1. 光学镜头及其特性

(1)焦距。

一束平行光通过镜头时,在光轴上汇聚一点,称为焦点。从焦点到镜头后主平面的距离称为焦距。焦距是镜头性能的主要标志。它决定镜头视角大小、拍摄范围和景深范围。

（2）视角。

目光所及的景物范围为视野或视野范围。视野范围与视点间形成的一个假想的锥体为视角。人眼的视角是固定的，双眼视角水平角约为45°，单眼视角水平角约为30°。光学镜头的视角是可变的（长焦距镜头视角可达到6°左右，超广角镜头视角接近180°）。光学镜头视角的变化，特别是它超出人眼正常角度之外的视角范围，必然会给人们带来视觉感受的差异。正因为存在这些差异，才能让观众得到新奇独特的视觉感受。

（3）景深。

当镜头聚焦在现实被摄物的某一点上，除了这一点上的被摄物获得最清晰的影像外，其他距离上的被摄物的影像则不一定清晰。其中离焦点物体越近的被摄物影像清晰度越高，反之则越低。当其他物体与焦点物体达到一定空间距离时，其他物体就会呈现模糊的影像。从聚焦物体向前向后所出现的这种影像由清晰到模糊的现象就是景深，聚焦景物前后呈现清晰状态的距离就是景深范围。影响景深的因素有三个：

第一，焦距。当物距、光圈不变时，焦距越长，景深越小；焦距越短，景深越大。

第二，光圈。当焦距、物距不变时，光圈越大，景深越小；光圈越小，景深越大。

第三，物距。当焦距、光圈不变时，物距越大，景深越大；物距越小，景深越小。

（4）相对孔径与光圈系数。

摄影镜头的相对孔径，是指该镜头的入射光孔直径与焦距的比值。其数值的大小说明镜头接纳光线的多少。在镜头焦距不变的情况下，改变镜头的入射光孔直径，会出现一系列光孔直径与镜头焦距的比值，这就是光圈系数。光圈系数一般用光圈直径与镜头焦距比值的倒数来表示。光圈调节环上的1.4、2、2.8、4、5.6、8、11、16、22，这些数字即为光圈系数。

（5）长焦距镜头。

长焦距镜头又称望远镜头，其视角一般在30°到8°之间。与标准镜头相比，长焦距镜头具有以下特性：

第一，视角窄；

第二，景深小；

第三，具有望远作用；

第四，使纵向运动的物体运动感减弱，使横向运动的物体运动感增强。

（6）广角镜头。

广角镜头又叫短焦距镜头，其镜头视角一般在60°以上。与标准镜头相比，广角镜头具有以下特性：

第一，视角宽；

第二，景深大；

第三，近距离表现大场景；

第四，容易出现形变现象；

第五，使纵向运动的物体运动感增强，使横向运动的物体运动感减弱；

第六，便于肩扛、手提拍摄。

2. 构图

（1）画面简洁。

抓住主体，避开妨碍主体的多余形象，用取景框对景物进行选择、提炼、抽象、概括。

（2）突出主体。

为了突出主体，应该注意以下四点：

第一，主体位置：主体居中或九宫式构图法；

第二，主体景别：优先选用近视距景别；

第三，陪体衬托主体，但不可喧宾夺主；

第四，利用色彩、影调来突出主体。

（3）人物构图。

人物构图是构图中的重中之重。人物构图要考虑主要信息的传达和镜头之间的组接。构图要从人物外形、特征、情绪、动作上来选择恰当的角度。

人物主体在画面构成中，一般规律应该是占据画幅的主要面积。但也可以是相反的处理，即构图主体占据较少面积。但无论怎样，都应保证其视觉突出。

人物构图时，由于画面景别的限制，构图时要关注人物神态、视线方向、身体姿势与动势。

（4）多人物构图布局。

两个人以上的人物构图及更多人物的多人物构图，应注意在画面布局上体现出多人物中的主要人物，而对其他人物则要注意其方向、位置的变化，以及他和主要人物之间的相互关系。对没有重点表现的众多人物画面，也要有意识地在画面中组织视觉重点。

多人物构图要寻找一定的视觉形式。可以考虑其对称、对比、均衡关系，使构图富有造型表现力。

（5）空镜头构图。

无人物的空镜头风景画面和静物画面构图，其实比人物画面构图还要有难度。空镜头拍摄，应该遵循其一般的构图原理，要选择适当的光线时机进行拍摄。但不能违背场景中的光线关系，而且在视觉上要与叙事具有内在的联系。处理时，既要在视觉上、节奏上产生延续，又要对情绪有所渲染。

静物构图要以美、真实为标准，角度的选择是关键。在光线处理上可以有假定性，可以有必要的修饰。画面构图应该产生出造型联想、细节表达、情绪渲染、动作强调、视觉鲜明等效果。

（6）两种不同构图效果的处理。

构图中两种常用的效果，要采取不同方式处理。

第一，多层次构图。

利用具有较多层次的景物，使用时要注意人物的纵深调度，使画面在景物和人物调度上都有纵深关系。采用侧光、侧逆光、逆光来强调和勾勒出层次关系。必要时可以运用广角镜头来夸大现实空间关系，增加层次空间效果。

第二，单层次构图。

利用具有单层次效果的景物，采取人物的横向调度关系，使画面上只具有人物与景物两个层次关系。必要时可以采用长焦距镜头来压缩景物层次空间关系，对多层次景物的背景空间做虚化处理，以削弱画面构图的纵深感。

（7）构图连贯。

构图时，要在上下镜头的关系中，利用视觉规律造成视觉的连贯性和保持画面上的构图兴趣点，都保持在相对的位置上。

为求得视觉连贯，相连的镜头画面兴趣点的位置不宜跳动太大。特别应在上一镜头结束时的落幅画面和下一镜头开始时的起幅画面上保持主体位置的一致，以形成这种构图连贯的匹配关系。

（8）框架效应。

构图时，根据场景中的景物作为视觉引导，形成构图中的构图。框架构图效应的运用要有机、自然，不能使人产生为构图而构图的感觉。由于我们民族和文化观念的约定，视觉引导线在构图中的处理规律是从左向右消失。

（9）构图校正。

动态构图，特别是在运动中构图时，摄像机要随时根据运动和人物动作校正构图、校正景别，这一点很重要。否则，被摄主体就会处在画面中不恰当的位置。

（10）构图空间预留。

构图中，人物动作要留有空间余地，以展示清楚人物动作行为和动作关系。画幅的边缘不能卡在人物的肢体关节部位，以免造成视觉上的不舒服和迫塞感。

（11）构图角度。

构图的关键是角度。在场景中处理构图的出发点不是要去摆构图，而是要去找角度。因为构图越摆越有人为痕迹，越摆越没有视觉美感。所以，好的构图不是摆出来的，而是找出来的，有了好的角度，就有了好的构图。这就是构图角度决定论。

（12）构图虚实关系。

构图关系中的虚实关系，要根据景别、气氛、场景空间特征来处理。构图虚实关系大都是两种模式。前景虚后景实，这样有利于视觉关注。前景实后景虚，这样有利于突出主体。

（13）构图平衡。

构图中的平衡是指画面的结构元素、影调关系等能给观众以视觉、心理上的平衡。包括线条均衡、体积均衡、影调均衡、色调均衡、数量均衡、动静均衡等。

视觉平衡：构图平均处理，以满足生理平衡。

心理平衡：构图视觉虽然不平均处理，但由于画面的内在含义、动势、方向和情节等，可造成心理上的平衡。

构图中的平衡是相对的，不平衡是绝对的，关键要看画面是否有韵律感和动作感。构图中的画面平衡要靠位置、影调、光影、面积、动作暗示等来完成。

（14）构图对比。

构图中的对比是视觉效果形成的根本，而我们在构图中必用的十种对比关系是：

第一，大小对比；

第二，明暗对比；

第三，形状对比；

第四，方向对比；

第五，色彩对比；

第六，质感对比；

第七，面积对比；

第八，线条对比；

第九，虚实对比；

第十，动静对比。

构图时，可以在一个镜头中强调一种对比关系，也可以强调两种或两种以上的对比关系，这样，构图才会具有观赏性。

（15）选好环境。

环境除陪衬主体之外，还是重要的信息源，它是关键的新闻要素。

第一，前景应在画面的四角或靠近边缘的位置；

第二，前景在画面中所占面积不宜过大；

第三，不要刻意摆放前景；

第四，应选择对画面主题表现力较强的环境作为背景；

第五，背景力求简洁、忌杂乱；

第六，背景色彩选择要与主体协调。

（16）表现被摄体形状。

第一，选择恰当的摄像角度；

第二，选择恰当的镜头焦距；

第三，利用背景影调、色调的对比突出被摄体形状特征；

第四，利用光线的不同投射方向和不同性质，来表现被摄体的立体形状。

（17）提炼被摄体线条。

第一，利用线条的透视作用，体现画面的纵深感，较好地再现三维立体空间；

第二，通过对画面主要线条的提炼，使画面在构图上简洁明快，并突出主体主要特征；

第三，摆放好主体与背景分界线在画面中的位置；

第四，避免杂乱线条的干扰，突出对主体形象的表现。

构图是一件极容易做到的事情，却是一件极不容易做好的事情。问题的关键在于，构图无一定标准，因此应该要求好上加好。构图问题，既有元素运用，又有手段搭配，还有空间场景限制，更有构图观念问题。其中，构图观念很重要。构图观念是一个宏观意识，是一个结构问题，是一个总体设计问题。因此，在拍摄之前，必须首先确立构图观念。构图观念的确立要注意以下三个问题。

其一，强调电视画面的运动性。无论是画面的内部运动，还是画面的外部运动，在运动中结构构图，完成画面的造型处理，构图既有运动性，又有造型性。离开了运动，就离开了电视画面构图的基本特点。

其二，运用多方向、多视点、多角度、多景别、多样式的构图处理。

其三，一定要突破"照相表现"的构图观念，从孤立的照相式的静态呆照的束缚中解放出来，用运动方式，去表现其构图的丰富变化，表现其构图的变化与流畅，充分发挥电视画面时空多变的特点，使构图具有丰富性。

3. 景别

景别，是指被摄主体和画面形象在电视屏幕结构中所呈现出的大小和范围。决定一个画面景别大小的因素有两个方面：一是摄像机和被摄体之间的实际距离，二是摄像机所使用镜头的焦距长短。在拍摄角度不变的前提下，拍摄距离的改变可使画面形象的大小产生改变，距离缩进则图像变大，距离拉远则图像缩小。另一方面，在摄像机与被摄主体之间距离不变的情况下，变换摄像机镜头焦距也可以实现画面景别的变化，通常是镜头焦距越长，画面景别越小；镜头焦距越短，画面景别越大。这种由画面上景物大小的变化所引起的不同取景范围即构成电视景别的变化。

不同景别可在同一角度、同一焦距下与被摄体在不同距离下拍摄；也可以用同一角度、同一距离上的不同焦距的镜头（或变焦距镜头）来拍摄而成。景别不同，表现内容和功用均不相同。

（1）远景。

远景是表现广阔空间或开阔场面的画面，远景是电视景别中视距最远、表现空间范围最大的一种景别。如果以成年人为尺度，由于人在画面中所占面积很小，基本上呈现一个点状体。远景视野深远、宽阔，主要表现地理环境、自然风貌和开阔的场景和场面。

如果细分的话，远景画面还可以分为大远景和远景两类。大远景适于表现辽阔、深远的背景和渺茫宏大的自然景观，像茫茫的群山、浩瀚的海洋、无垠的草原等。大远景的画面特点是开阔、壮观、有气势和有较强的抒情性，画面结构通常简单、清晰。远景则一般表现较开阔的场面和环境空间，如战争场面、群众集会、田园风光等。画面中人体隐约可辨但难分外部特征。远景画面特点是开朗、舒展，一些宏大形体的轮廓线能够在画面中表现清楚。

远景画面注重对景物和事物的宏观表现，力求在一个画面内尽可能多地提供景物和事件的空间、规模、气势、场面等方面的整体视觉信息。提供广阔的视觉空间和表现景物的宏观形象是远景画面的重要任务，讲究"远取其势"。

大远景和远景的画面构图一般不用前景，而注重通过深远的景物和开阔的视野将观众的视线引向远方，体现在文字表述上其意可理解为"远眺""眺望"等，拍摄远景时，要注意调动多种手段来表现空间深度和立体效果。所以，远景拍摄尽量不用顺光，而选择侧光或侧逆光，以形成画面层次，显示空气透视效果，并注意画面远处的景物线条透视和影调明暗，避免画面的平板一块，单调乏味。

另外，由于电视屏幕较小，远景的表现力在屏幕上有所损失。这就要求摄像者在处理远景画面时删繁就简，目的性要强，同时画面时间长度要足够充分，拍摄时摄像机的运动也不宜太快。

（2）全景。

全景是表现人物全身形象或某一具体场景全貌的画面。全景主要用来表现被摄对象的全貌或被摄人体的全身，同时保留一定范围的环境和活动空间。全景画面与远景相比，有明显的内容中心和结构主体，重视特定范围内某一具体对象的视觉轮廓形状和视觉中心地位。

全景画面将被摄事物或场景的全貌收进画框，使观众对所表现的事物、场景有一个完整的观照。观众对整体形象的感知和把握是直接的、无间隔的，其表现效果比剪辑合成的完整形象更真实更客观。因此，在纪实性节目中，由于全景画面具有无间隔地直接再现被摄体和场景全貌的特点，使其充当了介绍、记录和表现的重要角色。

同时，全景画面能够完整地表现人物的形体动作，可以通过对人物形体动作的表现来反映人物内心情感和心理状态；可以通过特定环境和特定场景表现特定人物。人是电视艺术表现的中心，完整地表现人物的形体动作即人物性格、情绪和心理活动的外化形式是全景画面的功用之一。远视距景别（远景）中人物所占比例过小，近视距景别（近景）中难以反映人物的活动空间和全身动作，而全景将被摄人物全身收入画框并留有一定环境空间，框架线条平静笔直，人体运动活跃多变，二者形成很好的烘托和映衬关系。

全景将被摄主体人物及其所处的环境空间在一个画面中同时进行表现，可以通过典型环境和特定场景表现特定的人物。环境对人物有说明、解释、烘托、陪衬的作用。全景画面还具有某种"定位"作用。

一般说来，全景画面是集纳造型元素最多的景别，因此拍摄时应注意各元素之间的调配关系，以防喧宾夺主。全景往往是一个场面的总角度，制约着该场面镜头切换中的光线、影调、人物运动及位置。拍摄全景时，不仅要注意空间深度的表达和主体轮廓线条、形状的特征化反映，还应着重于环境的渲染烘托，表现出被摄体的一般性质及其空间位置，表现出周围环境与被摄主体的相互关系。拍摄全景时，摄像人员应善于选择适当的前景来帮衬内容表达并加强纵深感，选择与主体不同色调的背景来衬托主体、突出主体；此外，该场景其他近视距景别画面的色调和影调应以全景画面为基础，并注意所有画面总体光效的一致和轴线关系的一致。

（3）中景。

中景是表现成年人膝盖以上部分或场景局部的画面。

较之全景而言，中景画面中人物整体形象和环境空间降至次要位置，它更重视具体动作和情节。中景使观众看到人物膝部以上的形体动作和情绪交流，有利于交代人与人、人与物之间的关系。中景画面中人物的视线、人物的动作线、人和人及人与物之间的关系线等，都反映出较强的画面结构线和人物交流区域。

中景画面对于人的手臂活动可以实现一种较完美的表现。作为人物上半身动势最为活跃和明显的手臂活动，中景画面可以将其完整而突出地呈现出来。中景使被摄体外沿轮廓局部出画、分切，破坏了该物体完整形态和力的分布，而其内部结构线则相对清晰起来成为画面结构的主要线条。比如表现一棵参天巨树，当画面从全景推向中景，树木的外形逐渐被"排挤"出画外，树木内部那苍劲挺秀的枝干则逐渐成为富有力度和变化的结构主线。可见，中景画面削弱了外沿轮廓线的表现因素，加强和突出了物体内部结构线的表现因素。

在有情节的场景中，中景画面常被作为叙事性的描写。因为中景既给人物以形体动作和情绪交流的活动空间，又不与周围气氛、环境脱节，可以揭示人物的情绪、身份、相互关系及动作目的。当中景表现人物间的交谈时，画面的结构中心不是人物间的空间位置，而是人物视线的相交点和情绪上的交流线，当表现人与物的关系时，画面以人与物的连接线为结构线。在拍摄中景画面时，必须注意抓取具有本质特征的现象、表情和动作，使人物和镜头富于变化。特别是当所表现的人物上半身或人物之间情绪的交流、联系处于运动状态中时，这种情节中心点的不断转换要求画面构图随其变化而变化，要始终将情节的中心点处理在画面的结构中心位置。

这就对拍摄者提出了更高的要求，不仅要求对中景画面所表现的基本空间有一个准确的把握，而且还必须能够随时审视被摄人物的动作变化和情节中心点的变化，把握好这些无形的线条所组成的结构关系。当中景画面的拍摄对象是物体时，就需要摄像人员把握住物体内部最富表现力的结构线，如何用画面表现出一个最能反映物体总体特征的局部，对摄像者来说就不仅是一个电视画面构图的能力问题，更重要的是对生活、对事物的观察和认识能力问题。

（4）近景。

近景是表现成年人胸部以上部分或物体局部的画面。

与中景相比，近景画面表现的空间范围进一步缩小，画面内容更趋单一，环境和背景的作用进一步降低，吸引观众注意力的是画面中占主导地位的人物形象或被摄主体。近景常被用来细致地表现人物的面部神态和情绪，因此，近景是将人物或被摄主体推向观众眼前的一种景别。

人物处于近景画面时，眼睛成为重要的形象元素，近景画面中被摄人物面部肌肉的颤动，目光的流转，眉毛的挑、皱等都能给观众留下深刻的印象，人物内心波动所反映到脸上的微妙变化已无任何藏隐之处，不仅人眼成为心灵之窗最传神的地方，而且观众与被摄人物之间的心理距离也缩小了，人物的表情变化给观众的视觉刺激远大于远视距景别画面。所以，我们说近景是表现人物面部神态和情绪、刻画人物性格的主要景别。近景画面拉近了被摄人物与观众的距离，容易产生一种交流感。用视觉交流带动观众与被摄人物的交流并缩小与画中人的心理距离，是电视画面吸引观众并将观众带进特定情节或现场的一种有效手段。如世界各国大多数电视新闻节目或专题节目的播音员或主持人多是以近景的景别样式出现在观众面前的。

近景画面由于其画面空间的近距离和画面范围的指向性，可以被充分利用来表现人物或物体富有意义的局部。观众在电视画面的有限空间中通过远视距景别画面看不清楚的局部动作和细节，能够在近景画面中得到视觉满足。比如看一个杂技演员倒立反身以双腿过头的动作夹起一叠瓷碗时，人们的注意力自然会移到脚尖处。用全景显然难以将最富意义的脚夹瓷碗的动作表现出来，而近景画面则将画框接近动作区域，非常突出地表现了脚尖的腾挪周转和夹起瓷碗的完整过程。这种以景别的变化接近被摄体富有意义的局部，正是电视画面表现的特长。

在各类电视节目中近景使用较多，观众对近景画面的观察更为细致，这除了近景所具有的独特表现功能外，主要也是由于电视节目小屏幕播放的特性所决定的。所以，在拍摄近景画面时，要充分注意到画面中形象的真实性、生动性和情节的客观性、科学性。近景拍摄由于受景深限制，对聚焦的要求尤为严格，当被摄主体运动时更是如此。由于近景画面中地平线已基本消失，空间透视的差别很难看出，观众与画中人物有同处一个空间之感，摄像人员应利用这一特点充分调动观众的参与感和现场感。近景画面中主体周围环境的特征已不明显，背景的作用大大降低，画面应力求简洁，色调统一，避免杂乱背景喧宾夺主，特别要注意避开背景中那些明亮夺目易分散观众注意力的物体，让主体人物始终处于画面结构的主导位置。此外，近景画面人物表情暴露无遗，一丝一毫的"出戏"都将破坏观众的理解和接受，直接影响对人物形象的塑造。尤其是新闻人物的现场紧张感和不自然神情要随时注意，可停机等待或多拍一段画面以便后期编辑。

（5）特写。

特写是表现成年人肩部以上的头像或某些被摄对象细部的画面。特写画面的画框较近景进一步接近被摄体，常用来从细微之处揭示被摄对象的内部特征及本质内容。特写画面内容单一，可起到放大形象、强化内容、突出细节等作用，会给观众带来一种预期和探索用意的意味。因此贝拉·巴拉兹说，特写镜头"不仅是人脸在空间上和我们距离缩短了，而且它可以超越空间，进入另一个领域，即精神领域，或叫心灵领域"，它"作用于我们的心灵，而不是我们的眼睛"。

特写画面通过描绘事物最有价值的细部，排除一切多余形象，从而强化了观众对所表现的形象的认识,并达到透视事物深层内涵、揭示事物本质的目的。比如一只握成拳头的手以充满画面的形式出现在电视屏幕上时,它已不是一只简单的手,而似乎象征着一种力量,或寓意着某种权力、代表了某个方面、反映出某种情绪等。在造型上特写画面内的形象呈现出一种突破画框向外扩张的趋势,仿佛将画内情绪向画外推出,从而创造了视觉张力。

特写画面在表现人物面部时,揭示出人物复杂多样的心灵世界,并通过其面部表情和眼神变化形成一种区别于戏剧舞台的电视场面调度。在有情节的叙事性电视节目中,人物面部表情和眼神变化所反映出的思想活动和意念,在表现某些特殊场面时有着无限的可能性,并形成电视语言的一个戏剧因素。比如说,眨一下眼睛——某个事件将要发生,皱一皱眉头——面对意外情况的出现,等等。与之相联系,由于特写分割了被摄体与周围环境的空间联系,常被用于作转场镜头。利用特写画面空间表现不确定和空间方位不明确的特点,在场景转换时,将镜头画幅由特写打开至新场景,观众不会觉得突然和跳跃。

特写画面在准确地表现被摄体的质感、形体、颜色等方面也很重要。与远景注重"量"的表现相比,特写更讲究物体"质"的表现。特写画面表现景物时,可把近距离才能看清的极微小的世界放大呈现出来;表现物体时,可将其全部细节展示于观众面前,让人不得不仔细去看。而表现好物体的质感,可以调动观众的触觉经验,加强画面的感染力。就拿人的皮肤来说,老人与孩子、男人与女人、体力劳动者与脑力劳动者等,他们之间的皮肤质感亦不相同,不同质感的皮肤是对人物年龄、性别、职业的一种形象外化的表现。因而有人称特写是表现皮肤的景别,如果更确切地说,特写是表现质地的景别。

总之,特写画面在电视节目中如同诗歌中的"诗眼",音乐中的"重音符",语言文字中的"感叹号",由于其空间关系的独立性,可以很自然地成为画面语言连接的纽带和重心,是节目编摄者需着重注意、着力表现的一个景别。

在拍摄特写画面时，构图力求饱满，对形象的处理宁大点而别不足，空间范围宁小点而勿空旷，使特写成为剔除一切多余形象的"特别写照"。还要严格控制好画面的曝光量，对过暗或过亮的物体不能依赖摄像机的自动光圈系统，而应用手动光圈将曝光量调到最合适的位置。因为画面曝光的过度或不足都会直接影响物体质感的细腻表现和画面色彩的饱和度。失去质感的特写是没有艺术力量的特写。此外，当面对一些空间复杂的景物或场面时，也不宜孤立地使用特写镜头，应避免由于特写表现空间的不明确性使观众对物体所处环境茫然不知，出现空间混乱感。

4. 色彩

色彩是视觉语言最外在的表现形式之一，它具有写实、营造意境、抒情等多种功能。在摄像创作中，可以利用色彩表达情绪、情感，渲染意境；用色彩的语意表达内容的内涵、表现形式的美感；用色彩的象征张扬个性、引起观众的共鸣；用色彩的造型给予人们生理上的刺激和心理上的愉悦。

从色彩在镜头画面流动中的色觉生理和心理来分类，色彩可划分为四大类十种：

（1）暖色类：红、橙、黄；

（2）中间色类：绿；

（3）冷色类：青、蓝、紫；

（4）消色类（素描色）：黑、白、灰。

由于这些色彩的自身视觉特性使得其本身就是表情达意的符号，在拍摄中要将这种色彩类别有序地、有变化地搭配、运用，形成风格、形成对比。在画面拍摄中，要善于利用色彩来进行创作。具体来说，应注意以下几点：

（1）确定色彩基调。

色彩基调是指在电视节目中占主导地位的色彩。色彩基调可以表达情感，表现情绪，展示特定的时间、地域和氛围。

纪录片《舌尖上的中国》基调是暖色调的，将美食拍摄得特别诱人味蕾；而《我在故宫修文物》则是偏白色调，给人带来一种凝重的历史感；《鲁豫有约》以黄色为基调，与节目的主题"说出你的故事"相吻合。

作为主色调的色彩应该在画面中占有较大的面积和足够的时间长度，通过不断的视觉强化形成一定的色彩基调。

色彩基调的形成，通常分为两种方法：内部设色法和外部罩色法。

第一，内部设色法就是在拍摄时有意识地选择配置色彩向基调色靠拢，比如可以在不违背真实性原则的前提下，适当地安排基调色或邻近色的前景、背景，完成人为的色彩组配。

第二，外部罩色法是指通过光学手段或色光照明等方法在画面的所有景物上蒙上一层色彩基调。

第一种办法是通过调整白平衡，有意识地使红、绿、蓝不平衡以形成偏色。如果希望拍摄偏红的暖色调画面，那么可以将调白平衡的白卡片上调入少许的补色——青色。如果想得到一个偏蓝的冷色调画面，可以使用偏黄的白卡片调白平衡。根据这个规律，只要了解了所有色彩的排列关系，即可以进行画面色调的控制。常见色彩间的互补关系：黄—蓝；橙—天蓝；红—青；粉—翠绿；品色—绿；紫—草绿。

第二种办法是采用色光照明形成一种罩色效果。比如表现寒冷，可以在场内打上蓝光。表现热闹的场面，可以打上红色和黄色的光效。

（2）经营色彩构图。

画面色彩构图是指根据主题和表现内容的需要，对画面内的形象进行恰当的配置和布局，使各种色彩形成一种既有对比变化又是统一协调的整体关系。

首先是通过色彩对比来发掘色彩的表现力。

色彩的感染力在许多时候是利用色彩之间的对比、互相烘托来增强的。色彩对比是加强主体表现的重要手段。主体的色彩与环境的色彩对比强烈时，主体便鲜明。色彩对比也能使画面富于变化或产生韵律感。利用色彩对比，也有助于引发画面意境。

色彩的对比主要包括色别的对比、明度的对比、饱和度的对比、并存的对比等。

第一，色别的对比。色别的对比即不同颜色的对比，主要包括临近色对比、三原色对比和互补色对比。

邻近色对比是指按照光谱排列，即红、橙、黄、绿、青、蓝、紫的顺序用相邻的色别作对比。这种对比的色彩过渡自然，没有跳跃感，但应该注意类似色的明暗度不宜太接近，否则会显得层次不清。

三原色对比即"红、绿、蓝"三原色对比，这种对比的色彩鲜艳、醒目，色彩的跳动感强。原色对比在各原色的明度和饱和度上宜有差别，否则易产生不协调的刺目感。

互补色对比在视觉效果上能产生最大的冲击力。一种颜色在与互补色对比时，比和其他颜色对比时更加鲜明、强烈、醒目。

第二，明度的对比与饱和度的对比。

色彩的明度既指不同色别有不同明度，也指同一色别因受光强弱而产生不同明度。明度对比大，给人以强烈的感觉；明度对比小，给人以柔和的感觉。此外，当主体与环境的色彩亮度有较大差别时，主体就显得更突出。

色彩的明度直接影响色彩的饱和度，对同一色别来说，明度适中时，饱和度最大，明度或大或小都会相应减少饱和度。此外，不同色别的色彩对比也会影响色彩饱和度。例如，当背景色是主体色的类似色时，主体色的饱和度效果就会减弱；反之，当背景色是主体色的补色时，主体色的饱和度效果又会增强。如以黄色主体为例，当它处在橙色背景下，黄色的饱和度会显得减弱，而当它处在蓝色背景下，黄色的饱和度又会显得增强了。

饱和度高的色彩比饱和度低的色彩更容易吸引人的视觉注意力。所以，在一般情况下，背景色彩的饱和度宜低一些，这样有利于突出主体。

第三，并存的对比。

并存对比的内涵主要包括以下七个方面的内容：

其一是各种明亮的色彩在黑色衬托下似乎最引人注目；各种深暗的色彩在白色的衬托下似乎最引人注目。

其二是深暗的色彩衬托在明亮的色彩上比衬托在深暗的色彩上，看上去显得更暗。明亮的色彩衬托在深暗的色彩上比衬托在明亮的色彩上，看上去显得更亮。

其三是色彩在颜色上会受到邻近色的影响，每一种颜色都会给它的邻近色增添一些自己的补色。

其四是如果两个互补色并列在一起，那么每种颜色似乎都比它本身更强烈。

其五是深暗的颜色衬托在非互补色的深暗色上比衬托在互补色上，看上去显得更弱。明亮的颜色衬托在非互补色的明亮色上比衬托在互补色上，看上去显得更弱。

其六是明亮的颜色由昏暗的同一颜色衬托时，能使昏暗的颜色更失去光泽，明亮的颜色由昏暗的颜色衬托时，假使两者为互补色时，反差效果最强烈。

其七是明亮的颜色衬托在非互补色的明亮色上时，如果用黑色或补色线条框出画面，可使明亮的颜色大大增强。深暗的颜色衬托在非互补色上时，如果用白色或明亮浅色的线条框出画面，可使深暗的颜色大大增强。

另外可以利用营造色彩和谐来发掘色彩的表现力。

色彩的和谐指整幅画面上色彩配合的统一、协调、悦目。人们由于民族、风俗、宗教、文化等差异，对色彩和谐的判断也会存在差异。总体来说，色彩和谐大致可归纳为以下四类：

① 对比色和谐——即互补色和谐，如红与青，绿与品红，蓝与黄等，配合得当即能取得和谐效果。

② 邻近色和谐——即按光谱顺序的相邻色，如红与橙，橙与黄等，配

合得当即能取得和谐效果。

③ 同种色和谐——即同一色别不同明度的配合，如深红与浅红，深蓝与浅蓝，深绿与浅绿等，配合得当即能取得和谐效果。

④ 消色、光泽色与其他色的和谐——消色指白、灰、黑色，光泽色指金、银色等。黑、白、灰、金、银等色与其他色彩配合得当均能产生和谐效果。

配合得当是取得和谐效果的关键所在，这种"得当"是指针对画面内容和主题思想，不同色彩所占面积，以及亮度饱和度、明暗变化等因素的配置。例如，同是红与绿的配合，大红衣服配上大绿裤子，会产生不和谐效果。而万绿丛中一点红的配合又会令人感到具有"看不足"的和谐效果。

5. 角度

摄像镜头画面角度划分的生理、心理基础，都是以人的视线基点为基础的。由此拍摄角度在垂直方向上可分为三种：平角度（平摄）、仰角度（低角度、仰拍）、俯角度（高角度、俯拍）；在水平方向上可分为正面角度、侧面角度、斜侧角度和背面角度四种；按心理角度（也叫叙事角度）来划分又可以分为主观角度、客观角度和主客观角度。

从视觉效果分析，独特的角度能够对镜头画面的视觉透视和影调产生影响，能够有助于场景空间的描述，同时它对人物形象的刻画、对叙事结构以及情节的描绘也会产生重要影响。

选择角度视点，是一个重要的创作手段。镜头所采用的角度，本身就是叙事语言的重要部分。角度体现风格，角度刻画人物的分量，表达人物关系。角度强调场景关系，角度是创作者语境及风格样式的外在形式。

（1）垂直方向。

第一，平角度。

摄影机处于与人眼等高的位置。平视效果符合正常人眼的生理特征，能够使画面产生平稳的效果。平拍时，由于画面中的地平线位置处于画面中央而产生分割画面感。

平角度拍摄，使垂直形体的被摄对象得到基本再现，而水平的形体、厚度不太大的被摄体就不能得到基本再现。由于平拍而形成的透视感比较正常，不会使被摄对象因透视变形而产生歪曲与变形。平拍适合于镜头处于水平高度关系，平拍时，在画面构成中，往往会把处于同水平线上的不同距离的前后景物，相对而言地重叠在一起，看不出景次的关系，因此，缺乏空间透视效果，不利于层次感的表现。

　　平角度的拍摄对人物形象表现十分忠实，不变形，不走样，但画面视觉呆板，缺乏生动性。由于平行视点是人类正常的视点关系，所以平拍出的画面对人们不会有更大的视觉吸引力。如果摄像用这种方式拍摄画面，也无非是要达到三种目的：

　　其一是追求画面本身的平稳，视觉端正与平衡，不要大的、明显的透视关系。

　　其二是形成一种叙事风格、视点风格、画面风格，将画面效果融入创作之中。

　　其三是代表拍摄对象的主观视点。这种平角度必须与若干镜头结合在一起，才能体现出其意义来。

　　第二，仰角度。

　　摄影机处于人眼视线以下的位置，或者低于拍摄对象的位置。

　　仰拍时，画面中的地平线根据结构处理的不同，可以处理在画幅下方，也可以处理在画幅上方或处理在画幅之外。但仰拍大都将地平线处理在画幅下方。仰角度时，近处景物高耸于地平线之上十分醒目，后景景物被前景遮挡，得不到表现或形成部分重叠。由于角度的低下，后景景物进入不了画面，有净化背景的作用。当有后景出现时，则有被压缩在地平线上的感觉。外景中的仰拍，天空是主要背景。画面中竖向的线条，由于仰拍的关系，有向上透视集中的感觉，从而增加景物的高大感和气势。运用仰拍加广角镜头拍摄时，使画面在构成上，近景的人物、景物更加高大；远景的人物、景物更加远离，造成强烈的距离感和透视感。低机位的处理，可以在拍摄中消除前景及后景中不想要的景物和人物。

仰拍的处理，在画面上可以用来突出摄影机与主体之间的特殊的空间关系。同时，表现场景中天花板、顶棚与主体人物的视觉联系，用以增强人物与环境空间关系，使观众相信场景的真实性，不至于破坏环境空间的美学效果。仰拍对胖人及脸颊宽阔的人会有一定的夸大作用。故胖人、脸宽的人不宜采用仰拍方式，以免破坏人物形象。

就纯视点、纯角度而言，仰拍的画面对表现主体会产生一种仰视、敬仰，暗示突出、醒目、敬畏、优越感的效果，表示出赞颂、强调的意义，会进一步体现被拍人物的重要性。

略微仰拍有利于人物形象表达。但稍仰和大仰拍，则要有一定叙事情节做基础，否则这种镜头拍出来会显得无叙事根据，在视觉上也会让人感到不舒服。这是因为，人物近景在较近的距离用过仰的角度，易对人脸产生透视变形。

除了风格处理、艺术夸张处理的需要，一般不用大仰角拍摄人物。仰拍在人物场面调度中，实际上是对人物位置关系的直接表达。

仰拍与正常的平拍的角度差别，在实际距离上相差最多也就是一米多，这是由于人物站立位置所决定，受到地面的限制。

仰拍镜头角度的这种视觉新鲜感，使得被摄主体被赋予一种象征意义。画面中被摄主体（无论是人物和景物）都因其重要性而被强调，形成一种高大、强壮的形象或具有力量感、雄伟感。另外由于视点原因，形成在画面视线上方汇聚、高耸而压迫人们的视觉。这种视觉效果的产生，则完全是由于角度变化而产生的。

第三，俯角度。

摄像机的位置通常高于人眼视线以上的位置。

俯拍时的画面构图处理，常将地平线放置在画幅上方，甚至将地平线处理在画幅外。俯角度时，地面上竖立的高景物、站立人物有一种斜向汇聚效果。同时由于画面背景不是天空而是景物及地面，不存在景物完全重叠问题，因此景物层次分明，十分独立。当地面景物单一时，背景则十分净化。

由于地面景物色彩与人物色彩的相近性，在画面构成上不如仰拍影调那样鲜明。所以，凡是需要俯拍的场景，在其景物选择上、色彩关系上要考虑色彩差别，以突出人物和被表现的景物。

画面中竖向线条的景物，由于俯拍角度关系，有一种被压缩感。大俯拍时，则会看不出竖向景物的高度关系，而与背景会形成点面关系，难以体现景物的高大关系，但它却能体现环境的宽广与规模。俯拍人物时，显不出人物的高大，反而由于景别的关系而显出人物的弱小，削弱它自身的力量和重要性。

俯角度机位处理，往往会避开天空，消除人物以及不必要的景物的上半部。

俯拍的处理，在画面上完全是一种构成关系，强调的是环境的空间概念，人物在其中的位置关系，有一种宏观表述意义。采用全景的景别处理，则有利于场景气氛、空间关系的渲染。

同样的被摄主体，仰拍后会让人产生三分敬意，但是一旦换成俯拍时，就会削弱原有人物、景物的光辉，体现不出它的威力与优势。

外景拍摄中，俯拍具有最大的自由度。高度和景别的配合是任意的，可以表现人物与人物、人物与空间之间的更大的空间关系，使人物更孤立无援，使空间更宽广，使人物与环境更为浑然一体。

从视点上分析，俯拍对画面主体表达有一种俯瞰、客观公正、强调、压抑的效果，显示一种严肃、正式、象征、低沉的气氛。

略微俯拍或俯拍必须有人物的位置关系作基础，否则，形式会破坏内容。除了风格处理上的要求及外景场景空间处理关系，一般在画面角度运用上不采用大俯拍（垂直高角度），因为这样处理内景会使人怀疑场景的真实性和镜头存在的合理性。这样处理外景也会破坏环境空间的合理性。

俯拍时给人造成的视觉新鲜感，更多的来源于地平线被置于画面边缘或者画面之外，来源于画面中的主要人物、景物与背景构成的对应关系和装饰关系。因此,画面不会更具有构图性,同时,它不会产生某种哲学意义。

(2)水平方向。

第一,正面角度。

正面角度是摄像机在被摄对象的正前方,与被摄对象正面成0°角的关系。正面角度有利于表现被摄对象正面特征,用正面角度拍摄人物,可以看到人物完整的脸部特征和表情动作,能表达人物的本来面貌,特别是在运用近景画面和平角拍摄时,有助于深入被摄人物的内心世界,容易形成被摄人物与观众面对面交流的态势,容易使观众产生一种参与感和亲近感。一般来说,在拍摄播音员出镜播报或主持人主持节目时,大多采用正面角度。正面角度有利于表现景物的横线条,可以营造庄重、稳定、严肃的气氛。其缺点是缺乏立体感和空间透视感,若使用不当容易形成无主次之分,呆板无生气。

第二,侧面角度。

侧面角度是摄像机在被摄对象的侧面,与被摄对象正面成90°角的关系。侧面角度有利于表现运动对象的方向性,线条富于变化,多用于对话、交流、会谈、接见场合,有平等的含义。其缺点是不利于立体、空间表现。

第三,斜侧角度。

斜侧角度是指摄像机处在被摄对象除正面角度、背面角度和侧面角度之外的任意位置,就是指在拍摄过程中通常所说的拍摄对象的右前方、左前方、右后方和左后方这些位置。斜侧角度是一种最常用的角度。在拍摄两个人时能分清主次。在电视新闻采访段落中大量使用斜侧角度,比如以记者的后侧为前景,拍摄被采访者的前侧,并使其位于画面中间,把视觉重点置于被采访者身上,主体突出并且有深度感,画面有变化。采用这种角度拍摄的镜头画面,叫做过肩镜头。

第四,背面角度。

背面角度是指摄像机在拍摄对象的背后位置,与拍摄对象正面成

180°角的关系。背面角度主要运用在有人物活动或有动物活动的画面里。用背面角度拍人物，被摄人物所看到的空间和景物也是观众看到的，所以这种角度拍的画面有把观众带入场面的作用。在一些新闻调查性的节目的拍摄中，经常采用从记者或相关人物背后拍摄的角度，具有纪实意义，同时也能让观众有身临其境的感觉。

运用背面角度拍摄人物，观众不能直接看到画面中所拍人物的面部表情，因而会带有一种悬念色彩，能引起观众的好奇心，调动起观众的情绪并产生参与的兴趣。所以从表现角度来说，背面角度的开掘还是大有潜力的。处理好这个角度，常常能收到意想不到的效果。

在电影《山楂树之恋》中，女主角静秋和小女孩欢欢去找男主角时用的就是背面拍摄，观众看不清女主角的面部表情，既让观众对女主角的内心活动产生好奇，又使观众对她们要去的地方产生好奇，很好地调动起了观众的兴趣。

（3）心理角度（叙事角度）。

第一，主观角度。

主观角度是一种强调拍摄者视点的拍摄角度，主观角度追求的是拍摄者的主体表现性，一方面，它通过拟人化的视点运动来表现拍摄者在拍摄现场的主观参与效果，强化了摄像机、摄像记者在现场的视觉形式，通过摄像机视点的运动，调动观众的参与感和身临其境之感；另一方面，它以直接表现摄制组的摄制活动，主要是出镜记者面对镜头直接向观众作现场报道的方式，形成了一种对新闻事件客体形象以外的新闻报道者主体形象的直接表现，显示了报道者这一主观视点的存在。

第二，客观角度。

客观角度是对新闻事件这一客观存在的客体形象的一个旁观视点、客观视点。客观角度在电视新闻性节目中是保证画面真实感和生活氛围的重要角度。在拍摄过程中，好像观众在现场旁观或参与事件的进程，画面显得平易亲切、贴近生活。客观角度不代表任何人的主观视线，是代表客观纪实的角度。客观角度依据生活中观察习惯而进行客观表现。

第三，主客观角度。

在一个镜头里，角度的主客观性质有时是可以改变的。比如拍摄一个人在看画展，通过他的背面拍摄，这显然是客观角度，如果镜头随着观者的视线摇向一幅画，人物出画，这时客观角度就变成了主观角度。相反由一幅画拉出来，一人进画面，这时主观角度又变成了客观角度。在一个镜头里，不仅可以有主观到客观角度的变化，还可以由客观到主观再到客观角度的变化。

6. 运动

摄像机镜头焦距、镜头光轴和机位的变化，形成不同的运动方式：推、拉、摇、移、升、降、甩、跟。这些运动方式具有以下特点：

（1）推镜头。

推镜头有两种方式，一种是摄像机机位不动，操纵镜头上的变焦距旋钮，通过改变镜头焦距的方式来获得推镜头的效果。另一种方式是把摄像机向前移动，使摄像机逐渐向被拍摄对象靠近。推镜头能形成视觉前移的画面效果，推进的过程中拍摄主体由小变大，而环境由大变小。推镜头的功用有以下几点：

第一，可从群体中突出主体人物。

第二，可从景物中突出某个局部。

2014年的纪录片《高三》中，有一个情节是学生们在教室上早读，在这个情节中用了一个从教室的全景画面缓缓推至片子的主人公之一——学生钟生明，向观众交代了故事的主人公。

第三，突出细节。

纪录片《舌尖上的中国1》中的一期节目《主食的故事》里有这样一组镜头：在拍摄侗族吴顺玉家脱稻米时用了一个推镜头，既让观众看到了脱稻米的过程，又突出了稻米的细节特征。

第四，介绍环境与主体人物的关系；表达空间中主体与环境的关系。

在电视专题片《打铁还需自身硬》上篇《信任不能代替监督》中，前一个镜头是采访曾任中央纪委第六纪检监察室三处处长的申英，下一个就跟了一个纪检监察室的推镜头，两个镜头存在着一定的联系，也就是通过前后镜头的衔接说明了申英与空间环境纪检监察室的联系。

第五，进入人物的内心表现。

推镜头实际的效果可以说是对人物内心世界的一种深入与渗透。在电视新闻中经常对人物有一种内心表现的效果。

2009年上映的《海豚湾》中，记者采访日本渔业部副部长诸贯秀树，针对海豚被残忍捕杀的问题上，通过一段真实的渔民在恶劣捕杀海豚的视频，让诸贯秀树陷入尴尬，在此时摄影师就把镜头推到采访对象的脸上，表情变化在镜头下表露无遗。

第六，作为一个场景的结束或者是转场的铺垫。

经常是在叙事镜头排列中，用一个推镜头表达镜头叙事的结束，也表示一个段落的结束，或者是下一段落的即将开始。

在电影《山楂树之恋》中，女主角到病房里看望病重的男主角时，女主角抬头看见天花板上有着两人的合照，接着下一个镜头是男主角眼角落泪，紧接着就是一个推镜头，缓缓地推向天花板上的照片，既是这一个场景的结束又作为一个转场。

第七，表现创作者的主观情绪。

推镜头本身并没有什么魅力，它的魅力在于控制它的运动速度。快推、急推是一种醒目和特别强调，可以有节奏感和主观意念。缓推、慢推则是一种渗透和情绪渲染，画面、人物、背景、景别、主体是在不察觉中慢慢变化和突出的，也能形成创作者的主观镜头情绪和处理效果。

运用推镜头拍摄画面时，要注意落幅画面的构图要准确、焦点要准确、画面的景别要恰当，推镜头的速度要均匀并且与画面内的情绪和节奏相一致。

（2）拉镜头。

拉镜头的运动方式与推镜头正好相反，它也有两种方式，一种是变化变焦距旋钮，一种是变化机位，实现由近而远的移动，从而实现局部到整体的转移，形成视觉后移效果。拉镜头的功用有以下几点：

第一，拉出主体所处的环境。

第二，显示点与面的关系。

第三，作为镜头的结论和情绪的升华。

第四，表现场景环境和空间的远离。

曾获得1941年美国奥斯卡奖七项提名，并最终获得最佳原创剧本奖的电影《公民凯恩》中就很好地运用了拉镜头，在片子开头介绍主人公凯恩时镜头从一张报纸上凯恩的图片上拉了出来，以此更好地说明了主人公与报业的密切联系，使观众在视觉上融入影片，进入了规定情景。

第五，跟随一个正在运动着的主体人物。

这种情况往往是由于人物在片中较重要，并需要看清人物动作，需要始终在画面中保持其相应的景别关系。在报道领导人出访的电视新闻中，经常用这种拉镜头，使主体始终在画面中保持一定的景别。

拉镜头在拍摄的过程中要有明确的目的性，拉动的速度要保持均匀且落幅要准确，移动摄像机拍摄的拉镜头还要注意焦点的变化，同时在拉动过程中要始终保持画面构图的完整性。

（3）摇镜头。

摇镜头是指摄像机机位固定，机身借助三脚架的云台或人体做上下、左右、斜线、曲线、半圆、360°等各种形式的摇拍，用于表示人物处在静止位置，只做身体、头部、眼球转动时的主观视觉效果，向观众渐次展现场景。摇摄有水平摇、垂直摇、斜摇、不规则摇、环摇、主观摇、客观摇等多种形式。

摇镜头画面这种镜头处理方式更具有空间的真实性。摇镜头的目的，是不让观众视线离开它所看见的空间，感受的是空间本身。摇镜头的功用有以下几点：

第一，展现空间、扩大视野，对场景景物的描述性表达。

在 2016 年 2 月 28 日播出的由 BBC 所制作的纪录片《中国新年》中，介绍北京市交通运行监测调度中心时，用摇镜头表现监控中心的情况：面积很大的工作场地，还有许多台正在运行的机器，画面本身的说服力和内在的张力胜过任何解说词，极好地表现了监测调度中心的空间极其大的场面。后面还在道路状况监控画面上用了一个摇镜头，突出表现了北京交通线路的繁杂与工作量之大。摇镜头的真实性和描述性，在这时远比用一个远景镜头更具表现力。

第二，跟摇运动着的人和物。便于表现运动主体的动态、动势、运动方向和运动轨迹。

第三，起落幅形象鲜明突出，从而建立同一空间形象的关系。

运用摇镜头拍摄时，应当注意画面的起幅和落幅的构图要准确，焦点要准确，摇摄的速度要均匀并且与画面内的情绪气氛和节奏相一致。

（4）移镜头。

移动镜头是指摄像机借助于任何运载工具或人体，做左右、斜线、曲线、半圆或是 360° 等各种形式的运动。可代表人物处于运动中的主观视线，也可表达创作者特殊的创作意图。移镜头的功用有以下几点：

第一，移动摄像在表现大场面、大纵深、多景物、多层次的复杂场景时具有气势恢宏的造型效果。

第二，移动摄像使摄像机成了能动的活跃物体。

机位的调度，直接调动了人们在行进中或在运动物体上的视觉感受。比如把摄像机架在飞驰的火车中拍摄窗户外的景物，画面犹如车内主人公的视点，表现的是窗外的景物。移镜头有人们在生活中边走边看的视觉感受。

纪录片《望长城》中在表现探寻长城足迹时，运用了一个在汽车上移动拍摄的长镜头，夕阳、远山、轻型飞机、大路，尽入画中，一种文化的深邃久远、路途的漫漫、步履的艰难随着运动展现和表达出来。

（5）升降镜头。

拍摄中又称"升"、"降"或"升降拍摄"。摄影机离开地面位置，在空间作上下位置移动的拍摄，上为"升"，下为"降"。

升降镜头的运用，主要是构成对镜头画面高度上的变化，从而在画面构成上有视点变化的感觉。在对场景的表达、人物主体的表达上，会因镜头的升降而产生不同的意义。

升镜头，场景中的地面会成为画面主要背景，前景利用巧妙会造成高度感，产生丰富的视觉感受。降镜头，场景中的天空、背景会成为画面主要背景，如果巧妙地利用前景，则能加强空间深度的幻觉。升降镜头在运动情绪上是强调的、强化的，在运动方式上是主观的。升降镜头不必寻找空间依据，在什么地方、什么场合下都可以运用。

升降镜头常常用来展示场景、事件的规模，气氛等，或者是表现处于上升和下降时人物的主观感受和视点变化，或者是表现一种画面内在的含义与情绪。

第一，垂直的升镜头是一种展示和抽象。展示所拍主体与环境的关系，与其他造型元素的关系，从而产生意义的抽象。

获奖电视新闻专题《敢问苍穹》中，在介绍神舟五号飞船技术性能时就用了一个垂直的升镜头，镜头从飞船的底部缓缓升至飞船的顶部，通过展示飞船的推进舱、返回舱、轨道舱和附加段，说明了神舟五号飞船的优势所在。

第二，垂直的降镜头是一种接近和强化。

接近的产生一是角度由俯向平的过渡，二是景别范围的变化所产生的效果。在一些像《故宫》和《再说长江》等大型纪录片中，都较多采用降镜头方式来表现主体和表现意境，它既有镜头语言效果，也有视觉效果。

第三，不规则的升降镜头（斜向、弧型、随意型）。

这种镜头会产生一种伴随主体、交代动作与关系的效果。

第四，升降的速度是主观的、随意的。

在创作中，速度快会形成视觉节奏和纪实效果，空间关系变化明确，构图风格鲜明。速度慢会形成抒情节奏和写意效果，构图变化是缓慢的但很有意味，空间关系有变化但不明确。

第五，升降镜头的应用。

在创作中有时有空间合理性，但有时空间并未提供条件，这就要根据画面内容要求和镜头语言要求来定，但在总体上、全片运用上，要有一种风格倾向关系。

经典影片《法国中尉的女人》在片头处理中用了一组呼应、对称的横移镜头，使叙事结构表现出由近到远、由内到外的视觉效果。它从垂直方向拓展了画面的表现范围，一般用来描绘高大耸立的物体，由于不太符合人们的视觉习惯，在影片中用的不多，除非是需要创作特殊的艺术效果来烘托一种气氛和节奏。

运动和变化有无限的可能性。因为，摄影机是建立在场景关系、人物运动关系之上的一种主观运动形式，所以，作为导演、摄影师可以利用不同的机位运动方式，得到不同的画面效果。摄影运动本身并没有规律可言，也没有现成的模式，但当与影片中画面的具体内容、动作结合起来时就会产生作用。

（6）甩镜头。

甩镜头是指摄像机在落幅时快速从一场景甩出，然后切入第二个镜头。甩镜头给观众的感受仿佛直接从第一个镜头跳入第二个镜头，而实际前后两个镜头是连续拍摄的。甩镜头一般作为快速转换场景的技巧使用，有时也可代替人物视线快速移动。

（7）跟镜头。

跟镜头是指摄像机跟随运动着的被摄体而进行的拍摄。在电视新闻摄像中，跟镜头通常采用肩扛拍摄的方式，跟镜头依照运动主体运动方向的不同可以分为：前跟、侧跟和后跟。

前跟是指摄像机处在运动主体运动方向的前面，与运动主体正面相对的拍摄方式。这种拍摄方式由于要倒退拍摄，所以拍摄难度较大，前跟画面表现的是运动主体的正面形象。

侧跟是指摄像机处在运动主体运动方向的一侧，从运动主体侧面跟随拍摄的方式。侧跟镜头表现的是运动主体的侧面形象。

后跟是指摄像机处在运动主体运动方向的后面，从运动主体后面跟随拍摄的一种方式。这种拍摄方式由于摄像记者与被拍摄对象运动方向和运动速度要保持一致，所以拍摄起来要比前跟和侧跟画面容易。后跟画面表现运动主体所面对的情况和背面形象。

跟镜头的这三种方式有共同的特点，那就是拍摄主体是运动着的。另外，镜头要始终跟随拍摄主体，使拍摄主体在画面中的景别、构图保持相对稳定，唯一可以变化的是环境。跟镜头的功用主要有以下几点：

第一，跟摄时画面始终跟随一个运动的主体，摄像机运动的速度与被摄主体运动的速度相一致，被摄对象在画框中处于一个相对稳定的状态，而背景环境则始终处在变化中。

第二，从人物背后跟随拍摄的跟镜头，可以表现出一种主观性镜头。

第三，跟镜头对人物、事件、场面的跟随记录的表现形式，具有重要的纪实意义。

二、新闻摄像的个性特点

新闻摄像以追求真实为目标，一般不允许人为导演，在拍摄过程中有自己独特的方式和特点。

1. 基本拍摄方法——挑、等、抢

第一，挑。是指摄像记者挑选、发现和捕捉富有表现力的画面形象的能力。

记者必须精心选择那些最能反映新闻本质的内容；并且选择最佳的光线效果、合适的拍摄角度、完美的构图形式。

要求记者预测事件的发展变化；提前做好准备；挑选最佳机位，把握恰当拍摄时机。

第二，等。是指摄像记者在拍摄现场耐心等待关键人物或场面的出现。

记者要有耐心、有毅力；积极主动、有备而来地等。

第三，抢。是指摄像记者在最短的时间内，当机立断地抓拍稍纵即逝的精彩瞬间。

要求记者要有敏锐犀利的目光和摄像技艺，还要有灵活果断的辨别能力和快速灵敏的反应能力。

2. 注意细节

细节是指细小的环节或情节。由于电视是一种视听双通道的大众传播媒介，不仅诉诸人们的听觉，更重要的是诉诸人们的视觉。电视新闻画面就是要向观众准确地传达新闻现场所涉及的各种新闻要素，增强新闻报道的可信性，消除观众在解读信息时的疑惑，最大程度地满足观众接受信息的心理欲望。而在电视新闻拍摄的现场所出现的画面形象往往具有片断性，是不完整的情节，所以需要在现场抓拍许多细节画面用来完整地表达新闻内容。

在电视新闻中，细节画面往往能够让观众在视觉上留下深刻的印象，同时，好的细节画面还可以让人们透过表象看到事物的本质。但是细节画面的抓取并不是一件容易的事情，由于电视新闻的播出是有一定时间限制的，这是电视新闻传播的个性特点之一，所以就要求摄像记者在新闻现场选择那些最有典型意义和最具代表性的细节画面，从而在短时间内给观众留下深刻的印象。细节画面的抓取要求摄像记者应该具备以下素质：

第一，事先多了解，总体把握新闻事件。

在进入新闻现场之前，摄像记者就应该对新闻要素有一个总体的认识，并且要对新闻事件相关的背景和资料进行全方位的了解。只有在事前对新闻事件有一个准确的判断，才能在拍摄过程中明确什么新闻形象应该着重抓取，什么是次要拍摄的，什么是不需要拍摄的。对新闻事件的准确理解和总体把握直接决定着能否拍摄到具有典型意义和代表性的细节画面。

第二，细心观察，重视非语言符号。

摄像记者进入新闻现场后，要把自己的新闻敏感和各种造型语言相互结合，去发现和捕捉典型化的细节。只有在新闻现场进行细心的观察，对新闻形象进行精心的选择，才能更多地占有和感知在新闻现场出现的各种视听材料，从而筛选出最能表达新闻主题、揭示新闻内涵的形象细节画面。

捕捉细节画面，还要十分重视新闻现场的非语言符号，非语言符号是指语言、文字、图画以外的可以通过视觉、听觉、触觉、嗅觉感觉到的姿势、音容、笑貌、气味、颜色等概念的总称。非语言符号与新闻事件所构成动作细节、形体细节、情态细节、环境细节、事态细节、色彩细节，都是在拍摄过程中不应忽视的内容。中央电视台《焦点访谈》曾经有一期节目叫《棉区采访记》，这期节目中的几个细节给观众留下了深刻的印象：非法棉花加工者听说记者要去采访，把棉花都藏了起来，把棉花加工机器也打扫得干干净净。当记者赶到时，整个棉花加工厂空无一人。记者走进办公室，用手摸了摸桌上的茶杯，发现杯子里的茶水还是热的，还有一件来不及穿走的衣服，摄影师及时地把这个场景拍摄下来，将非法棉花加工者仓皇离开的情景展现在观众面前。用现场的非语言符号构成的细节场景胜似千言万语，将事件的本质淋漓尽致地表达出来。

3. 补拍

补拍一般出于以下考虑：

第一，技术性失误造成声音、画面质量达不到要求；

第二，人为失误造成；

第三，后期制作时发现缺少内容。

补拍时要注意补拍内容与原来拍摄的内容必须统一，包括时间、环境、人物、事件，应与第一次拍摄时的场记单认真核对，不要在细节上出现不相符的地方，导致"穿帮"。

4. 摆拍

摆拍也叫"组织拍摄"，是指记者根据需要对客观事物进行组织、安排，包括场面、动作以及内容和对话的安排。

摆拍的目的有二：一是为了画面美观的需要；二是为了主题的需要。

客观的新闻报道忌讳摆拍，但在以下两种情况下，摆拍是允许的：

第一，采访中现场方位的调度以及采访对象的场外活动镜头；

第二，事件的摆拍，在尊重事实本质真实的前提下，可采用"大组织、小不组织"的方法进行拍摄。即事件、活动是客观存在的，只是出于拍摄时间方便的考虑，将活动组织起来以利于拍摄。但在具体拍摄过程中，不能对活动的细节进行摆拍。

5. 长镜头与跟拍镜头

长镜头与跟拍镜头是电视新闻摄影常用的技巧，这两种拍摄方法的使用主要是为了突出新闻的真实性。

（1）长镜头。

从技术上来讲，就是开机后较长时间不间断地进行拍摄。因为整个镜头是连续完整的内容，中间没有剪辑，因而是真实的。

在使用长镜头拍摄的时候，应注意以下几点：

第一，非常重要的细节必须展示其变化过程，为避免观众产生怀疑，应使用长镜头拍摄；

第二，在进行长镜头拍摄时，要把握好起幅、落幅，并保证有足够时间处理好场景调度；

第三，一些突出性新闻事件的抢拍，为增强现场气氛以及真实感，可进行长镜头拍摄。

（2）跟拍镜头。

跟镜头和移镜头都是移动摄像机机位进行拍摄，但移镜头中没有明确的主体，它强调的是主体形象的完整或空间的连贯；而跟镜头中有明确的主体形象，镜头始终跟随主体进行拍摄，摄像机与主体的距离基本保持不变，景别也相对固定。

跟镜头应该注意：

第一，前跟、侧跟、后跟三种跟镜头中后跟尽管方便，但视觉效果较差，条件许可的情况下，尽量使用侧跟、前跟；

第二，力求平稳；

第三，保持和运动中的主体速度基本一致；

第四，注意环境变化带来的焦点、角度、光线等的变化，及时进行调整。

三、会议新闻拍摄

会议新闻是日常新闻报道的重要内容之一，不管各界对此有何看法，但这是一种客观存在。因而需要了解会议新闻拍摄的规律，能够规整、美观地进行报道。

拍摄会议新闻，应当注意角度的对称和景别、运动方式的搭配，这样能够较好地营造出节奏感。如下面一组新闻画面的形式：

固定（中景）——固定（近景）——左摇；

固定（近景）——固定（中景）——右摇；

固定（中景）——固定（中景）——推；

固定（近景）——固定（近景）——拉。

这样搭配剪辑在一起的画面显得流畅、均衡。具体来讲，会议新闻的拍摄应当注意：

（1）对称，指拍摄角度的对称。

对于拍摄对象要从左、中、右等不同的角度进行充分的拍摄；尤其对于标志性物体和主要与会者更要多个角度反复拍摄，以保证编辑时画面显得对称、均衡，避免重复画面的使用和节奏的拖沓。

（2）搭配，指景别、运动方式的搭配。

第一，景别。根据主题需要，对主要与会者在景别上要予以突出；同时与拍摄角度结合考虑，注意景别的变化和同一主体多景别的拍摄。

第二，运动方式。新闻拍摄以固定镜头为主，因为固定镜头比较短，可在单位时间时传达比运动镜头更多的信息；运动镜头的拍摄也要注意运动方式的多样性，多种运动方式的搭配会使画面更为丰富。

（3）会议新闻的无剪辑拍摄。

第一，开机之前要对这一组画面以及解说词的基本内容尽量有充分的了解，最好能写出解说词的撰稿提纲，以便在拍摄中有所依据。

第二，制定一个尽可能完善的一组画面的拍摄计划，标明每个画面的主要内容、景别、角度、运动技巧等，要特别处理好开头和结尾的画面。

第三，开头画面往往采用剪辑上的前进式句型或后退式句型。

前进式句型基本格式为：全景→中景→近景→特写。把观众的视线从整体环境引向局部细节，逐渐地重点突出视觉中心，使观众对某一主体的视觉感受逐渐增强。

后退式句型基本格式为：特写→近景→中景→全景。把观众的视线由局部细节引向整体环境。这种句型首先展示趣味中心，这种趣味中心的主体不能全面地反映整体环境，而是造成一种先声夺人的悬念，吸引着观众去逐步了解事件发展的全过程和空间环境的全貌。

第四，注意拍摄几个备用镜头，以便一旦出现问题时补救使用。

四、拍摄注意事项

（1）摄像机暂停时间不宜过长，以避免磁头与磁带间的相互磨损；

（2）拍摄每个镜头应提前录制5—10秒，以保证录制图像的稳定和后期剪辑的正常预卷；

（3）拍摄一个场景或一个动作结束时，不要马上停机，应该多录几秒，为下一镜头的编辑留出余地；

（4）摄像记者应注意，即使编导没有要求，也要拍摄一些转场镜头；

（5）拍摄有特征的全景镜头，使人们能够辨认出事件发生的地点；

（6）应做好拍摄场记，准确记录每一镜头的起始，也可段落性记录；

（7）注意考虑不同景别的搭配，如全景、中景、近景各占三分之一左右；

（8）尽量采用顺光或侧顺光拍摄，只有亮度适中，色彩才饱和；

（9）尽量避免画面中出现高光点；

（10）摄像机使用前务必调整白平衡，若是室外拍摄，每过一段时间调整一次白平衡。

第二节　采访拍摄

在消息、专题、评论等电视新闻节目中，节目内容是由采访段落和叙述、评论、说明等其他报道手法形成的段落组成的。

记者与采访对象在画面内部的交流是采访拍摄的主要内容，如何利用电视手段将这一交流过程表现出来使观众得到最多、最清晰的信息，需要摄像记者熟练掌握拍摄方向、景别变换、过渡镜头、轴线规律等拍摄技巧。

一、拍摄方向（机位设置）

拍摄方向指摄像机围绕被摄体沿水平方向选择的拍摄点。即相对于采访双方，摄像机架设的位置。

（1）在一对一采访中，记者与采访对象应该面对面，采访对象可朝着主机位的方向稍稍外侧。

（2）应该以采访对象为主进行拍摄，因而拍摄点需选在双方视线连线一侧对着采访对象的位置（见图3-1）。

（3）所选拍摄点应该在采访对象正面和正斜侧45°范围内，这样可以保证拍摄到对象脸孔的绝大部分（见图3-1）。

（4）除非是在新闻对播或嘉宾主持的现场，一般来说，拍摄点应该力避双方视线连线正中位置（见图 3-2）。

这种位置的拍摄俗称 V 字形拍摄。因为无法突出主体，同时看不清主体的大部分面孔，因而不被用于主机位的拍摄，只用作过渡镜头起到介绍性的作用。

（5）摄像机离拍摄者的距离以 2—5 米为宜。

图 3-1

图 3-2

二、景别变换

拍摄点选好之后，可以开机拍摄采访。拍摄过程中，为了使画面丰富，同时也为了后期剪辑的方便，镜头是需要运动变化的。由于拍摄点是固定的，镜头的变化一般是通过焦距产生变化导致景别的变换来完成。

1. 采访开始，可使用记者过肩镜头的中景、中近景

过肩镜头非常适用于采访。这是因为：

第一，过肩镜头有效地突出了主体，同时表明了双方关系；

第二，过肩镜头具有现场感和交流感。

2. 随着采访对象开始回答问题，镜头缓缓推成近景

近景适合表现人物的面部神态和情绪，用视觉交流带动观众与之交流并缩小彼此的心理距离，是标准的采访景别。

3. 注意景别的丰富变换

景别转换的依据是谈话内容层次的变化，因而摄像要注意倾听、判断谈话内容，随着内容的变化有选择地转换景别。

（1）中景。

第一，侧重于表现人与人之间交流，可以充分体现交流的几种语汇：嘴巴、表情、身姿、手势；

第二，既可表现主体的形体动作和活动，又能交代所处的环境，非常适用于叙事；

第三，由近景变为中景，拉镜头的时机应掌握在记者提问时或对象谈话内容不重要时（需慎重）趁势拉出；

第四，采访对象谈话时一般不能用拉镜头，因为拉镜头意味着对主体的疏离。

（2）特写。

第一，适于表现人物内心世界，在事件类访问中尽量不用特写；

第二，人物专访可用特写，但应侧重于表现其情感、情绪以及表情、眼神等的交流；

第三，大特写要慎用，只有在人物情绪出现激动等情况下方可使用。因为特写、大特写表明拍摄者较明显的主观意愿，不够客观、真实、公正；

第四，特写要规范，必须要拍到肩线，不能将拍摄者头肩"肢解"。

（3）全景、大全景。

采访进行中不提倡拍摄全景或大全景，这种景别的镜头在采访中只能用作过渡镜头，而过渡镜头应在采访正式开始前或结束后拍摄。

三、过渡镜头

过渡镜头在采访拍摄中非常重要，除用于转场、过渡之外，还可以丰富画面、增加信息、拓展采访时空。过渡镜头分为反应镜头、空镜头、采访对象的场外镜头和间隔镜头。

1. 反应镜头

（1）记者的反应镜头。

第一，一般要求过采访对象的肩（越肩反打镜头），以表明双方在同一空间，确保采访的真实性。

第二，一般不用记者单个镜头（提问时可用）。

第三，记者倾听、反应时只需要表情、动作，不要发出声音。

第四，记者不能老是迎合、点头、应承，应保持独立思考的形象。

第五，拍反镜时，灯光位置不能变动。

第六，拍反镜时，不能越轴拍摄（内容详见本节"四"）。

第七，拍摄时机应掌握在采访正式开始前或结束后。

（2）采访对象的反应镜头。

在采访进行中拍摄，一般为中近景、近景。对越肩没有要求。

2. 空镜头

空镜头应该注意拍摄、搜集谈话涉及的内容、资料，包括自然景物、各类动物、环境性景物、生活中的物件等。

3. 采访对象的场外镜头

第一，只停留在采访现场会使画面单调、空间不够开阔。

第二，采访现场之外的镜头可以包括采访者工作、生活、学习等镜头。

4. 间隔镜头

即采访双方的大全景镜头，使采访双方口形不易辨认。

间隔镜头多采用 V 字形拍摄，可兼作介绍性镜头，使观众看到采访的双方。

四、轴线规律

在方向性较强的人物或物体的拍摄中，往往存在着一条假想的轴线（通常以人物的视线关系为走向），摄像机要在假想轴线的一侧即 180°

以内设置机位，以保证正确地处理人或物体在画面中的方向。

违反轴线规律的拍摄叫做"越轴"。随意地越轴，由于背离了原有的镜头排列规律和空间关系，会造成人物关系的混乱，在对方向性要求很强的采访段落中是不允许随意越轴的。

1. 轴线类别及处理

轴线大致分为三类：主体运动轴线、人物方向轴线、人物关系轴线，这三类轴线又相互交叉形成双轴线和多轴线的情形。

第一，主体运动轴线。处于运动中的人或物体，其运动方向构成主体运动轴线（见图3-3）。

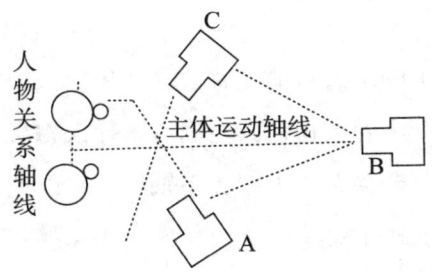

图3-3 设置A、B、C三个机位来处理双轴线

（其中B机位拍下中性方向镜头来承担处理越轴的过渡任务）

第二，人物方向轴线。处于相对静止状态的人物视线与所看到的物体之间构成的轴线。

第三，人物关系轴线。两个人物头部之间的交流线构成关系轴线，又称情节轴线（见图3-3）。

第四，双轴线的处理（见图3-3）。

双轴线经常出现在行进采访过程中：采访双方形成人物轴线，而双方行进的方向又形成主体运动轴线。一般采用主体运动轴线的中性方向镜头来进行过渡，从而合理越轴。

第五，多轴线的处理（见图3-4）。

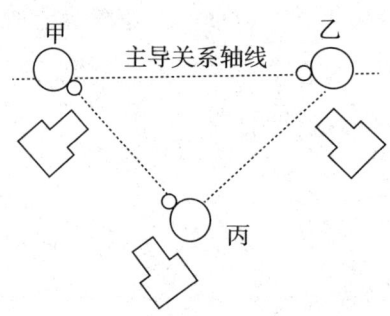

图 3-4 三个人物面对面
（可以在甲和乙之间主导关系轴线的一侧设置机位）

如果拍摄三人以上的多人对话，就会存在多条人物关系轴线。在这种情况下，首先确定一个主导人物，其次确定主导人物与多人中的一个关系线为主导关系轴线，其余关系线为副关系轴线。可以把机位设置在主导轴线的一侧，而不必考虑其他轴线。

拍摄圆桌会议的场面采取的方式是主镜头交代过全景之后，观众已经对画面的方向性有了了解，可以不考虑轴线问题。

2. 合理越轴方法

第一，插入中性方向镜头；

第二，插入反应镜头；

第三，插入运动中人物的主观镜头；

第四，利用摄像机的移动来越轴。

第三节　新闻用光

在电视摄像中，光起着举足轻重的作用。从技术角度讲，只有在具有一定亮度的光线照明下,摄像机才能把影像记录下来。而且,光线还有造型的作用。因此,学习电视新闻摄影时,需要在摄影用光上多花些功夫。

一、光的基本常识

光实际上是一种电磁波。在整个电磁波中,有宇宙射线、γ射线、x射线、紫外线、光波、红外线、微波、无线电波等。光波在电磁波谱中只占很小的一部分。也就是波长在400毫微米至700毫微米之间的电磁波。在这个范围之外的电磁波,如紫外线和红外线,人眼都是看不到的。

下面我们具体解释几个有关光的基本概念。

(一)可见光光谱

光谱指的是红、橙、黄、绿、青、蓝、紫等色光按波长的大小依次排列的图案。我们日常生活中的光源的光谱分为连续光谱和线光谱。

连续光谱指的是光源的光谱色中包含全部色光,也就是红橙黄绿青蓝紫几种色全都有,而且辐射的能量及其分布都比较均衡。太阳光、钨丝灯、卤钨灯等光源,它们的光谱色都是连续光谱。

线光谱指的是光源的光谱色只包含一部分可见光,如我们日常生活中用的日光灯,以及暗房中用的红灯、绿灯,都属于线光谱。

在电视摄影中,使用的光源必须是具有连续光谱的发光体,如碘钨灯等。如果是在日光灯等线光谱的光源下拍照,色彩就无法得到正确还原。

(二)色温

色温是电视光源的一个重要参数,它从一个方面反映了光源的颜色质量。色温是以"完全辐射体"(一个不反射入射光的绝对黑体,如碳块)的温度来表示一个实际光源的光谱成分。色温开尔文温标,以绝对零度(−273℃)为基准,以K为符号。当把这个绝对黑体逐渐加热,随着温度的升高,其颜色便会发生相应的变化,从黑到暗红,又从暗红转为黄白,最后就成青白色。这种现象说明在不同温度下,"完全辐射体"辐射出来的光谱成分会产生一系列的光色变化。把温度的变化与"完全辐射体"发射出来的波长谱线相对照，就可以制出色温的曲线表。任何一种实际的光源，凡是有类似的光谱质量，就可以列为具有这种"色温"，尽管它们实际的工作温度可能完全不同。不同的光源具有不同的色温，彩色摄像机的摄像管对光源的色温是非常敏感的。在不同的光源下拍摄，图像的色彩也各不相同。例如，在高色温的日光灯下拍摄的图像色彩偏蓝，低色温的白炽灯下拍摄的图像色彩偏红。在电视摄影中，所使用的光源色温是必须加以考虑的重要技术因素。

不同的光源的色温有很大差异，色温愈低，光源所呈现的颜色愈偏红；色温愈高，光源所呈现的颜色愈偏蓝。从各种灯具看，家用钨丝灯的色温为2600—2900K，电视摄影所用的室内光源为3000—3200K，日光型灯具的色温一般在5000—7000K范围内，家用日光灯的色温为6000—7000K。在室外拍摄，阳光成为主要的光源。但阳光的色温并不是固定不变的，而是随时间、地点、所处方位、照射环境的变化而变化。日出、日落时，色温为2800—3500K，中午前为5400—5500K，阴天的色温为6800—7500K，而晴朗的天空的色温则在10000K以上。

（三）光源的传色系数

一般人都习惯在阳光下看东西，所以太阳光是标准的传色光源。如果用不同的光源照射物体，那么物体所呈现的光色和阳光照射下的光色差别愈小，则其传色系数愈高。

经过实验鉴定，钨丝灯的传色系数接近于太阳光，为99，高压汞灯的传色系数为47，日光灯的传色系数更低。

由于传色系数高的光源色彩还原效果比较好，所以在电视摄影中主要是采用传色系数高的光源。

（四）照度

照度又称光照度，表示光源的光照射在物体表面产生的照明程度的数值。照度等于物体表面接受的光通量与被照面积的比值,公式为 E=F/S,其中 E 为照度,F 为光通量,S 为光通量所对应的面积。在光通量一定的情况下,照射的面积愈小,照度愈高;而在照射面积一定的情况下,光通量愈大,照度也愈高。照度的计量单位是勒克斯(Lx),可用照度计直接测量。

摄像机的摄像管只能适应范围有限的照度。低于一定的照度,摄像机就无法正常工作,而超过一定照度,同样无法正确再现拍摄对象。拍摄电视节目需要的照度为 300—2000Lx,一般的三管摄像机所需要的最佳照度是 2150Lx(200 英尺烛光)。阴天室内的照度为 5—50Lx,阴天室外的照度为 50—500Lx,而晴天室内的照度为 100—1000Lx。

(五)对比度

对比度是在电视荧光屏上图像最大亮度和最小亮度之比(即明暗对比度)。要保证摄像机拍下稳定清晰的画面,在同一画面中的明暗对比不能超过 30∶1 或 20∶1,通常情况下是把对比度控制在 20∶1 以内,这样才能使电视画面看起来比较舒服。

但在外景拍摄电视节目时,景物的对比度往往不断变化,相差很大。为了弥补自然光照明的不足,常使用轻便、小型和灵活的外景灯进行布光。

二、光的种类

(一)光线的类型

直射光是指在被摄体上产生清晰投影的光线。如晴朗天气下的阳光以及聚光灯照明都属于直射光。

直射光有明显的投影方向,能在被摄体上构成明亮部分、阴影部分及其投影。利用直射光有利于再现被射体的立体形状、轮廓形式、表面结构和质感。

散射光是指在被摄体上不产生明显投影的光线。散射光照明均匀、光调柔和、物体受光面大，能够表现出物体细腻的层次。但散射光不易显示被摄体的立体形状、表面结构等。

混合光是指既有直射光又有散射光的混合照明光线。在电视摄影中经常运用这种光线，它具有直射光和散射光的特点和较完美的造型功能。

（二）光源

光源一般可以分为自然光、人工光和自然人工混合光。

1. 自然光

自然光又可以分为直射光与散射光两种。直射光指的是阳光，它的照明特点是，光线有方向性，光亮度较强，对景物会造成比较强的明暗反差。在早晨、上午、中午、下午、傍晚等不同时刻，由于太阳高度的变化，阳光会对被摄体产生不同的影响。

散射光指的是天空光，它的照明特点是，没有强烈的光的方向性，光照度比较弱，对景物造成的反差小，属于普遍性照明。散射光是在阴天、阴云遮日、太阳将升上地面和太阳已落下地面等几种情况下产生的，它没有方向性，景物的层次主要靠物体本身的色彩分布获得。这种光给画面形成的调子是灰的，而且细腻柔和。

2. 人工光

人工光指的是用灯光照明。人工光包括高色温和低色温光源，高功率和低功率光源。在电视摄影中，使用什么灯具要依拍摄的主题、内容、对象和场面确定。

人工光照明是受人操纵的，在光的方向、光的高度、光的强度，以及明暗对比大小的处理上，不受时间和地点的限制，在塑造形象上比自然光自由得多。它可以按照摄影者的创作意图，创造出特定的光线效果，更有效地完成造型、构图、表现气氛和表达主题的任务。

3. 混合光

不同的光源，色温也不相同，如果两种不同的光源照射在同一被摄体上，在拍摄时就会使画面中的人物或景物严重偏色，因此一般情况下，应尽量避免两种光源混用。

三、电视照明光源

照明设备的选择取决于以下几个因素：

（1）摄像机的类型和摄像管的灵敏度；

（2）从照明设备到被照明的物体或布景的距离；

（3）布景、物体、衣服和演播室地板反射光亮的情况等。

演播室所使用的灯具可以分为聚光灯和散光灯两大类。

1. 聚光灯

（1）菲涅耳聚光灯。

菲涅耳聚光灯是最常用的一种聚光灯，灯前有一块具有多个同心圆的透镜（菲涅耳透镜）。这种聚光灯的主要特征是光束强，可作为主要人物、布景和道具的照明灯具。它的另一特征是灯泡和透镜之间的距离可以调节，从而改变光束的集中程度。当灯泡远离透镜时，光束高度集中，照射面积减小，光照度变大；当灯泡靠近透镜时，灯束散开，照射面积增大，光照度减小。通常，光束的照射角度的可调变化范围为10°—60°。

照明设备的选择取决于以下几个因素：

聚光灯泡的功率一般为50—10000W（瓦），但在大多数演播室中使用的菲涅耳聚光灯一般都不超过5000W。使用最多的是1000W和2000W等几种类型。

（2）椭圆形环面聚光灯。

这种聚光灯后座的反光镜是椭圆形的，它能产生强烈的有鲜明轮廓的光束。光束边缘造型可以通过改变透镜后的金属遮光罩的形状而变化。恰当地设计与使用椭圆形环面聚光灯的金属遮光罩的形状，可以产生各种特殊的灯光效果。

椭圆形聚光灯的功率从500W到2000W大小不等，使用最普遍的是750W聚光灯。椭圆形聚光灯一般不是用来作为标准的电视照明，而只是用来完成特殊的精确的照明任务。

（3）回光灯。

一种常用作逆光、侧光光源的灯具，具有光质硬、照度高、射程远的特点。其光学系统多采用球面反光镜作为反射部件，在点光源灯座前设有圆锥形遮光环，以减少光源直射光和消除投面上的虚光，在球面反光镜的曲率中心与焦点之间来移动光源，就能改变投射光斑的面积。这种灯主要用来强调被摄体的轮廓线。

（4）追光灯。

能投射出一股高照度的光束，在远距离处形成一个轮廓清晰明亮的圆形光斑的灯具。它的光学结构比较复杂，通常由反射镜、场镜、光阑和物镜组成。它主要用来模仿舞台戏剧效果，一般是用来跟踪行动，如舞蹈演员、滑冰演员或者是舞台幕前移动的单个演员。

2. 散光灯

又称泛光灯，能将光源发出的光均匀地扩散到一个很大面积上而不产生明显阴影的灯具。

（1）勺形灯。

这是最常用的一种散光灯，因其勺形回光罩而得名。勺形灯通过回光罩可以反射非常柔和的散射光，均匀照亮很大面积。

（2）柔光灯。

这是一种口径很大的灯具，它发出的光线比任何散光灯都更柔和，特别适宜用于产生无影效果的照明。它的不足之处也恰恰是光线过柔，照射面积过大，无法用它实现小区域的照明而不影响其他区域的照明状况。

（3）矩形散光灯。

矩形散光灯比不上勺形灯与柔光灯的光线均匀柔和，但它的前部附有可方便拆卸的遮光板，通过调节遮光板的开闭，可以改变光照面积的大小，使用十分便利。在电视演播室中，散光灯常用作顶光和前景正面光的均匀照射。

3. 在拍摄中常用光源

（1）钨丝灯。

用金属钨作灯丝，硬质玻璃作灯泡，通电受热而发光的真空白炽灯。其发光体钨丝处在真空中，减缓了灯丝的高温氧化，发光体温度可达2000℃。色温较低，为2800K左右，一般加滤色器来提高色温使之满足拍摄条件。但钨丝灯随着使用时间的延长，光强便随之减弱，色温也发生变化。

（2）卤钨灯。

用金属钨作灯丝，石英玻璃作灯泡，其内充填卤素（如碘、溴蒸气），通电加热而发光的灯。卤钨灯克服了钨丝灯泡的缺陷，能够长时间保持光强与色温不变，还减小了体积，便于携带使用。因而，卤钨灯成为最常用的光源。卤钨灯的标准色温确定为3200K，因为这样的色温可以使卤钨灯泡有较大的光强，又能延长使用寿命。

（3）荧光灯。

俗称日光灯。依靠汞蒸气放电激发涂敷在灯管内壁上的荧光粉而发光的灯。荧光灯具有发热量小、比普通钨丝灯泡发光效率高、可产生无影图像、使用寿命长等优点。但它也有很多缺点，如它的光线不易控制其方向和限制其散射；色谱具有不连续性，背景色彩有时不能正确再现；由于其功率小，用它作摄像照明时，需多支灯管并用。

4. 光照范围控制

对光照范围的控制有五条途径：

（1）调节灯具的照射角度。

当灯光垂直照射物体时，光照范围最小；随着灯具的倾斜，照射角减小，光照范围增大。

（2）改变灯具遮光板的开口大小。

遮光板开口加大，光照范围就增大；遮光板开口减小，光照范围就减小。

（3）调节光束的大小。

将聚光灯泡前移，光束发散，光照范围变大；灯泡后移，则光束聚敛集中，光照范围变小。

（4）改变灯具与被照射物体之间的距离。

被照射物体距离灯具越近，被照射面积越小；距离灯具越远，被照射面积越大。

（5）在大中型演播室，对光照范围的控制可以通过灯控制器来进行。

灯控制器是一种能对悬挂在演播室内的机械电动灯具和杆控灯具的工作状态进行遥控的灯控设备。这种灯控制器可控制灯具高度、水平旋转、垂直俯仰、扉叶与挡板的开合以及调焦等动作。

在电视新闻摄影中通常使用便携式新闻灯，它由蓄电池供电，体积小而轻，可以由助手举着，也可以夹在摄像机上由摄像师操作。它能从聚光到泛光范围连续地改变光束，而且能加上挡光板，控制很远的光束。在用新闻灯拍摄时，一般连续使用不得超过10分钟。

四、室外拍摄的用光技巧

室外拍摄电视节目时，因天气变化及自然环境的不同，光线条件往往有很大差异，只有正确掌握其基本规律，才能拍出符合要求的画面来。

（一）晴天条件下的用光

在外景晴天摄影时，光线主要有直射光和散射光。直射光是指太阳光，散射光是指天空光。

通常情况下，是以阳光作为主光，而以散射光为辅助光。太阳光作为主光时，一般处在顺光和侧光等位置。而太阳光处在逆光位置时，被摄体的轮廓很亮很清楚，使景物有很强的深度感，这时，如果拍摄水面或洒过水的马路，会有强烈的反光，使画面显得很生动。逆光拍森林，如果有浓厚的大气，能拍出生动的光束效果。

在晴天拍摄时，还要注意阴影的处理。当树枝、建筑物的阴影投到人物身上特别是面部时，常常会破坏视觉效果。如果能避开就尽量避开，避不开，就要注意拍摄位置和角度的选择，一般不要选择亮处作背景，以免人物和背景反差过大。

外景摄影还有一个补光的问题。当太阳光处在侧光或侧逆光位置时，需要进行补光，通常是用电瓶灯和反光板来补光。

（二）阴天时的用光

阴天时由于天空中浓重的云层阻挡了阳光对地面的直接照射，部分光线透过云层后形成一种散射光和漫射光照明。地面景物明暗反差减弱、影调偏暗，主要靠物体本身的色调和反光率拉开画面影调层次。另一方面，由于蓝紫光透射过来多，红橙光透射过来少，光线色温偏高，被照景物色调偏蓝。

阴天拍摄时，首先要注意调整好摄像机的白平衡。尽管阴天是一种散射光效果，但光线的色温并不完全均衡，相对来说，阴影处光线色温要比开阔地光线色温高。调整白平衡时最好选择光线色温相对较高的地方，以提高摄像机记录低色温的能力，减少画面中蓝紫光线成分。

阴天的天空既是光源又是背景，是画面中最亮的部分。因此拍摄人物时应尽量避免以天空为背景，否则人脸亮度在远不及天空的情况下，会变得灰暗，甚至没有层次。

阴天摄影用光的关键在于选择有阶调变化的景物，借助于前后景的色彩、阶调和不同亮度来构成画面的纵深感，给画面带来生气。

（三）雨天的拍摄

雨天没有光影，景物的立体感很差，层次也不明显，此外，景物的色彩饱和度也大大降低。但雨水本身具有较高的反光率，看起来比较明亮，所以雨天画面较阴天画面更容易出现明亮物体和高光点效果。

在雨天表现好雨水形象是拍摄雨景的重点。一般应该选择灰墙、绿树、山峦或建筑物为背景，以衬托出明亮的雨丝、雨线。雨天和阴天一样，天空是最亮的部分，因此，在画面中尽量不要出现天空。

此外，用逆光和侧光拍摄雨水，能使其格外明显和清晰。反映雨景，也可用雨中的行人打的伞、穿的雨衣等间接反映。

（四）雪景的用光

拍摄雪景时，也要选择深色的背景，以将雪景衬托出来。

如果是在晴天拍摄雪景，最好是以阳光作侧光，以突出雪的质感和雪景的层次。此外，还要注意选择色彩鲜艳的景物以和雪景相映衬，如一个穿红衣服的人在雪中行走，会使整个画面显得非常生动。

在拍摄雪景中的人物时，应注意曝光的控制，一般是以人的面部的亮度和雪景的亮度的中间值为宜。

（五）日出、日落的拍摄

日出、日落是大自然中最壮美的景色之一，具有很高的审美价值，许多风光片和抒情性专题片常把日出、日落作为一个重要的表现对象。日出、日落时的光线具有以下几个特点：

（1）阳光照度变化大，以及与之对应的地面景物亮化快。日出是随着太阳从地平线上的升起，阳光照度迅速升高。日落是随着太阳逐渐下落，直至消失在地平线下，光线照度迅速减少。

（2）日出、日落时由于太阳光线是斜射到地面上，光波通过地球表面的大气层较厚，波长较短的高色温青、蓝色光被大量吸收，而波长较长的低色温黄、红色光穿过大气层较多，所以日出、日落时刻的太阳色彩往往呈现橙红色、红色或金黄色。在这种低色温光照的影响下，地面景物受光面色调偏暖，明亮反光体反射的高光点不是白色而多为橙黄色、金黄色。

（3）日出、日落时阳光色温变化也很快。日出时色温由低变高，大约从 2800K 迅速上升为 3500K，并随着太阳进一步的升高在上午时刻达到 5500K 左右。日落时色温由高变低，特别是阳光接近地平线时色温迅速下降，呈暖色调效果。

（4）由于太阳是一种极明亮的物体，只要它在画面中出现其亮度远高于地面任何一个景物，并形成一个较大的亮度反差，因此当以太阳为主体或为背景形象结构在电视画面中时，地面景物大多成剪影效果。

基于日出、日落时刻所具有的光线特点，用摄像机实际拍摄时要处理好以下几个方面：

（1）色温的控制：人们对日出、日落的视觉印象是橙红色或金黄色的，但如果用与日出、日落时色温相一致的色温档（3200K 档）拍摄，常常会把太阳拍成一个明亮的白色的或淡红色、淡黄色的球体。为了在画面上再现出人眼在生活中对太阳的视觉印象，在调整白平衡时可用 5600K 色温档。

由于 5600K 色温片有利于低色温光线通过，较多地阻止高色温光线通过，在日出、日落时刻可以使整个画面色调偏暖，夸张橙红色调，使太阳本身的颜色呈现为橙红色或金黄色。

拍摄日出时不易找到 5600K 的光线调白平衡，可采用提前一天在 5600K 阳光下调好白平衡，通过摄像机机内白平衡记忆功能保持机内的白平衡不变，第二天黎明时不再调整白平衡而直接拍摄。也可采用 5600K 人工光照明白平衡板调白平衡的方法进行拍摄。

拍摄日落时可采用改变白平衡基准——即改变白平衡板颜色的方法，提高摄像机对低色温光线的记录能力。调整白平衡时通常用白色板。如用湖蓝色或淡蓝色板调白平衡，可以使白平衡不"平衡"而倒向低色温一边，画面色调偏橙黄色，这种色调整好是日落时的理想色调。采用这种方法实际拍摄时最好通过监视器现场观察偏色效果。

控制色温还可以采用直接在摄像机镜头前加各种颜色的滤色镜的方法。这种方法与前几种方法相比，直观简便，想夸张什么颜色就加什么颜色的滤色镜。其缺点是画面上所有景物都蒙上一层附加色，不仅光线偏色而且景物偏色。而改变白平衡的方法仅改变阳光光线色温，不发光体的颜色改变不大，比较接近人眼生活中观看日出、日落的视觉效果。

（2）曝光量的控制：拍摄以太阳为主体的画面，曝光量最好以太阳周围的天空亮度为基准。这样既可以不因光圈过于收缩而影响地面景物的曝光，也可以保证太阳周围富有特点的云层、霞光等有一个准确的曝光，表现出最佳的层次。而太阳可能因之曝光稍有过度而明亮一些，但这并没有超出我们对太阳直观的认识范围——太阳是一个明亮的球体。当然这种方法是以手动光圈为先决条件的。手动光圈还可以避免因镜头前物体的出画入画引起画面亮度忽明忽暗的现象。

（3）当太阳作为主体形象处在画面中时，镜头不宜作过于剧烈的运动，特别是镜头的摇动和横向移动。否则明亮的太阳就会在画面上形成彗尾现象，破坏画面的造型效果及清晰度。

（4）在拍摄日出、日落时如果阳光光线过强、镜头又长时间对向太阳，很容易烧坏摄像管靶面。因此在实际拍摄过程中要小心谨慎。怎样才能防止烧坏摄像管呢？有两种方法可供参考：

第一，摄像机用自动光圈档将画面从一个较暗的地面景物处慢慢向太阳方向移去，如果太阳还没进入画面，光圈已缩至最小光孔 F22 时，说明此时阳光过强还不能对向太阳拍摄。如果将太阳移进画面，光圈没有收至最小光孔，说明此摄像机能够承受太阳光照强度，即可以进行拍摄。

第二，用双眼直接盯住太阳，如果不到一两秒钟眼睛就被阳光晃得无法睁开，说明此时光线过强，摄像机不能对太阳拍摄；如果双眼盯住太阳能停留 3 秒钟以上，说明阳光光线已比较弱了，摄像机对准太阳拍摄已不会烧坏摄像管。当然必须保护好眼睛不被阳光灼伤。

此外，日出、日落期间光线效果复杂多变，有些光效转瞬即逝，因此，我们在拍摄之前应做好充分的观察、设计和准备，到了拍摄现场必须抓紧时间进行抢拍。如果画面中人物与太阳同时出现，由于反差太大，人物往往处于剪影或半剪影效果。如果画面中不出现太阳，只出现人物，那么采用顺光、顺侧光等角度仍可对人脸细部进行较好地表现。

五、新闻人物用光

电视新闻节目首先是以形象的再现为前提的，形象再现的首要条件就是要有适合于记录下形象的光线。

（一）采访布光

在拍摄现场，依据拍摄对象和灯具的具体情况，常采用以下几种人物用光方法：

1. 单人单灯效果（见图 3-5）

布光主要考虑采访对象面部和手势的处理，光源与人物大约构成 35°—45°角，照明人物四分之三脸部，用灯光适当照顾一下记者，但主要光区应放在采访对象身上。

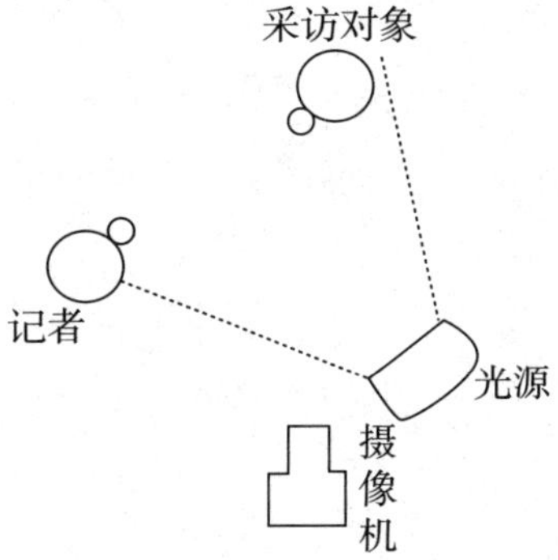

2. 单人双灯效果

第一种是双光造型用光法，即主光位置在采访对象前侧大约 45°方向上，形成人物脸部的明暗配置，组成基本造型结构。在拍摄轴线方向使用辅助光灯，调整人物反差，揭示暗部层次，同时也适当照顾一下背景和记者（见图 3-6）。

第二种是主体背景兼容法（见图 3-7）。用光中不仅要照明主体，还要反映环境与背景的状态，交代人物与环境的关系、环境在新闻事件中的地位、特征等，形成新闻采录的双向表现，增加了画面信息量，活跃了观众

图 3-5

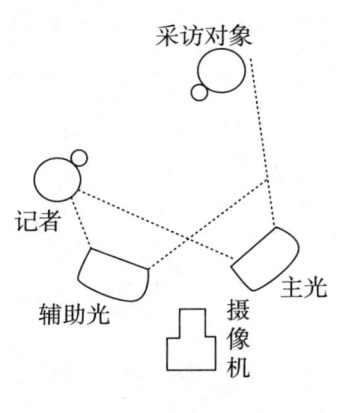

图 3-6

的视线,同时也交代和表现了画面的纵向空间,强调了画面的立体关系。

第三种是逆光平调照明法(见图3-8)。这种方法主要强调和突出采访对象的轮廓和外表特征。具有一定的光线组合效果。主光灯放在摄轴线附近,轮廓光灯放在人物侧后方,轮廓光和主光比不要过于悬殊,应控制在1∶1左右。

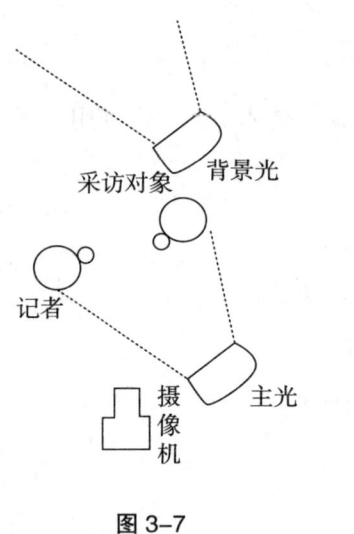

图3-7

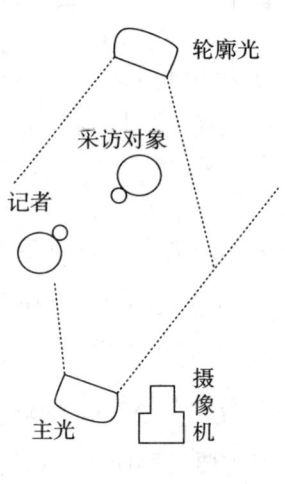

图3-8

第四种是侧光照明法(见图3-9)。主光灯来自采访对象大约35°—45°角上,轮廓光灯放在与主光灯所对应的位置上。这种用光方法,人物脸部反差较大,所以轮廓光与主光比最好控制在1∶1左右。

3. 单人"三点式"用光

图3-10是典型的"三点式"布光。主光、辅助光和轮廓光相互补充与制约,形成了较好的造型效果。在拍摄现场,当人物的方向发生变化或摄像机适

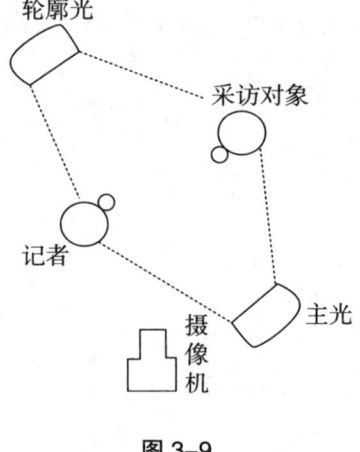

图3-9

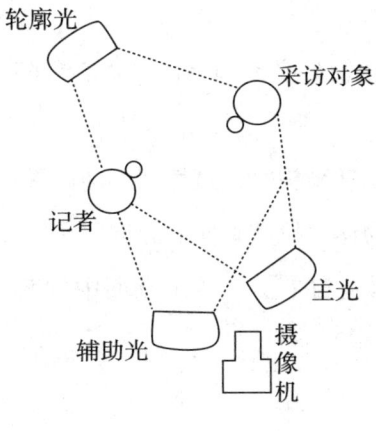

当移动位置时,现场的这种三点式布光也要随之变化,始终保持与镜头原来的角度关系。

图3-11则把轮廓光改为背景光,其位置放在与主光同一侧内,保持与主光投射方向的一致,在用光中,能借助环境特点烘衬被采访者,整体用光较协调,不会留下明显的用光痕迹。

图3-10

图3-12用主光全面照明被采访者,交代其外貌特征,轮廓光与主光形成一种对应关系,画面光线效果明显,光调明快。

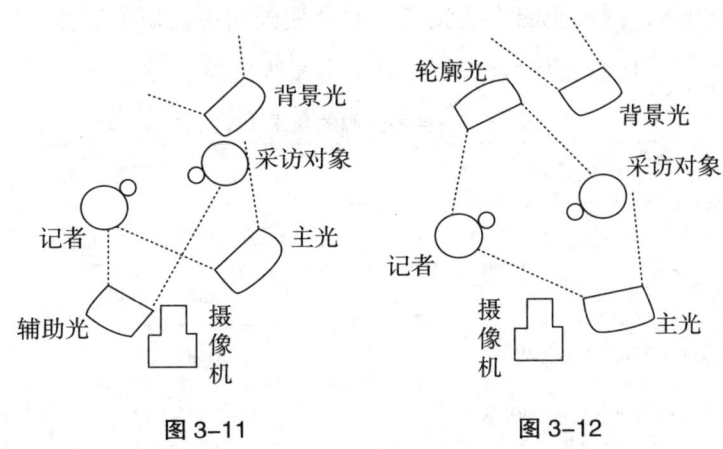

图3-11　　　　　　　　图3-12

(二)室内自然光拍摄

室内自然光与室外自然光相比,光线照射要复杂、多变,常在同一室内同时出现多种光线效果。而新闻采访大多数是在室内进行,因此,摄像记者必须学会根据具体情况做出相应的光线处理和画面表现。

1. 直接拍摄

当室内自然光亮度达到摄像机记录景物的最低照度值时,就可以采用直接拍摄的方法。

第一，镜头尽量避开强光窗口，以防止窗外亮度与室内景物亮度间距过大而出现室内景物严重曝光不足的现象；

第二，在光线亮度不平衡的室内运用运动镜头时，最好用手动光圈；

第三，注意选择色调和亮度反差大的物体，拉开画面的影调层次；

第四，在室内光线色温较高的地方调整白平衡，减少画面中的蓝紫光调。

2. 补光拍摄

当室内自然光亮度达不到摄像机记录景物的最低照度值时，或室内光线极不平衡，光比差距较大时，可用人工光提高室内亮度平衡室内光线。

由于人工光源色温（见表3-1）大多为3200K，而室内自然光色温普遍高于5500K，两种色温光线交叉照明会使画面中人物和景物色调严重偏色。因此，在补光拍摄时首先应注意平衡光线色温。

表3-1　各种光源的色温（K）

光源种类	色温（K）
标准蜡烛	1900
家用钨丝灯（25—250W）	2600—2900
石英溴钨灯（500—10000W）	3100—3200
硬质玻璃卤钨灯（500—5000W）	3100—3200
管形石英碘钨灯（500—5000W）	3100—3200
荧光灯（暖光型）	4300
荧光灯（白光型）	4800
荧光灯（日光型）	6000—7000
水银灯	5700
镝钛灯	5000—6000

续表

高强度弧光灯	6000
地平线时的太阳（日落）	1000
日出、日落（升起之后、落下之前）	2800—3500
晴天时早晨、晚间的阳光	4500
45°时的阳光	4800—5200
中午前后的阳光	5500
阴天	6800—7500
雨天	7500
雾气弥漫的天空	8000
晴天蔚蓝色北方天空	10000—20000

电视新闻拍摄平衡色温的方法，一般是提高人工色温，在人工光灯头前加挂5500K色温纸，将室内光线统一在5500K的基础上进行调白。

补光拍摄时还应注意：

第一，只带一盏新闻灯时，只有主光、没有辅光，而且主光采用直射光，光线效果比较强烈。可以把灯光直接射到天棚上，利用白色天棚的反光，来达到散射光布光均匀、柔和的效果。这种方法在能够满足基础亮度的前提下使用。

第二，注意适当把握光源与被摄人物之间的距离。采用直射的灯光时，灯距太近容易使人面部产生光斑。一般距离设在2.5米以外。

第三，注意调整灯光照射的角度。在较大的场景里拍摄，会出现画面近景中人物亮度过高而远处人物亮度太低，造成同一个画面中明暗不均。这时应把灯光集中到远处，而近处的人物用余光照射正好合适。

第四，采用直射光时，可以让灯光靠近摄像机或位置稍高一些，以减少阴影在画面中的面积。

第五，用人工光配合运动摄影，灯光移动的速度要尽量和摄像机运动的速度保持一致。

3. 混合光拍摄

在一些拍摄现场范围很大，准备时间较短，为了抢时间、抢形象，以及照明器材紧缺（特别是色温纸不足）的情况下，可采用混合光拍摄的方法。

混合光拍摄是指在拍摄现场有两种色温交叉混合光线下的拍摄。混合光拍摄的关键点是调整白平衡。这个环节处理好之后，仍可得到一个色调基本准确而平衡的画面效果。

第一，按拍摄方向及景别调整白平衡。每换一次拍摄方向和角度，均应调整一次白平衡。

第二，在被摄范围内哪种色温照度高、亮度强，就用哪一档色温片调白平衡。

第三，尽量少用或不用摇、移等拍摄方向和角度变化大的运动镜头，以防止在一个镜头中出现两种不同色调的光线效果。

第四节　声音的录取

电视新闻通过声画双通道传递信息，声音同样是电视新闻传达信息、表现主题的重要因素。

一、使用话筒拾音时应注意的问题

（1）话筒的选择。

首先要明确了解将要进行的录音工作的性质和要求，然后比较各种话筒的利弊，从中选择最符合制作要求的话筒。

对于具有特别要求的电视录音节目，选择话筒时既要考虑音响效果，也要考虑画面效果。如拍摄专题节目时，话筒一般不宜出现在画面内，而对于新闻采访一类的节目，采访者或被采访者手持话筒出现在电视画面上则让观众感到极其自然。

（2）话筒安放的位置。

同样一只话筒，相对于同样的声源，其位置不同，效果常常大相径庭。安放话筒时，一是要注意确定距离，二是要确定方向。如果距离合适，而方向不对，不能保证声源传出的声音都在话筒的拾音范围内，则声音的损耗依然是很大的。而且，如果话筒位置不当，还会引起声音的畸变。

（3）需要注意的问题。

话筒是一种精密的电声器件，在使用过程中应注意防止振动。剧烈的振动可能会损坏话筒的部件。不要用手敲打话筒或近距离对话筒吹气。在室外工作时，话筒应戴上防风罩。此外，还要注意话筒的防潮问题。

二、拍摄现场的录音方式（同期录音）

录像拍摄时录音方法大致有以下几种：

第一种，间接收录：通过摄像机上部的话筒录到录像磁带的声道上。

第二种，直接收录：话筒与摄像机分离，由录音员手持或用支架独立使用它，但录音素材还是录在录像磁带的声道上。

第三种，携带另外的磁带录音机：这样录的音，在后期制作时，再与画面合成。

间接收录是新闻类节目常用的取材方法。摄像机上架设指向性话筒，话筒的输出直接接通摄像机的话筒输入，然后通过多芯电缆送到录像机的声道进行录制。间接收录工作的场合，一般是拾音效果最好，而摄像师处在既要摄像又录音的场合。要注意的是按下开关后，磁带运行，录像和录音是同时进行的，所以，遇到比画面重要的现场声音时，也应该按开关，使磁带运行。

直接收录可以弥补间接收录的不足。间接收录的不足是话筒位置一定是摄像机的位置。而摄像机的位置不一定是最好的录音位置，有时还会拾取摄像机操作的杂音等。另外，被拍摄的人不一定总是对着摄像机的位置说话。所以，录音员必须操作话筒选择最佳的位置录音。

直接收录通常是将话筒连接在便携式混音器上，由混音器输出到录像机的声道输入录制同期声，这样，现场可进行简单调音，音质的好坏、音量的大小均可调整。它适用于大型、重要的新闻采访报道，纪录片的同期声的高质量记录。目前，同期声的采集，多采用此种方法。还有用无线收录的，便携式混音器输出由微型发射机发射出去，一体化摄像机的机身上有接收机，将声音信号直接输入到录像机上。由很多工作人员制作的纪录片，配合专门携带的独立录音机。它一般是开盘磁带，不是盒式录音机。它采用调频方式录音，走带速度准确。

三、现场使用的设备

话筒可以从指向性上分，有无指向性、双指向性（8字）、心形指向性、锐心形指向性（超指向性）等。

1. 无指向性

无指向性话筒拾音范围是全方向性，以话筒为中心的球形范围，在球形范围内声音均可拾起，能接收来自各个方向的声音，效果是一样的。拾音的质量只与声源距离有关，而与声源方向无关。

2. 双指向性

俗称8字指向性，它的拾音范围是话筒的正前方和正后方（0°和180°）。此位置灵敏度最高，拾音最强。而在两侧方向（90°或270°），灵敏度为零，拾音最弱。

3. 心形指向性

心形指向性话筒，也称"单一指向性"话筒。其拾音范围是单方向的，只拾取话筒正前方一个很宽角度范围内的声音，而话筒后面的声音几乎不能拾取。

4. 锐心形指向性

锐心形指向性（俗称超指向性）话筒拾音范围比心形指向性话筒的指向性更强，对侧向入摄声有较好的抑制性，正前方的拾音距离增强了。

话筒从使用方式上可分为：手持话筒、固定式话筒、佩戴式话筒。下面分别介绍一下这三类话筒使用时应该注意的问题。

1. 手持话筒

报道类节目，如环境不是很嘈杂，话筒应在齐胸高的位置，与身体平行，让讲话的声音穿话筒；如环境很嘈杂，可将话筒靠近嘴一些，但注意不要让话筒堵住了嘴巴。双人采访或对话时，话筒位于肩部比较合适，如果过低，不利于话筒出画面构图，音质也受影响；但如果过高，话筒接近嘴部，也不好，会使被采访者产生不自觉地、过分地凑近话筒，或本能地去握住话筒、两人抢握话筒的现象，使画面效果不佳。话筒放置于肩部，可以有良好的音质，又不会分散被采访者的注意力。谁讲话话筒就偏向谁。如果是单指向性话筒更必须如此摆放，而全指向性话筒则不必如此，但为了使观众明确是谁讲话，话筒也常常摆动。

手持话筒应轻拿轻放，不可人为地造出许多噪音。

在某些采访的场合下，仅仅携带手持话筒是不够的，还应该携带话筒支架，手持话筒，有点晃动，也会产生杂音，话筒支架有稳定性。现在已有轻量级的便携式话筒架。

外景采录时，由于话筒是通过振动板将微小的音压变化为电信号的，即使风也能吹动振动板，产生呼呼声。所以，要使用防风罩。同时，为防止机械的震动，也常常用防风罩。

话筒调音员使用多个话筒时，须混合它们的信号成为一个信号，送给录像机或录音机等设备，它们的接插头种类及输入输出端的阻抗有各种各样的类别，要特别注意加以选择。

2. 固定式话筒

这类话筒有其固定的话筒架（如长颈吊杆、三脚架、话筒巡回车等），其位置基本是确定的，很少变动。即使有变动，也常常随着巡回车的吊杆或其话筒架共同移动。

这种话筒通常体积较大，不宜出现在电视画面上，因而它必须具有远距离拾音的功能，而且还要防止其他噪声的侵入。要达到这些要求，只有猎枪式话筒才能胜任。它是超指向性的，通常为心形或锐心形话筒。

（1）话筒巡回车。这类话筒一般用于内容比较复杂、质量要求比较高的节目制作中。由于它被安置于具有活动平台的话筒吊杆或巡回车上，话筒操作人员可通过调节话筒吊杆的长短或平台的移动而调节话筒位置，从而改变与声源的距离。

（2）长颈话筒。将长颈话筒支在三脚架上，然后再将话筒安装在吊杆上。在节目制作中，它的位置常常是固定的，而且一般不出现在电视画面上。

（3）钓鱼杆式话筒。这种话筒架更轻便些，将话筒安装在钓鱼杆式的支架上，可以非常方便地选取最佳拾音位置。话筒占据的制作空间较少，不会妨碍照明，能灵活地调整角度不让话筒的投影进入画面。其缺点是长时间使用，工作人员会支撑不住。

3. 佩戴式话筒

佩戴式话筒是一种能佩戴在采访对象身上的微型话筒。主要有项链式话筒（挂在脖子上）、别针式话筒（别在领带或衣襟上）、袋式话筒（放在衣袋里），等等。佩戴式话筒体积很小，在同期声录制时，可以避免话筒对画面的影响。另外，在某些场合，由于无法安装固定式话筒，采访对象需要移动时，使用佩戴式话筒是很方便的。由于这种话筒要佩戴在演员服装的各个部位，因此它是无指向性的。

佩戴式传声器声音信号的传输方法通常分为无线式和有线式两种。在电视节目制作中，有线佩戴式话筒在报告会、电视教学节目、新闻采访与座谈等场合运用较多。无线佩戴式话筒的声音输出要经过一套小型无线发射、接收设备后再和电声设备相连接使用。无线佩戴式话筒在电视剧和音乐节目的录制中运用较多。在使用佩戴式话筒时，应该尽量避免衣服的摩擦声。

四、同期录音注意的问题

（1）声音要清晰。

除了采访对象本身的吐字发声外，影响清晰度的因素还有：

第一，所录的素材的频率特性等性能不佳；

第二，周围的杂音、暗噪音大；

第三，话筒的指向性未对准发言者，使频率特性下降；

第四，残响时间太长的室内，或其他原因；

第五，城市外景的录音，如在工厂、街道等环境，除人们对话外，周围的杂音很大，清晰度会降低，所需声音与不要的杂音，数值上没有太大的差别，得不到所需声音。

减少背景杂音的主要方法有：

第一，使话筒尽量接近讲话人的嘴；

第二，使用超指向性话筒，使杂音源在指向性外；

第三，讲话人远离杂音源，还可以让机器等杂音源停止工作。

（2）具有临场感。

具有临场感的录音，要求直接反映现场气氛。洞穴中的声音，应该有像洞穴那样的回音。礼拜堂中牧师的声音必须有相应的回声，但只考虑求得好的清晰度，把话筒贴在牧师的嘴边，礼拜堂里的回音就消失了。典型的管弦乐队录音要考虑不同的音乐厅的条件，即使是相同一管弦乐队，由于录音场所不同，音质也会发生较大的变化。演奏房间的残响时间等特性，影响着我们所听到的管弦乐的音质。音乐厅录音常常只考虑了乐器方面，将话筒接近乐器，那么在音乐厅的空间扩散的声音就录不上了。

要想求得好的录音清晰度，最好的办法是使发声体的发射音与直射音相互平衡。为了提高录音清晰度和临场感，并保证现场气氛浓烈，话筒的位置不得不兼顾主体和环境。

（3）声音的远近感。

画面有声音负载时，声音与画面体现的远近感完全不一样，是不会令人满意的。例如画面中有人站在很远的地方说话，声音却像是在耳语，必定让人感到不舒服。实际上在录制画面与声音时，要充分了解什么样的画面适合什么样的声音效果，据此做好录音计划。

人在靠听觉判断声音远近的因素主要有以下几点：

第一，音量；

第二，话语与环境的音量比；

第三，话语的频率成分；

第四，残响的方式；

第五，录音对象的吐字发声。

下面我们略作分析。同一声音信号听起来近大远小，这是人所共知的事。但通过音响设备还原出的声音是比较值，而不是绝对值。那么近处发生的声音音量，比较而言，可以是大的，也可以是小的。录制台词时，如果在周围杂音很小的情况下复制，就可以任意进行音量大小的调节。

通过主要的声音（话语）与周围的噪音的比较值，来表现远近感。例如：初春的田野上，云雀的啼叫是可以听见的，如果把人的说话声处理得比它还小，则使人感觉到这是远处的说话声了。

远处的声音，只有中音区域，既听不出高音也听不出低音。而能听出低音或高音的唾沫四溅的声音，是绝不同于远方的声音的。

以室内的声音而言，远处的音残响大，近处的音几乎无残响。

一个人同站在远处的人讲话和同站在近处的人讲话，他发声的方法是不一样的。相距远，必须得大声说话；促膝交谈则必须是小声的。人们生理决定，大声讲话时，中频增加，小声讲话时，低频增加。因此，喊叫时只给出小的音量，或大声地给采访对象嗫嚅的声音，都不太合适。

那么，录音时，如何调整话筒好呢？请注意以上所讲的因素，而其他的情况要随机应变。虽然，在复制时，把近处的声音加工成远处的声音不是不可能，但把录下的远处的声音加工成近处的声音则是不大可能的。一般来说，画面是特写，话筒就得离近些；远景镜头时，话筒要稍稍离开主体，这样就可以满足以上所讲的条件。录制话语的情形，由于考虑声音清晰度的关系，同时也为了避免每个场面的音质有变化，一般来说，话筒尽量离人近些，远景镜头没有了距离感也就成了常事。当然，要表现身在远处的距离感及大空间气氛时，则另当别论。

五、电视新闻同期声的录取

同期声主要包括现场人物采访和环境背景音响。为录好同期声，应注意以下几点：

（1）打开摄像机后，检查录音电平指示是否保持在适当位置。

（2）通常现场同期声和人物同期声要求录在二声道，解说词录在一声道。为保险起见，一般一、二声道都打开。

（3）拍摄时要保持声道的统一，频繁地变换会给后期制作带来不必要的麻烦。

（4）净化环境，尽量避开非新闻事件的声音源。

（5）在噪音环境中，用指向性话筒来录音，尽可能让采访对象处于噪音源的相反方向接受采访。

（6）噪音较大的环境里，可以利用调小手动录音电平、话筒尽量接近采访对象的方法来录音。

（7）讲话人的嘴与话筒间距离一般为10—30厘米。

（8）外景地录制同期声讲话尽量顺风录制，话筒可离人物稍近一些。

（9）在电视新闻报道中，在拍摄时，不管周围环境怎样，始终都要把话筒打开。即使是记者手持话筒进行现场报道时，摄像机上带的话筒也要打开，以录取周围的环境音响。不过要注意把这两个话筒连在录像机上两个不同的声道。

（10）外出采访时带上小型盒式录音机也是很有益处的。一是可以用它录环境声；二是和录像带同时录下采访的声音，这样，记者在回台的途中就能听到所采访的东西，回台可以迅速编辑。

第四章　电视新闻编辑

根据报道计划和拍摄意图，按照剪辑原则和新闻规律，将新闻素材最终变为成品的过程就是新闻编辑的过程。了解和掌握声画剪辑技巧，具备良好的新闻编辑业务素养是做好编辑工作的保证。

第一节　蒙太奇

一、蒙太奇的含义与分类

蒙太奇是影视制作理论中一个重要的概念。一位影视界专家曾说过，"影视艺术就是蒙太奇艺术"。对于蒙太奇，我们应该从不同的角度来理解它的含义。

蒙太奇的本义：蒙太奇源于法语，是建筑学上装配、组合的意思。后来，电影界的专家借用蒙太奇这个概念，使其逐渐成为影视制作的一个专用术语。

广义的蒙太奇：影视制作人员在影视制作的选材、脚本及拍摄计划的构思以及后期声画编辑制作全过程思维方式的总和，叫做蒙太奇构思。这种蒙太奇构思统率着影视制作的全过程，指导着前期声画素材的采集与后期制作声画的组合。

狭义的蒙太奇：在影视制作后期，将前期采集的画面和声音素材按照主题要求所设计的顺序组合在一起，形成一部完整的影视作品——狭义的蒙太奇，就是影视作品的组接技巧。

蒙太奇作为影视作品的组接技巧，又分为画面蒙太奇、声音蒙太奇和声画蒙太奇。画面蒙太奇是画面的组接技巧；声音蒙太奇是语言、音乐、音响各种声音成分的选配、组接以及这三者之间的综合处理手段；而声画蒙太奇着重解决声画关系。电视节目制作的最后程序，是运用声画蒙太奇手段，综合处理画面和声音，使画面和声音既有各自的表现特性，又形成一种声画协调配合的统一体。在上述三种蒙太奇组接技巧中，画面蒙太奇是我们讨论的重点。

蒙太奇表现形式多种多样，同时又不断创新。法国电影理论家马尔丹在《电影语言》一书中，把蒙太奇组接技巧分为两大类：一类是叙事蒙太奇；另一类是表现蒙太奇。

（一）叙事蒙太奇

叙事蒙太奇也称叙述蒙太奇、连续蒙太奇、连续构成。世界著名电影大师马尔丹在《电影语言》一节中，对叙事蒙太奇的含义做了比较明确的论述："所谓叙事蒙太奇，是蒙太奇最简单、最直接的表现。是意味着将许多分镜头按逻辑或时间顺序分段汇集在一起，这些镜头中的每个镜头自身都会有一种事态性内容，其作用是从戏剧角度和心理角度（观众对戏剧的理解）去推动剧情的发展。""叙事蒙太奇的作用在于叙述一段剧情，展示一系列事件。"叙事蒙太奇的技巧注重的是镜头记录、揭示功能。它的几个镜头连接在一起时，在时间上是连续进行，在空间上是一个整体（即使不是同一空间）。它能表达事件的发展和运动连贯，给人以流畅、清楚、明白的感觉。

叙事剪辑镜头组接的依据是生活的逻辑，一般可分为四种句型：前进式句型、后退式句型、环形句型和片断式句型。

1. 前进式句型

前进式句型是从远视距景别过渡到近视距景别的组接方法，即全景→中景→近景→特写，把观众的视线从整体环境引向局部细节，逐渐地重点突出趣味中心，使观众对于某一主体的视觉感受逐渐加强。

例如，在介绍教室上课时采用前进式句型：

镜头一：全景教室内景，学生在听课；

镜头二：中景两名学生听课；

镜头三：近景一位学生认真听课；

镜头四：特写一位学生认真地听课。

2. 后退式句型

从近视距景别过渡到远视距景别的组接方法，即特写→近景→中景→全景，把观众的视线由局部细节引向整体环境。后退式句型的第一种方法是先展示趣味中心，造成一种先声夺人的悬念，吸引观众去逐步了解事件发展的全过程和空间环境的全貌。

例如表现农民在田里劳动，可以这样设计镜头：

镜头一：特写锄头挥动；

镜头二：近景一位农民弯着腰挥汗如雨；

镜头三：中景农民挥动锄头；

镜头四：全景绿色的田地里一位农民在锄田。

第二种方法是先用近视距景别展示局部细节，然后通过远视距景别过渡展示环境全貌，使人逐步了解全貌，从而使这组画面有一种情节终了的结束感。

例如在纪录片《舟舟的世界》中，有一个段落是这样结束的：

镜头一：特写灯箱上的广告模特；

镜头二：近景舟舟手拿蒲扇在看灯箱上的模特；

镜头三：中景舟舟身穿背心短裤悠闲地转悠；

镜头四：全景街上车水马龙舟舟在闲逛（转黑）。

3. 环形句型

环形句型是前进式句型和后退式句型连接起来使用的手法。

第一种是从远视距景别开始，过渡到近视距景别，再过渡到远视距景别，即全景→中景→近景→特写→近景→中景→全景。整个句型先介绍空间环境，继而逐步详细展示环境中人物的动作、语言或景物的局部，最后以整体环境的再次展现对这一段故事作总结。

第二种是相反的方法。特写→近景→中景→全景→中景→近景→特写。整个句型先介绍人物活动细节，继而逐步展示人物之间的交流、人物所处的环境全貌，最后以人物活动细节的描述作为这一段故事的结束。

4. 片断式句型

这种句型打破了前三种句型主要以景别的过渡来做镜头组接依据的做法，而是按照事件发展的时空或逻辑顺序，在一连串的事件发展过程中，择取若干具有代表性的片断进行组接，体现了一种"以局部代整体"的意念。片断式句型的几个镜头之间，具有明显的跨越时空的特征。所以，这种组接方法能避免其他组接方法的拖沓，使镜头组接显得更加简洁，更加灵活自如。

在英国纪录片《失落的文明》片尾中有这样一组画面：

全景：海滨夕阳下两棵棕榈树

全景：由水里的鱼摇至水上古城堡

全景：人们采摘树上的水果

特写：果实累累

全景：水鸟在海上飞翔

全景：沙漠上的坟冢

中景：古城洞中的人的遗骸

近景：洞中残存的陶罐等物品

特写：闪电中的苹果与蛇

特写：绿叶上一滴露水滴落在一只脚印里

特写：积水的脚印迅速干枯，一只昆虫爬过

特写：白衣女子在画中跑过

特写：一只苹果被摘下

通过这组画面表现对《圣经》中伊甸园的推测，时间跨越了四千年，空间包涵了古巴比伦、亚述、苏美尔。因此用片断式句型表现时空十分自由、灵活。

（二）表现蒙太奇

也称对列构成、对列蒙太奇。表现蒙太奇不单单是为了叙事，更重要的目的在于通过逻辑上具有一定内在联系的镜头对列组接，来暗示或者创造一种寓意，抒发某种情绪，激发观众的联想。例如，纪录片《龙脊》中的两个镜头：

镜头一：少年潘继恩在激流中游泳；

镜头二：山脊上一棵挺立的小松树。

第二个镜头暗示第一个镜头：潘继恩倔强自信、迎难而上。这就是表现蒙太奇。表现蒙太奇与文学创作的叙述、描写、议论、抒情四种基本表现手法相比，表现蒙太奇更注重于议论和抒情。表现蒙太奇作为画面蒙太奇组接技巧最有代表性、最富于表现力的手段，能够深刻地表现客观事件富有哲理性的内容和更深层次的思想意义，更能够充分体现出作者的主观意图。表现蒙太奇组接的每一个镜头已经不仅仅局限于原来固有的说明作用和感染力量。用爱因斯坦的说法，就是"两个蒙太奇镜头的对列不是二数之和，而更像二数之积"。相比之下，叙事蒙太奇重在客观事实的叙述，主要功能是"写实"，表现蒙太奇则更重视作者主观情感的抒发，主要功能是"写意"。

表现蒙太奇在具体的组接技巧上，有平行式组接、积累式组接、对比式组接、联想式组接等多种方法。值得注意的是，表现蒙太奇的各种组接技巧，大都是指每两个单个镜头之间的组接，但也不排除两个蒙太奇段落之间的组接。

1. 平行式组接

平行式组接是表现蒙太奇手法之一,又称为平行蒙太奇。它是在某一蒙太奇段落中,同时并列地叙述两个或两个以上的事件。这两个或两个以上的事件,互相之间具有因果关系、呼应关系等逻辑上的联系。平行式组接比较典型地反映了表现蒙太奇跨越空间的特征,它不是对某一事件"单线的叙述",而是通过对两事件的"复线叙述",来创造一种新的含义,抒发一种主观情绪,从而更增强作品的感染力量。例如,美国纪录片《篮球梦》,14岁的美国黑人少年盖茨梦想进入NBA打球,从而改变自己和家庭的命运。

纪录片开始部分分镜头如下:

全景:街上的孩子们在自制的篮球板上练习投篮

特写:篮球在腰际自由的运转

全景:盖茨在街头球场上篮

全景:从街景摇至芝加哥体育馆入口处

全景:比赛中乔丹越过对方的防守队员

全景:乔丹在没有任何阻拦的情况下轻松扣篮

全景:教练及场内观众兴奋得站立起来欢呼

全景:从在城市的高架桥上飞驰的火车摇至街景

全景:盖茨家门前简陋的篮球场上有人在打篮球

中景:盖茨正在家中与母亲观看NBA比赛,随之欢呼

全景:盖茨从屋内走出,手持篮球,上篮

乔丹在赛场上比赛和盖茨在家里看球、出门练球,两条具有呼应关系的线索齐头并进,通过平行式组接,表现了两条线索之间的紧密联系,使观众对盖茨痴迷篮球留下深刻的印象。

2. 积累式组接

积累式组接是表现蒙太奇的手法之一，也称积累蒙太奇。它将一些主体形象和内容较为相近的镜头组接在一起，形成一种叠加的、积累的效果。通过这些因素同类相近的镜头的积累，能突出地强调一种思想，明确地说明一个主题。

积累式组接的画面之所以能够组接在一起，主要依据的是逻辑上的联系，这些画面往往以不同侧面说明一个相同的主题，组接之后产生一种综合效应。

积累式组接有两种方法：

第一，通过内容相近的镜头组接，在一个蒙太奇段落内，强调这一段落的中心思想。例如在中央电视台文献纪录片《达赖喇嘛》中，有一组这样的画面（图片资料）：

——英国的军队侵入江孜宗堡

——英军向手无寸铁的藏胞举枪射击

——各种火器在射击

——倒在地上的藏胞

——藏胞痛苦的表情

——倒在地上各种姿势的藏胞

这一组镜头用积累式组接手法，表现了英国殖民者对我国西藏地区的野蛮侵略和对西藏人民的残酷屠杀。

再如在纪录片《望长城》中，通过展示战国齐长城的残垣、战国燕长城的破壁、战国赵长城的残垣、战国秦长城的破壁，表现了长城悠久的历史、苍凉的韵味。

又如大型政论片《迎接挑战》中，用工厂里的机械手、显微镜、电焊机弧光闪烁、现代的高科技产品流水线等许多画面的组接，来表现当今世界科学技术飞速发展；用东南沿海一些发达地市一幢又一幢大厦拔地而起，一个个巨大的吊臂在空中作业，一个又一个集装箱装上货轮等画面的组接，来表现中国改革年代快速发展的步伐。这些都是运用积累式组接来表述每一段落的较好范例。

第二，通过对一个复杂事物若干侧面的组接，使观众对所要表达的事物获得一个综合的、总体的印象，即用一个又一个的局部内容画面的积累来展示事物的整体面貌。例如纪录片《远去的村庄》，介绍鸡子坡村时有山坡上的窑洞、玩耍的孩子们、窑洞中纺线的妇女、窑洞中的纺车、白浆涂抹的树干，通过这样一些景物展现黄土高原上偏远小山村的风貌。

3. 对比式组接

对比式组接是表现蒙太奇手法之一，也称对比蒙太奇。它是把两种在内容上相反的镜头组接在一起形成一种寓意，从而表现出作者的主观态度。例如穷与富、强与弱、高大与渺小等的对比。

对比式组接有两种方法：

第一，是把现实生活中两种对立因素进行对比。例如纪录片《西藏的诱惑》中，在讲述女作家龚巧明的段落里，在她逝世时使用青山、绿水、红花、蓝石以及五彩的经幡等一组镜头，用来颂扬她的业绩；在她逝世后使用暗草、乌云、暮色和黄昏等一组镜头，用来表达惋惜之情。这种组接方式在对比中显现出寓意，更好地烘托了片子的主题。

第二，是时间的对比。比如，以相互对比的事物和情节来结构节目，素材选取和编辑都以加强对比的视觉冲击为出发点，给观众理性的思考和事实的说服力。

一些优秀的新闻报道都善于利用对比蒙太奇。如黑龙江电视台1995年度获奖新闻《检查团来了！走了！》就是利用全国城市卫生检查团来哈尔滨前后的城市卫生状况的对比来结构新闻，突出主题。检查团来了，突击清扫，检查团一走，"新颜换旧貌"。记者先是让观众看到紧急行动产生的效果：街道在清理，不合格的街头小吃店被取缔，哈尔滨市以美丽清洁的城市风貌迎来检查团，记者到省京剧院工地、人和食品摊区、河沟市场、司徒街垃圾站、宣化街广场、儿童公园西门，拍下一组镜头。但检查团一走，情况又恢复往日的脏乱，于是记者又同样到京剧院工地、人和食品摊区、河沟市场、司徒街垃圾站、宣化街广场、儿童公园西门等地，用同样的景别角度拍下一组镜头，两组镜头一前一后的对比，将现在的浮夸、不求实际的作风深刻地体现出来，是对搞形式主义的一种有力抨击，对比蒙太奇的运用，使其节目主题鲜明生动，同地点、同角度的拍摄更突出其中的差异。

4. 联想式组接

联想式组接是表现蒙太奇的表现手法之一，也称隐喻蒙太奇、相似蒙太奇。它类似于文学创作中的隐喻、象征、借代等手法，通过不同的视觉形象或听觉形象的镜头组接，使观众由乙事物引起对甲事物的联想，达到喻意、象征等效果。

联想式组接一般包括用画面（视觉形象）作喻和用音响（听觉形象）作喻两种方法。作为隐喻要素的两个形象，往往甲是要说明的内容，类似比喻中的本体，而乙则是用来作喻的内容，类似比喻中的喻体。联想式，是通过打比方的手法来暗喻某种形象，说明某种意义，具有较强的情绪色彩。比如纪录片《沙与海》运用象征性的造型语言，以沙漠象征牧民顽强的生存意志，以大海象征渔民的宽阔胸怀。运用了隐喻性的造型语言，以沙漠上几株孤独的沙枣树，不管生存环境多么恶劣，仍在顽强地生长，依旧开花结果，隐喻着沙漠上的牧民如那沙枣树一样，不管生活空间多么残酷，他们仍在顽强地生存，并绵延着自己的子孙后代。甚至运用模糊造型语言，开拓观众的思维，表现深沉的思想意念，如小女孩在沙丘上漫步，将一双小鞋滑下沙丘，自己也滑下沙丘，构成了全片最美、最诗化的一笔。

（三）长镜头——镜头内部蒙太奇

长镜头理论是法国电影理论家安德烈·巴赞在20世纪50年代提出的一种与蒙太奇相对立的电影制作理论。安德烈·巴赞以长镜头理论为电影美学的核心思想，创立了纪录学派。纪录学派所主张的长镜头理论，主张镜头要在时空连续的前提下绝对客观地记录生活；在屏幕上再现真实、具体的生活的原生形态，以保持屏幕形象的真实感、现场感，以保持拍摄对象及运动过程在时间和空间上的完整性。

那么什么是长镜头呢？长镜头是与短镜头相对而言，是在一个较长的不间断镜头里，通过推、拉、摇、移、跟等综合运动摄影（摄像）这种时空连续的场面调度，完整地记录一个事件段落的全过程，形式独特的纪实风格。例如，日本纪录片《望子五岁》中，就使用了大量的长镜头。其中一个段落叙述在望子欺负小朋友之后父亲责备望子，望子不听教训反而伸手推父亲，父亲一气之下将望子重重放在地上不再理睬望子。哭泣的望子找母亲去寻求安慰，母亲也不理睬望子，望子一直在哭，母亲穿上鞋打开卧室门穿过阴暗的厅堂出门跑到街上，望子哭着在后面一直追到街上跑出很远，最后母亲终于停下来抱起了望子。从望子来到母亲卧室开始镜头就没有间断，使用推拉摇移等多种运动方式将整个过程完整地记录下来。

由于这种长镜头中包含了被摄主体、摄像角度、景别、镜头外部运动方式等方面的变化，并且能完整地表现一段内容，相当于运用蒙太奇组接技巧形成一个完整的蒙太奇段落。所以，从后期编辑的角度说，我们又把长镜头技巧称之为镜头内部蒙太奇。用这种镜头不间断地表现一个事件的过程，这是对静态构图和分切镜头的一种革新。它通过连续的时空运动把真实的现实自然地呈现在屏幕上，形成一种独特的纪实风格。这种以纪实性美学为特征的长镜头叙事方式与蒙太奇叙事方式有许多不同之处，代表它们各自风格的影视作品在美学上也有明显不同的特征，一个是纪实的，一个是分解性的。

二、声画蒙太奇与声画关系

声画蒙太奇是影视作品三种蒙太奇组接技巧之一。运用画面蒙太奇完成画面的组接，运用声音蒙太奇完成语言、音乐、音响的选配，最终要通过声画蒙太奇将画面、声音这两大类信息元素形成整体——综合处理画面和声音，使画面和声音既有各自的表现特性，又达到声画协调、配合的高度统一，最终使电视节目成为一种相对完美的视听综合艺术。

声画蒙太奇的材料是：画面、同期声素材，以及解说词、创作或选择的音乐素材。这些声画素材质量如何，对于声画蒙太奇最终成果的质量高低至关重要。保证声画素材有较好的质量，关键在于电视节目的编辑在全片的制作过程特别是前期工作中，要有一个较好的总体蒙太奇构思。所以，我们说总体的蒙太奇构思成功与否，是声画蒙太奇最终成果质量高低的重要前提。

电视节目的屏幕造型，包含着视觉形象和听觉形象两种因素。这两种因素在电视片里各自担负着不同的使命：时而声画同步，互相对应；时而并行、交叉，互为补充。画面是电视节目叙事的基础，是声音的承载体，传达给观众的是具体的形象的视觉感受；声音可以补充说明画面，依托画面创造一种意境和想象，表达画面内在的深层次含义。声音这种相对抽象的听觉感受，与视觉感受之间的相辅相成，创造出一个艺术化的视听世界。

声音和画面作为声画蒙太奇手段的物质材料，既有独立性，又有统一性。我们讨论声画蒙太奇和声画关系，重点是研究声音和画面的统一性，或者说是研究二者之间结合的技巧。

运用声画蒙太奇手段，需要注意的问题是要克服"重画面、轻声音"的旧观念，要努力挖掘语言、音乐、音响特别是同期声效果音响的表现力，以增强电视作品的感染力量。

声画关系在电视作品中呈现出三种状态：声画统一、声画并行和声画对立。下面对这三种状态的特点和编辑要点分别说明。

（一）声画统一

声画统一也叫做声画同步。声画统一，就是视觉形象和听觉形象协调、统一——语言、音乐、音响各声音元素在基本内容、时代、色彩、环境特征、人物情绪上与画面风格基本统一。

声画统一是声画关系各种形式中运用最多的一种。声音和画面融为一体，声音能够烘托画面形象，渲染画面情境中的气氛，使视觉形象更加逼真，能够使观众更好地理解视觉形象。

声画关系所指的声音包括语言、音乐、音响多种元素，声画统一也因此表现出多种形态。

第一，电视节目中与画面同步的同期声采访语言、主持人出图像解说，以及同期声效果音响，是典型意义上的声画统一。ENG电子采访设备的使用，为上述同期声与画面同步录制提供了良好的物质条件。

同期声效果音响与画面统一，有助于制造现场气氛，使画面形象更为真实，有绘声绘色的效果。《远在北京的家》《最后的山神》《藏北人家》等一大批优秀电视作品之所以给人留下极其深刻的印象，与画面同步的同期声功不可没。可以设想，画面是火车奔驰、飞机降落、工厂里机器运转、采石场锤起锤落，观众却只能听见解说词而听不到火车、飞机的轰鸣，听不到机器的声音和锤声，一定会感到一种缺憾。

第二，对于解说词和画面的统一，绝不是简单意义上看图说话式的图解画面，而是解说词紧密地配合画面去阐述画面形象中蕴含的更多信息，去发掘画面形象更深层次的思想意义。

第三，声画统一中比较重要的是音乐和画面风格的统一性。作为以写意为主的音乐特别是主观音乐，首先要与全片内容的风格相统一，其次是片中每一个片断，也要力求音乐与画面风格的统一性，使音乐较好地起到烘托画面情绪、气氛的作用。

声画统一，要注意克服音乐、音响的配制公式化、一般化的弊端，声画统一中出新意，应该是我们追求的目标。

（二）声画并行

在了解声画并行之前，我们先来了解一下声画对位。

声画对位是与声画统一相对应的一种状态，其含义是声音和画面的情境、风格不是完全同步、统一,而是声画成为两条线各自发展,又在各自独立发展的基础上有机地结合,并产生一种新的寓意。

声画对位包括声画并行和声画对立两种形式。打个比方说,声画统一中的声与画就像是同义词,声画对立中的声与画就像是反义词,而声画并行中的声与画就是近义词并列。声音与画面在两条线上并行发展,二者之间若即若离,表面游离实质上是貌离而神合,通过声画并行调动观众的联想,去理解声画结合之后新的意义。

声画并行可以丰富所要表达的内容,比如在纪录片《幼儿园》中,画面内是孩子们渴望回家的双眼(特写),画外音乐是《茉莉花》,一股怀旧之感油然而生,使画面内涵更加丰富。在电视新闻中如果解说词和画面之间完全是声画统一的关系,内容会显得非常单一,而且过分的对应,像看图说话一样,会显得滑稽可笑。

(三)声画对立

声画对立是声画对位的手法之一。声画对立的含义与声画统一相反,声音与画面是在相反、对立的关系中,通过对立双方的反衬作用,表现出更为深刻的思想意义,收到更加感人的艺术效果。

生活中有悲哀与喜庆、粗犷与细腻、奔放与柔情,这二者之间的对立,借用到声画关系之中,就构成了声画对立。这种声画对立在特殊的场合使用,比起声画统一和声画并行来,更具有较强的表现力量。比如在纪录片《一个艾滋病毒感染者》中就有一个声画对立的段落,该片讲的是一个由于卖血感染上艾滋病病毒的打工者李子亮,回家后饱受村民的白眼,妻子也在年前离他而去。最后,他不得不把孩子送去福利院,独自漂泊天涯。片中有一段落表现了妻子离开后李子亮家冷冷清清的场面。村民去邻村看戏,声音是戏台上热闹的唱戏声,画面是蹲在门槛上的李子亮;声音是村里的小孩打着小灯笼看大人放烟火的喧闹声,画面是李子亮蹲在门槛上;李子亮吃药时墙上的投影也伴随着焰火绽放的喧闹声。有力地表现了李子亮遭受沉重打击后,陷入无力自拔的悲凉境地。

声画对立毕竟是一种特殊的表现手法,用之得当,会使艺术效果更为强烈;用之不当,很可能会表意不明,使观众感到费解。所以,声画对立手法在运用时要慎之又慎,切记不可滥用。

第二节　剪辑技巧

一、镜头衔接

电视片中所有镜头都可以划分为两大类,一类叫固定镜头,另一类叫运动镜头。所谓固定镜头是指镜头光轴、机位、镜头焦距均不发生变化所拍摄的镜头。运动镜头是指摄像机的镜头光轴、机位、镜头焦距三者中有一者发生变化所拍摄到的镜头。

剪辑中的镜头衔接,可分为三种方式:

1. 固定镜头接固定镜头

(1)静止主体接静止主体。

要尽力寻求两个画面主体在空间关系、逻辑关系以及造型特征各方面的联系,使镜头组接合乎情理。例如高山大海、苍松翠柏、河流山川这些雄伟的意象;大漠孤烟、长河落日、暮鼓晨钟这些苍凉的意象;草长莺飞、花团锦簇、烟雨蒙蒙这些纤丽的意象可以利用逻辑上的关联分别衔接起来。

(2)运动主体接运动主体。

首先是同一主体的运动衔接。通过两个以上不同景别、不同角度的同一主体运动组接,来再现同一主体完整的运动过程。

分解法就是典型的同一主体动作的剪辑法。分解法是指一个完整的动作通过两个不同角度、不同景别把它表现出来。即上个镜头人物动作去掉下一半，下个镜头人物动作去掉上一半，把上个镜头的上半部动作与下个镜头的下半部动作连接起来，还原这个完整的动作。例如在表现一个人由站而坐下来这个动作，就可以由两个镜头来完成。第一个镜头是正拍的全景，第二个镜头是侧拍的中景，衔接起来画面显得丰富一些，富有动感。

其次是不同主体的运动衔接。可以在运动当中选择剪接点，也可以在主体运动瞬间的停歇处选择剪接点；同时，在剪接点选择上还应兼顾主体运动速度的大致相近，兼顾主体运动方向的大体一致，以及动作形态的相似因素，以便使组接后的一组画面在视觉上更加连贯、流畅。

最后是动作的衔接。

画面内的运动主要包括人物的动作和物体的运动。准确地、连贯地表现物体的运动和人物的动作，是画面编辑工作的重要环节。常用的处理画面内物体运动和人物动作的方法有以下几种：

第一，消失剪接。是指主体在画面中的消失。

不论是物体的运动还是人物的运动，一旦在画面上消失，就构成剪接的好时机。比如一个人走进密林深处，或是一辆汽车消失在滚滚尘土中就可以切出。

第二，封挡切换。是指画面上的运动主体或人物在运动的过程中遮挡住镜头，无从分辨对象的性质、形状、质地。

这种切换有两种形式：一是前一个镜头中的主体在运动过程中挡黑画面；二是后一个镜头的开始便出现人和物的无法看清性质、形状、质地的局部特写，随着主体的走开，逐渐看清的情况。比如山西电视台获奖新闻《半个世纪的重合》有一个场景，记者手持话筒走进农民屋里时记者的背部挡住了镜头，形成了遮挡，编辑不失时机地将镜头切出。

第三，出画入画。是指画面中运动的人、物运动出画框或进入画框。

这种方式能够有效地压缩时间和过程，可以自由地表现时空的跨越。纪录片《幼儿园》里，在表现陈志鹏等妈妈来接他的段落中，在活动室里的陈志鹏哭着出画面后，切入的画面是他在活动室门外瞻前顾后的样子。

因为有了出画的过程，观众完全能够理解时间已经推移、变化，比较符合人们的认知逻辑。

第四，有呼应关系的镜头可以对切。

比如上一个镜头是扣动手枪扳机，下一个镜头一个人应声倒地。或是上一个镜头谈到什么事物，下一个镜头出现刚才提到的这一事物，都是利用逻辑上的呼应关系进行切换。

第五，镜头的切换与动作转换一致。

把剪接点选择在画面上主体的行为动作发生转换的瞬间，不仅可以有效地压缩时间、简化动作，而且使镜头的切换不易被察觉。

前面提到过的由站立到坐下的动作的切换就可以选择动作转换的瞬间作为剪接点。具体如下：人在进行坐下的动作时，从膝盖弯曲到完全坐下之间有一个短暂的停顿，在磁带上有一帧或稍长些的停顿，这个停顿的地方就是剪接点。在剪接时，上个镜头必须要把停顿的瞬间完全保留，下一个镜头就要从停顿后动起的第一帧用起。这样衔接起来动作就极为流畅、无跳跃感了。

第六，运动物体方向变化的瞬间，是较好的切换点。

比如一位运动员在环形操场跑步，当他在转弯处时，可以切入下一个镜头或是可以先用远景拍摄山路上行驶的汽车，然后趁汽车在弯曲的山路上呈现拐弯的趋势时，镜头切换成另一角度拍摄的汽车全景。

（3）运动主体接静止主体。

一般应在前一镜头中主体运动当中的瞬间停歇处或某一动作全部完成之后选择剪接点，以便和主体相对静止的下一个镜头顺畅相接。

（4）静止主体接运动主体。

一般应选择后一个镜头中主体动作即将开始的瞬间作为剪接点，使前一个镜头中静止的主体与后一个镜头中主体动作即将开始的瞬间相组接。

2. 运动镜头接运动镜头

第一，不论上、下两个镜头运动方向相同、相近还是相反，都保留两个运动镜头的落幅和起幅。这种组接在视觉上减少了突兀的跳动感，使人感觉画面语言的"标点符号"比较清楚。

第二，在上、下两个镜头运动方向一致或相近的情况下，可以去掉衔接处的起落幅。

如下列一组镜头：

左摇　雄伟的教学主楼

左移　宽阔的操场

左摇　俯瞰校园全景

拉　　鲜艳的五星红旗拉至国旗广场

拉　　校徽拉至喷泉广场

这组镜头间可以去掉起落幅，画面显得流畅、动感强。

第三，在上、下两个镜头运动方向相反的情况下，中间保留起落幅。

推　　由会场全景推至主要领导

拉　　由飞快记录的手拉至记录者中景

左摇　会场标语

右摇　会场听众

这组镜头间必须保留起落幅，以免运动方向反差太大，视觉产生跳跃。

第四，注意两个镜头运动速度应接近一致。

纪录片《三节草》中有这样一个段落，得知拉珠要到成都去的消息后，拉珠一家人在地里干农活时，镜头如下：

拉（外景　小全）　拉珠一家人在地里干农活的情景

摇（外景　大全）　泸沽湖景色的全貌

在这个段落中，尽管两个镜头运动方式不同，但运动速度是一致的。一致的运动速度使两个镜头形成一种内在的联系和整体感。

3. 固定镜头与运动镜头组接

第一，将固定镜头与运动镜头相接处的起幅、落幅短暂静止的画面相组接。

纪录片《航拍中国·航拍妈祖故乡：感受别样湄州湾》中人们在妈祖庙祭拜时运用了固定接运动，衔接处香火的空镜头用了一个摇镜头，它的起、落幅都有所保留。

第二，利用固定镜头内主体的动作，寻找恰当的动作剪接点，把固定镜头内的动作剪接点与运动镜头在动中组接。

在纪录片《舌尖上的中国2》中，主人公蒸馒头中掀开盖用了一个固定镜头，当去拍蒸好的馒头时，下一个镜头接了一个移动镜头。这种衔接就利用了固定镜头主体的动作与运动镜头组接，动作非常连贯。

第三，利用画面内主体的呼应关系，来表现运动镜头与固定镜头之间的内在联系。

比如上一个固定镜头是一个人在射箭，下一个运动镜头是飞翔的鸟应声坠落；又如上一个运动镜头是一位男子在雨中忙着赶路，下一个固定镜头是女友在树下焦急地等待，这都是利用了主体的呼应关系。

二、转场手段

常用的转场方式可分为两类。一类是利用特技技巧来转换；另一类是无技巧转换，也就是选择合适的素材镜头放置在电视片的转折处直接切换。这里来学习无技巧转场的基本手段。

1. 两极镜头转场

前一个镜头的景别与后一个镜头的景别恰恰是两个极端，含有强调的意味，往往产生一种前后对比的效果，两个场景之间的段落感比较明显，使节奏力度增强。

在BBC拍的纪录片《中国新年》中，有这样一个转场：上一个段落最后一个镜头是哈尔滨街头冰雕的近景镜头，下一个段落的第一个镜头是人们冬泳的湖面全景。段落感非常强烈。

2. 特写转场

又叫"细节转场",无论前一组镜头的最后一个镜头景别是什么,后一组镜头都从特写开始。

在纪录片《舌尖上的中国2》第七集《三餐》里以一个人们吃煎饼果子的特写镜头转场转到下一个街道上的全景镜头。

3. 同景别转场

前一个场景结尾的镜头与后一个场景开头的镜头景别相同,一般是全景接全景,特写接特写。全景接全景,是前一个镜头以空间环境或整体气氛结束后,后一个镜头以空间环境或整体气氛为开端;特写接特写,是前一个镜头以突出细节结束一个段落,后一个镜头以富有感染力的细节来引出另一段情节。

4. 相同、相似主体转场

这种转场,在景别上大都是这个主体的近景或特写。

电影《阳光灿烂的日子》里有这样一个转场:童年马小军和同学在逃学时比谁扔书包扔得高,马小军将书包高高抛起。下一个镜头由书包的特写拉开,童年马小军已经成长为少年马小军,几年的时光已经过去。另外相似体转场除了形状的相似之外,还可以是色彩、光效等的相似。

5. 空镜头转场

空镜头转场往往会使段落之间有一种明显的间隔效果。

纪录片《大官村里选村官》(《海选》)中大的段落的过渡主要是以空镜头转场来完成的。在这部纪录片里空镜头除了发挥转场的功能之外,对于介绍松嫩平原独特的风貌、增加画面的美感都起了很大的作用。同时空镜头还起到了介绍时间的作用,如表现村民晚上开会推选候选人时,段落结束用了这样一个空镜头:会场外景全景,可以看到会议室灯火通明,镜头缓缓摇推,推至树梢上一弯新月。既美化了画面,又介绍了时空,还完成了转场。

6. 逻辑因素转场

利用前后两个镜头之间的因果、呼应等逻辑因素来进行场景转换，有根据、合情理。

比如：央视纪录片《真相·时尚圈》第一集《我的舞台》中，主人公那广子打开冰箱取东西的一个镜头准备去排练场排练，下一个镜头就是已经在排练场了，利用一种逻辑关系来进行了转场。

7. 声音转场

第一，声音逻辑关系转场。利用解说词或人物同期声内容逻辑的相关性进行转场。

在纪录片《龙脊》中，小学生在教室里背诵古诗："锄禾日当午，汗滴禾下土。谁知盘中餐，粒粒皆辛苦。"下一个场景是潘能高在稻田帮爷爷插秧。教室和稻田本来没有任何联系，但通过一首古诗将学习和劳动联系起来。

第二，声音先入或声音延后。声音先入是指下一个场景的声音出现在上一个场景结尾部分，当下一个场景出现时，声音接续进行；声音拖后使上一个场景的声音一直延伸到下一个场景的开头部分。利用这两种声音技巧，可使毫无关联的上、下场景组接在一起，又不显得突兀。

三、较大场面的剪辑

电视新闻中经常出现较大的场面，如庆祝游行、大型集会、体育比赛、有千百人参加的植树造林、修渠筑坝劳动场面等。这些较大场面的剪辑有着一定的基本规律。

（1）突出整体气氛。

要尽量多用几个全景、大全景来表现整体气氛，使观众对场面留下完整的总体印象。

（2）注意点面结合。

选用中景、近景甚至特写表现场面中的重点人物、重点细节。有了这些典型人物、细节，整个场面的表现才会充实、具体而又有力度。

（3）多用动中组接。

"动接动"的组接会使运动感增强，总体气氛更加热烈。

（4）尽量加快节奏。

多选用短镜头快切，提高剪接率，使全片节奏加快、增强感染力。

（5）创造画面形象的互相呼应。

主要是与会者与观众双方形象交叉剪辑，造成互为呼应的效果。

（6）同期声衬托。

恰到好处的同期声效果再加上分段穿插的画外解说，可以与画面形成一个声画兼备、互为作用的有机整体，衬托场面气氛。

四、采访段落的剪辑

采访段落的剪辑，既要考虑画面，又要兼顾声音，应以声音为主要依据。

（1）先完善结构，再充实细节。首先围绕主题，搭建结构，考虑层次的逻辑、前后的呼应；然后将各种有意义的细节充实到全片各部分。

（2）在保持语气连贯的基础上，剪去所有的停顿、重复和与主题无关的内容。

（3）用解说词压缩、提炼被采访者的谈话段落。既能使采访简洁、有效，也可以丰富声画效果。

（4）整理、压缩采访对象的谈话，保留原声，使之成为画外音，辅以适当的画面。

（5）采访段落剪辑以声音为主要依据，画面出现的跳跃，等到剪辑结束后再用过渡镜头弥补。

五、过去情境的表现剪辑

电视新闻中有大量对过去事件的采访、过去情形的探究，因而对时过境迁的过去时态的情境的表现,成为编辑当中的一个重要内容。

(1)用资料镜头、照片等表现过去情境。

(2)用事件发生地点的空镜头表现过去情境。

(3)用同期采访表现过去时。

① 采访对象在任意的场景里追述过去情境,同期谈话中不插入任何画面,为避免视觉效果上的枯燥,可采用以下方法弥补:

第一,对采访对象打光,营造特定的环境氛围。

第二,用解说词压缩谈话,插入到同期采访声中。

第三,同一内容采访多个采访对象,采用每个采访对象的谈话分段组成对过去的追忆。

这种方法在内容上相互补充、多方印证,节奏明快。尽管以同期声采访为主,但不显拖沓。

如2014年5月16日播出的《追梦在路上》第三季的一期节目《五十五年再牵手》中,采访李丹妮和袁迪宝中有大部分都是回忆年轻时的事情,用之前的情书、之前的学校等来让观众进入到一种情境,既避免了画面的枯燥又把事情进行了很好的讲述。

② 采访对象在任意场景追述过去情境,在谈话中插入相关画面。

③ 选择过去事情发生的现场为同期声采访的环境、背景,录制采访对象的谈话。

(4)用字幕表现过去时。

(5)使用搬演、"情境再现"的方法表现过去情境。

第一,要明确提示正在进行扮演。

在纪录片中,对一些历史事件和已经成为过去时态的事件和细节,"情景再现"是一种可以适当运用的方法。"情景再现"就是根据历史事实,用表演的方法,部分还原过去的人物和事件。运用"情景再现"的方式,可以让观众进入再现的过去情境中。北京科教电影制片厂拍摄的纪录片《狙击英雄》,它叙述的是抗美援朝战斗中真实的中国人民志愿军狙击英雄——

张桃芳的传奇故事。编导将纪实采访的整体风格与情景再现的表述方法相结合，把所有的情景再现的内容都完全融入到纪实采访当中，显示出对"情景再现"尺度的精确把握。美国国家地理频道投资拍摄的电视纪录片《郑和下西洋》就采用了搬演、重现等方式，甚至聘用演员去表演，剪辑上讲求的也是戏剧化处理。现在Discovery（探索）频道的刑侦类纪录片备受中国观众欢迎，原因就是大量搬演重现的使用。在这类作品中，"故事性"已经取代"纪实性"的地位成为纪录片的首要特性，而喜欢这类片子的观众似乎也并不在乎画面是真实的还是扮演导拍的，他们的心中只有两个字：好看。这类纪录片与影视剧结合得最好，也是纪录片故事化的先锋。

例如，在使用"情景再现"时应该加以标志，以免混淆视听，弄巧成拙。以此提示观众：这是在进行搬演。尽管本身不是真实的，但却是接近真实、再现真实的有效办法。

第二，"情境再现"多用局部蒙太奇、剪影效果、做旧、"毛玻璃效果"等方法来表现。

英国广播公司制作的《失落的文明》在表现古代战争时大量使用局部蒙太奇，通过各种武器和盔甲的特写再配以相应的音效，反映了激烈的战争。中央电视台制作的系列纪录片《记忆》再现瞎子阿炳街头拉二胡的情形时就利用虚焦"毛玻璃效果"，比较写意地告诉观众一种历史的真实。

第三节　电视新闻编辑业务

一、电视新闻编辑的任务

新闻机构中编辑职务是指从事组织、选编审阅、加工整理文字等工作的人员。在电视台的新闻中心或新闻部，编辑从事新闻编辑、编排，甚至以新闻主持人身份参与前期采访，并主播报道。

新闻性节目是各种报道形式、各种节目形态的组合。作为电视新闻编辑，在进行新闻的编辑处理、节目的编排播出等工作时，应该树立现代节目观念。现代节目观念认为："节目并不是单条新闻的简单堆砌，而是按一定节目方针，竭力组织起来的有机整体。"

树立现代节目观念要求编辑具有系统意识。从整体上说，任何新闻节目都是一个系统，其中的每条新闻是组成节目系统的元素，要发挥系统的整体优势，必须使各个元素相互作用，有机协调地融合在一起，产生系统价值大于各元素价值之和的传播效果。

树立现代节目观念要求一切以节目为中心，把节目作为新闻传播活动的出发点和归宿。编辑应首先确立节目的定位，并以此制定新闻节目的方针、意图、报道宗旨，要根据节目方针选择、编排新闻，优化传播效果。树立现代节目观念要求树立受众意识。编辑应定期进行受众调查，收集观众的反馈信息，根据受众的需要不断调整、改进节目编排思想等。

从某种意义上讲，电视新闻编辑对新闻节目成败起到关键作用。

编辑工作包括组织报道、确定选题、画面编辑、修改或撰写文字稿、复制合成，直到征求领导审查意见进行修改、播出。

（一）组织报道

编辑要在一定报道思想的基础上，制定出正确的报道计划，然后通过报道计划为记者的前期采访做好参谋。

1. 报道计划

依据报道思想，制定报道计划并组织实施报道，是电视新闻编辑的首要职责。它体现了新闻编辑能动的创造性，贯穿于新闻报道的全过程。

报道思想要通过切实可行的报道计划加以具体化。报道计划将从报道内容和报道形式两方面对整个报道进行宏观控制，并指导具体报道的实施。从报道内容角度看，它要为整个报道描绘一个大概的轮廓，统筹安排报道的重点、报道的阶段，以及报道的选题等，以指导记者、编辑的具体实施。从报道形式角度看，报道计划由两部分组成。

（1）在报道内容方面：要为整个报道描绘一个大概的轮廓并做出统筹安排，包括报道的重点、报道的阶段、报道的重要选题等，使记者、编辑明确方向。

（2）在报道形式方面：要根据报道的规模，组织报道力量、选择报道的方法，准备好采摄的技术设备。总之，报道计划是在报道思想统领下，决定报道选题、报道方式，最后形成报道的依据和准备。

2. 确立报道构思

编辑的核心作用在专题类、评论类新闻节目的采摄中尤为明显。从确定节目选题，选择报道角度到采访实施和后期编辑，都离不开电视新闻编辑的创造性工作，也就是报道构思。

电视新闻编辑根据报道计划，从大量新闻线索中遴选报道题材，并通过采访，确立报道角度进行深入挖掘，占有大量新闻素材，经过理性的分析、思考，提炼出报道主题，并通过报道突出所表现的思想观点和新闻事实。

节目报道构思是节目制作行动的纲领。对于电视新闻节目来说，构思不能先入为主，要根据实际情况不断修改、完善，也不能忽略构思导致采访目的不明确。

3. 报道策划

是指编辑部对重大新闻的选题、报道形式、编排方式的统筹、计划。它包含以下层次内容：

（1）使单条新闻与栏目整体风格一致，对有价值的新闻进行全方位的精确报道。

（2）针对某一问题或现象以组合式（包裹式）报道的方式进行集中报道，形成宣传上的强势，达到舆论引导和监督的目的。

（3）对事件或现象做出前瞻性的预测，提前准备、避免盲动。

近年来，随着社会、经济生活的日益复杂，策划在诸多领域都有了广泛的运用，在新闻传播领域也是如此。在过去，由于新闻传播着重于动态的、不可预知的单条新闻的报道，新闻报道的量也不大，因此新闻策划没有得到业内人士的重视和关注。随着新闻传播中非事件性新闻、可预知的事件性新闻量的增多，策划在新闻传播中的作用也逐渐得以凸显，并得到业内人士的广泛认可。在电视新闻传播中也是如此。概括起来，策划在电视新闻传播中的作用主要体现在如下方面：

（1）非事件性新闻的策划。

这一类新闻与动态、突发性新闻的一个重要区别就是它的可预知性，这种时间上的提前就为新闻策划提供了可施展的空间。对这类新闻的策划包括四个环节：

第一，选题的确定。非事件性新闻与事件性新闻的另一重要区别就是报道题材的不确定性。这就需要策划者根据某一时期党和政府的中心工作或新闻宣传的着重点来确定选题，这些选题有时是党委宣传部门根据宣传需要确定，由新闻媒体实施的；有些则是新闻媒体根据宣传需要主动确定并实施的。如中央电视台在十六大召开前后推出的理论文献专题片《跨世纪的中国——从十五大到十六大》《社会主义400年》，纪录影片《走进新时代》等。策划者在确定此类选题时最关键的就是根据需要、把握形势、及时推出。

第二，题材的分解。大多数非事件性新闻报道一般采用系列报道的形式。选题确定后题材的分解就显得尤为重要。选题是宽泛的、笼统的一种意思表达，只有报道题材确定后才能将这一选题加以具体、明确的阐释。这就需要策划者根据选题的应有内涵，确定合理的报道题材。确定题材的标准首先是要围绕选题，充分阐释选题的内涵。其次是要选择能表达、负载选题内涵的报道载体，充分拓展选题的外延，尽量保证不遗漏，不重复。比如中央电视台《实话实说》在十六大前后分别从农村、工厂和社会生活三个角度，诠释"三个代表"重要思想对我国社会稳定发展具有的重要指导作用和现实意义。

第三，新闻报道形式的设计。非事件性新闻报道在规模上一般较大，并连续推出，具有一定的声势，在报道形式上一般要采用大体相似或统一的格式。因此，根据不同的选题内容或要求设计与之相适应的报道形式也是策划者的任务之一。报道形式的设计一要体现出新闻性，二要与选题的宣传目的、需要相适应，三要具有较强的可操作性。如福建电视台宣传江泽民总书记"七一"重要讲话精神的《新世纪新纲领》就采取了江总书记的论点摘要题头、新闻事件背景铺垫、专家评述在后这种亮观点、摆事实、加点评的报道形式，使节目既有深刻的思想，又有活泼的内容，刚柔相济的风格贯穿始终。

第四，采访人物的确定与约请。这也是非事件性新闻报道中策划的一个重要内容。特别是当非事件性新闻报道中涉及一些专业问题、政策、法律法规的阐释时就更是如此。

这就需要策划者根据问题所涉及的专业或领域，约请相关领域的政府官员或专家学者进行前期的阐释和后期的访谈。这其中，选择适当的采访对象是问题的关键。

（2）可预知的或非突发性的事件性新闻的策划。

前者如历年定期召开的一些党代会、人大、政协会议或定期召开的一些经济、社会活动等。此类新闻由于定期召开，内容、程序基本不变，要出新意，除了记者到现场后的发挥外，前期策划的主要任务就是对新闻报道形式的创新。如会场上的现场报道、临时演播室的建立、会场内采访与会场外采访的结合、主持人点评的增加等。在不可预知的事件性新闻中，除了突发性新闻事件来不及提前策划外，还有一类非突发性事件性新闻，它在时效性上没有突发性新闻事件强，但影响面、影响效果有时却远超过突发性新闻。如国家或本地区经济领域里新颁布、出台的重要法规、政策、措施等，比如《证券法》的颁布实施、银行征收利息税、国有股减持方案出台及其暂停、电信重组方案确定等政策、措施，都对民众的经济生活产生了重大、深远的影响。对这些新闻事件的报道，就不能只停留于表面，只简单地播报这一消息本身，而应从不同角度、不同层面深挖其内涵，如这一政策（措施）出台的经济社会背景、来龙去脉，这一政策（措施）的出台将对百姓的经济生活产生什么影响，广大民众是如何看待、评说这一政策（措施）法规的，等等。这就要求报道者对这一新闻的背景资料、前因后果有一个全面的了解，并对这一新闻所涉及的当事人心中有数，在采访之前对采访对象和提问的问题做一番详细的策划和梳理。

（二）新闻后期制作

1. 编辑程序及方式

（1）查看素材。记录画面的位置和长度，记录同期声的内容、位置和长度，为后期写作、编辑做好准备；检查声画效果是否理想，是否需要补拍等。

（2）先写后编。根据稿件内容编辑相应画面，在消息编辑中这种方法较为普遍。

（3）先编后写。根据编好的声画内容，以少量的解说词补充画面无法说明的内容。在特写新闻、现场报道、披露性报道等现场感强、动作性强，以现场声画占支配地位的新闻编辑中适用。

（4）边编边写。记者、编辑对新闻事件了如指掌，对素材非常熟悉，根据自己对新闻事件的印象、理解和立场，再现或叙述已经发生过的新闻事实，选用现场声画或是解说词作为基本叙述、评论的手段，作者容易对作品内容进行控制，对作品结构进行安排。

2. 画面编辑

电视新闻编辑凭借新闻判断和形象判断力，运用电子编辑设备对前期摄取的画面进行选择、剪辑处理的过程称为画面编辑。

画面编辑的基本任务是：根据叙述事实、表达主题的需要，判别取舍素材镜头,并按剪接法则将它们连接在一起,辅之以制作手段和技巧,形成新闻的结构、层次和节奏,形成形象化的报道。画面编辑的优劣很大程度上取决于电视新闻编辑对新闻形象的选择和创造性处理。

画面编辑对前期采摄的素材进行能动地再创造,既是对前期节目构思的实现,又是对前期节目构思的完善。一个称职的新闻编辑能够运用编辑手段来提高节目的表现力,能够充分挖掘画面的内在张力。

3. 声音的编辑制作

先编辑画面和同期声,后配语言、音乐、音响,目前大多数的新闻制作采取这种方式。

因为目前绝大多数摄像机和编辑机只有两个声道,而要录入的解说、音乐、音响又错综复杂,所以必须按一定程序进行工作。

(1)根据内容和表达的需要,逐一编好画面和采访、同期声、环境音响和客观音乐。编辑客观音乐时尤其要注意乐段、乐句相对完整,不能半句起也不能半句完,更不能切在不稳定音时结束,如果只能在不稳定音时结束,操作录音电平钮作渐弱隐去。

(2)在采访段落声音编辑时,可利用声音先入或声音延后技巧,这样比声画同步切换要柔和、自然。

(3)在处理环境音响时,为避免画面切换时造成的音响突然出现或突然停止,也常采用声音先入或声音延后技巧,即上一个画面音响延后到下一画面一二秒并渐弱出,或下一画面的音响在上一画面渐强起早一二秒的方法,像画面叠化一样柔和。

(4)对声音各项一一改动加工后,在另一声道录解说。编导与播音员一起看片,并把情绪和语调语气要求提出来,告知段落起点和必须对画面的地方。

(5)录解说时先试音,编导与录音员调整调音台的音质、音量,观察输入电平、输出电平和录机录音电平。编导及时提示播音员解说词在画面何处开始。录完解说要一起校对一遍,有错的地方可以找入点和出点分别改动。

（6）一般来说，铺解说的同时也要保留同期声，要注意操作编辑台或调音台上的键钮控制音量，将同期声调低。解说音量应调到录音电平的 –7dB 至 –3dB，可以偶然到 0dB 或红线区。经常要调整的是另一种声音，即采访和同期声、环境音响和加工后的音响、客观音乐，在有解说词的时候把电平降到 –10dB 以下，没有解说词的地方把电平又调到 –7dB 至 –3dB，每次调整音量的提前量是一二秒，一定要动作柔和，使音量渐强、渐弱，与解说的交替做到转换自如。如果需要加音乐、音效还必须把解说词和同期声合到一个声道，留出另一个声道给音乐、音响。

（7）将工作版的两个声道声音合至工作版 2 的一声道。下一步是将画面段落情绪、气氛、形象设计的主观音乐一段一段录制。方法有两种：一种是将音乐录到另一盘磁带上，用放机和录机由自动编辑控制器编辑；另一种是由录音机放音乐输入录机录制。两种方法都要经过调音台，前一种打入点出点速度快、准确，但音乐转录过一次可能音乐质量有损失。后一种方法录音机的开机时间比较难控制，因为录机有预卷时间，录音机开机时间应在预卷走完，时间计数器 0 时按下。一般录音机找乐曲开始点难以准确，最好使用有分秒显示的录音机，CD 或 MD 磁光机。录音乐时录音电平指针应指在 –7dB 至 –3dB。

（8）录完音乐已将所有声音录好，最后是把工作版 2 分别在两个声道的语言、音乐、音响合成到原版一声道。

将工作版 2 放进放机，取来原版放进录机，放机两路声音分别进调音台两路输入通道，调音台输出先插入录机一声道。

混录是音量主次比例和音质的最后调整，在同一时间只能有一种声音为主，其他声音应小于 –10dB。解说和采访应始终是为主的，但其他声音在该突出时才能为主。解说决不能写得太多，解说和音乐应尽量不同时出现，以发挥各自的作用。转场音响是关键处，应予以突出地位。音响的总量应该比音乐多，但一般都处在背景地位，只有音响特写或较长段落音响在制造特殊气氛时才突出它。交替、连贯、补充、呼应是基本原则，但有时候以空白声出现，则有此时无声胜有声的感觉。

（9）所有声音混入一个声道，在播出时避免了误操作；另一声道空出主要是供国际间交流节目，录其他语言所用。

（10）原版供播出用，复制副版供存留。如有修改时可以分别在两个工作版上找到需要修改的地方修改，然后重新合成。

4. 文字编辑

电视新闻编辑要有较强的文字功底，能够熟练进行新闻节目的文字编辑，如撰写、修改新闻解说词、新闻标题、新闻提要和串联词，并为重要新闻撰写编后语，表明编辑部的立场和态度。

电视新闻解说词是传达新闻事实的重要语言符号，同时也对画面形象进行补充和深化。撰写新闻解说词应依据电视新闻传播规律，注意避免出现声画两张皮现象；还要交代必要的背景资料；也要交代新闻的 5 个 W。

新闻提要是为了突出重要新闻事件，指导、吸引观众收看而采用的一种编播技巧，运用得当既可体现编辑意图，又可为观众提供有益的服务。新闻提要可以在一次电视新闻栏目的开始和结尾，以字幕与口播选播部分重要新闻的题目，提醒观众注意重要新闻，也可以在新闻播出过程之中，间或出现播报员或主持人插播方式的提示。撰写新闻提要应该简洁、准确、精炼、上口、入耳。

串联词是指上下新闻之间承上启下的简短议论和介绍。不论是提示下文或是议论上文都要求简短、生动、富有吸引力。

编辑要有强烈的新闻敏感，能够及时发现新闻中所含有的新思想、新观念，并配以"编后语"等短评，深化新闻节目的内容。能否撰写短小精悍的评论，也是衡量编辑新闻素质的重要标志。

新闻标题是新闻主题的浓缩、集中，好标题可以画龙点睛，为电视新闻锦上添花。新闻编辑应该能以最简练的文字提炼好标题，加强新闻传播效果。

5. 录制播出

编辑要参与新闻节目后期复制合成工作，注意监听、监看画面与解说的配合，并及时修改、调整不正确的地方。在新闻节目直播时，编辑的责任更加重大，责任编辑应在导播台前，随时准备处理紧急情况，保证播出顺利进行。

二、新闻作品内容要求

（1）新闻要素齐全。

时间、地点、事件、主体、原因、过程，一般不能遗漏。电视新闻是声画双通道媒介，在表达新闻要素时要彼此兼顾，既不要文字和画面重复同一个信息，又要避免顾此失彼，丢掉某个要素。

（2）要有丰富的既能体现社会发展趋势又有独特个性的新闻事实。

要求选择那些反映报道思想的新鲜的具体的事实作为选题和报道的对象，以小见大。

（3）在保证新闻真实的基础上，选择新颖的切入点。

切入点又叫新闻由头，在新闻中起引导作用，既交代主要新闻事实，又要激发观众的收视兴趣。对于非事件性的综合报道，新颖的切入点显得尤为重要。

（4）结构完整和谐。

新闻作品要做到主题突出、段落清晰、逻辑性强、首尾呼应。

（5）对观众有巨大渗透力的现场声画和细节。

现场声画和细节是表达新闻的重要信息，对观众具有很强的渗透力。

三、电视新闻作品包装

电视新闻应该充分利用电视媒介的各种表现手段，去优化信息、强化主题。新闻作品的包装包括音乐音响、图表制作、动画示意、字幕、片头片花设计以及特技处理等内容。

1. 片花、片头、标志

要突出新闻的纪实性和节奏感以及庄重感，突出栏目的风格。

成功的片花、片头等特性鲜明的标志，能够强化受众对一个品牌的认同感，并且让观众对于这个品牌的印象更加深刻。

北京电视台新闻栏目《第七日》片头是星期几的大号字紧密衔接飞快地闪过屏幕，配以节奏极快的音乐，最后定格在黑白两色为背景"第七日"三字的栏目名称上。片头简洁明快、节奏感强，具有鲜明的新闻特色。电视新闻栏目也应该设计自己的标志。标志要有个性，需要体现栏目的特色和主题思想。《新闻30′》的标志就做到了这一点。整个标志准确地表达了"30′"这个时间概念，右边钟表的轮廓表达了"中午12点"的意思。这个标志正确地表达了"午间30分钟的新闻"这一栏目宗旨，而且十分形象、直观。《焦点访谈》的标志是一个寓意深刻的标志，仿佛人的一只眼睛，一只关注世界的眼睛。它准确地表达了《焦点访谈》栏目的主题思想，恰当地体现了"焦点"这一栏目的深刻宗旨。

标志确定以后，就不要随便更改。标志应该贯穿节目的始终，出现在荧屏中比较醒目的位置。《新闻30′》与《新闻联播》的标志一直出现在节目中，也一直处在荧屏右下角的位置，与台标相呼应。电视栏目的标志设计，不仅要有个性，要体现栏目的风格与宗旨，而且要简单明了，清晰易记。电视新闻栏目的标志尤其要注意颜色的区别。因为，画面的颜色处于不断变化中，如果标志颜色没有特色则易被冲淡或掩盖。我们可以利用电视画面的特点，制作一个"活"的标志，以区别于一般的静止标志。

2. 音乐、音响

可以加快新闻的节奏感，同时起到隔断作用，形成段落。

好的片头音乐常常是识别和记忆栏目形象的最好方法之一。如中央电视台经济频道《第一时间》的晨曲，就使人想到清晨的宁静与清新，给人们带来新一天的希望。大家一听到这段独有的晨曲，就自然而然想到了《第一时间》。再如《东方时空》的晨曲，就使人想到清晨放飞的一只信鸽，在蓝天下飞翔，穿越长城、黄河，让观众在清晨感到耳目一新。片头音乐要用音乐自身鲜明的节奏感和特殊的旋律体现节目的主题思想和风格。只有这样才能很好地与节目内容相匹配。

当今高科技手段日益更新，只要你有创意，就能创造出独特的片头来。比如，我们可以用动画、故事情节、主持人直接走进直播间、漫画等形式来做片头画面，或者直接用头条新闻做片头，或者省略三要素（音乐、画面、文字）中某个元素也未尝不可。另外，我们还可以为片头量身定做一段音乐，或采用世界名曲，或直接用自然界声音都可以。

3. 主持人

主持人是新闻品牌栏目的重要组成部分。从某种角度来说，他（她）是一个品牌的人格化身。品牌新闻栏目主持人除了应具备主持人最基本的素质之外，最主要的是要与栏目的风格相适应。但目前电视新闻栏目的主持人普遍存在一个问题，重外表而不重经验，重表达而不重个性。主持人大量存在风格雷同、缺乏个性的现象。今后，主持人将是电视新闻栏目竞争的一个重要砝码。

新闻节目由主持人来主持，可以提高节目编排的思想性，使节目播出形式活泼生动，改变了现在逐条分割式的编排方式，把它变成了一个完整的有机的统一体。设立主持人将会使新闻节目的整体质量提高一步，这无疑是电视新闻栏目改革的重要环节之一。

4. 图表

可将枯燥、抽象的数字、数据以形象、直观的方法表现出来，还可起到比较的作用。

5. 动画

表现无法拍到的内容或对于构想的示意。

6. 配音

不同内容、不同形态的新闻节目在处理上有所不同。在语气、语调、停连、音色、情绪等方面相应有所侧重和变化。记者自己配音要慎重，应考虑以下几条：

第一，内容上需要，如记者现场出镜；

第二，时间上需要，为了赶制新闻；

第三，记者对事件有深刻理解，能比播音员更好地传达内容。

7. 字幕

字幕是传播信息的重要辅助手段。

第一，字幕提示新闻主题；

第二，表明画面中人名、地名、人物身份、重要信息、同声翻译内容；

第三，字体类别、大小、颜色、出入方式都需认真推敲。

第五章　电视新闻写作（一）基本要求

电视新闻写作的过程就是编辑、记者理清创作思路、建立作品架构、进行内容表述的过程，是整理、加工、提炼新闻素材，综合电视新闻其他表现要素，进行新闻创作的过程。

电视新闻写作主要是指新闻文字稿的写作。电视新闻文字稿的写作有别于其他媒体的新闻写作，具有自己的特性和写作规则。作为一种非独立的文字语言，它必须与电视声画语言有机配合、相互补充，在电视新闻各要素的总体构成中发挥各自不同的作用，因此，包括消息类电视新闻、专题类电视新闻、评论类电视新闻、谈话类电视新闻的写作规律和技巧，构成了新闻写作的主要内容。

第一节　电视新闻写作的特点与要求

电视新闻写作既要考虑写作所具有的电视特点，重点是处理好文字稿与声画，尤其是与画面的关系，又要考虑新闻文体自身的风格和特点，遵照规律，精心构思、组织创作。

与传统媒体不同，电视具有声画双通道传播的特点，通过声音与画面所包含的多种表现元素进行信息传播，解说词、文字稿只是多种表现元素之一。了解电视新闻写作的特点，必须首先了解电视新闻声画构成，认识文字稿在整体构成中的位置和特点。

一、电视新闻声画构成

1. 电视新闻声画构成元素

电视新闻画面元素主要包括：图像、图表、字幕等。图像是指摄像机所拍摄的画面、特技合成画面或动画画面等。图像元素是电视画面最重要、最具本体特征的元素，将形象、可视的信息直接传递给观众。其中，特技画面、动画画面扩展了图像的表现范围，使画面更加直观、醒目、美观，丰富了画面的表现力。图表、图形则能够使一些抽象的时空概念、枯燥的数字变得直观、具体，使观众易于接受。字幕有助于提高新闻时效、强调重要内容、完善信息传达。电视传播的发展也越来越将这三者紧密结合起来，从而增加了单位时间的信息量，增强了传播效果。

电视新闻声音元素主要包括：采访同期声、现场环境声、解说旁白声和音乐效果声等。采访同期声是指在新闻拍摄时同步收取采录的采访对象的采访谈话。采访同期声能够增强新闻的真实性和权威性，而富于个性化的同期声语言，还能够展示采访对象的性格、思想和感情。现场环境声对于烘托现场气氛、增强临场性和新闻真实感发挥着很大的作用。解说旁白声在表现抽象、思辨、概念化的内容时，具有其他元素无法替代的作用。音乐、音响效果声主要是指后期制作时所配上的声音，有利于表达某种情绪、营造某种氛围，增强电视新闻的表现力。

2. 电视新闻文字稿与其他元素的构成关系

（1）与画面的构成关系。

文字稿可以以字幕的形式出现在画面中，成为画面的一个组成部分，但是这不是新闻文字稿通常的和主要的形式。这里我们研究的是以解说旁白形式出现的文字稿与画面的关系，是属于声画关系的一种。

文字稿与新闻画面之间是相互补充的关系。不同的报道形式，二者主从关系不同，声画各有侧重，但在绝大多数新闻节目中，声音，即文字稿解说占主导地位。只有在一些现场性较强的新闻、欣赏性新闻以及强调过程和细节展示的新闻报道中画面占据主导地位，解说词只起解释、说明、补充等作用。电视新闻中文字稿与画面的构成关系有两种：声画统一和声画并行。

首先是声画统一。解说词与画面协调统一，二者内容基本吻合、同步推进，相互补充、配合，实现完整的视听信息的传播。

声画统一是声画关系中最常见，也是最适合于电视新闻表现的一种声画关系。在这种声画构成方式中，解说词可以发挥其作用和优势，比如：

第一，介绍新闻要素，补充背景材料。

具象的画面很难明确、完整地表现时间、地点、事件、人物、原因、过程以及相关的背景资料等内容，而这是文字稿的优势所在。

第二，阐释抽象理念，增加内容厚度。

画面本身无法对作品的内涵、事物的本质和意义、新闻的主题、深邃的思辨进行充分的阐释和表达。解说词则善于表现画面形象内部所蕴含的思想、哲理、知识这些抽象的理性观念，对于深化作品主题、增加内容厚度有很大的作用。

第三，表现非现实时空。

画面无法再现过去也无法记录未来，运用解说词则可以轻易地追述过去、预测未来的情形，表现时空比较自由、不受限制。

当然，声画统一由于文字稿与新闻画面的同步性而易于为观众所理解、接受，但同时也应注意在内容一目了然、画面剪接频率较高的段落中，如果解说词与画面内容完全同步、吻合，类似于"看图说话"式的图解新闻内容，就会显得幼稚、可笑。因此，除了运用声画统一这种声画构成关系外，电视新闻中较为常用的声画关系还有声画并行。

其次是声画并行。解说词不是简单重复、说明画面内容，二者相互独立、不完全相同，但所表现的内容、主题是一致的，二者之间存在着内在的逻辑关联，从而使解说词与画面构成和谐的整体，使新闻传播获得良好的整体效果。

下面这条新闻就是一个声画统一和声画并行结合使用的例子，显得自然而不生硬。

数说命运共同体　远方的包裹[①]

（声画并行）

画面：曼谷街道，高烨在马路边等车。准备前往发货的工厂。

解说：早上七点，泰国曼谷首都的街道就已被熙熙攘攘的人群填满。高烨是来自中国一家电商网站的采购员。现在，他要到位于曼谷郊区的一家工厂，最后确认一批发往中国的货物。

画面：高烨和工厂工作人员准备确认货物，高烨打开包装盒，放入了一个GPS定位仪。工人密封包装盒。

解说：发往中国的包裹已经准备妥当。检查确认后，高烨将一个GPS定位仪放入了其中一个包装盒内。

（声画对位）

画面：高烨和工作人员握手。工人在装货，装好后关了车门。

解说：就在工人们忙着装货的时候，一艘名字叫做阔昌号的货轮已经停靠在曼谷港，只等这批包裹到达，就即刻起航，驶往中国。

在运用声画并行的构成方法时，需要把握好几个问题：

第一，解说词与画面的内容尽管不尽相同，但一定有关联，严禁出现声画"两张皮"的现象。

比如一条介绍某市先进经验的获奖新闻，解说词是："一进入××市区，道路开阔起来"，而所给的画面却是郊区绿油油的麦田，过了几秒钟之后画面才切到市内，而此时的解说词又已经是另外的内容，声画严重脱节。

---

① 中央电视台2015年10月3日播出的《数说命运共同体》。

第二，声画并行并不等于滥用"万能镜头"、中性画面。

例如报道农业丰收就是麦浪滚滚、报道工业增产就是钢花飞溅、机轮飞转，报道消费强劲就是商场里人来人往，等等，不考虑特定的时间、空间，内容空洞，信息量小。

（2）与采访同期声的构成关系。

从技术上来说，解说词完全可以转述采访同期声的内容，但转述的内容却不具备采访同期声的实证性、权威感和感情色彩，因此，解说词不能取代采访同期声在新闻中的地位。在采访段落中，处理解说词与同期声的关系时要注意以下几点：

第一，解说词与同期声相互补充、合理搭配、形成节奏。

如下面这条消息，解说词与同期声之间搭配非常合理，节奏感强。

毕业了[①]

  导语：秋天的大学校园，求职招聘的旺季来了。如同一场无形的较量，企业之间在争夺人才。毕业生之间在比拼实力。

  采访：学生A：我带了六份简历过来。

     学生B：我带了88份。

  解说词：大学的教育到底让他们具备了怎样的竞争力。

  采访：学生C：现在辛苦点，保证毕业不失业。

  解说词：企业挑剔的目光到底又会带给他们怎样的挑战。

  采访：你不能再用学生的心态来跟企业打交道。

  解说词：在一场接一场的面试中，谁能迅速赢得认可？谁又能把握工作机遇？《新闻调查》耗时数月，跟随几位应届毕业生从校园迈向社会的脚步，记录他们在人生重要关口的努力、挫败、收获与成长。

  解说词：他叫崔龙龙，23岁，安徽蚌埠人。历史系研究生，即将毕业。

---

① 中央电视台2017年2月11日播出的《新闻调查》。

同期声：学生D：老板，你好。可以彩印吗？

老板：可以。

学生D：多少钱一张？

老板：1块。

学生D：那个彩印简历打印10张。

老板：1块。

你怎么没在仙林（校区）那边打？

学生D：仙林那边贵，2块钱（1张），这边才1块钱，这边特别方便。打印的话（黑白）一般就5分钱（一张）。仙林（校区）那边有时候1毛5、1毛，这边便宜点。因为我要打印10张，所以说省一点钱。

解说词：当初在考大学的时候，崔龙龙就知道历史专业的就业前景有可能并不乐观。

第二，为强调某些关键信息、突出某些重要内容，解说词与同期声可以适当重复。

（3）与现场环境声的构成关系。

现场环境声有助于烘托现场气氛，增强临场性和新闻真实感，是电视新闻的重要表现元素。现场环境声与解说词共同承担传播功能，带给观众完整、真实、朴素的视听信息。

一般来说，电视新闻现场环境声应该随同画面一起作为背景声自始至终出现在节目中，当出现文字稿解说词时，将环境声压低，但仍应该存在，而不是全部抹掉，那样就意味着将现场环境声这个表现要素轻易地舍弃，是不合理的。

当现场环境声成为新闻传达的主要信息时，现场环境声的音量可以开大一些，单独构成一个声音段落，给节目增添丰富的内容、意义和效果。

下面这条消息就是一条现场感强烈的新闻，灾区人们说话的声音以及救护车的声音使观众可以感受到现场的一种现状,具有很强的冲击力,丰富了新闻的表现力。

雅安芦山地震报道[①]

导播:听说你现在已经赶到了芦山县的人民医院,那么给我们介绍下现场受伤人员的情况以及救援的情况。

蒋林:好的,您现在看到的画面就是在这个地方发布的卫星直播的信号。我们今天早上11点钟到达人民医院,我先来说一个变化啊。现在咱们站在这个位置上往后面看,在这个通道整齐划一地有1,2,3,4,5,6,7,8,8排的这个白色帐篷,这个都是当地的应急抢险部门调用的之前的应急储备,临时搭设起来的……那么和今天早上我们来之前有了一些好的变化先跟大家说,吃颗定心丸。这帐篷从之前来了一辆车大家冲上去抢救伤员不太一样,现在已经有了基本的分工。我旁边的这个是急诊1号篷,这边这个是急诊2号篷,已经开始有了急诊,比如说两位医生带上几位护士带上相对骨科和外面的脑外伤科的工作人员组成了一个应急的抢险队,他们就是一个应急的抢险小分队。

二、口语化

电视新闻主要是由播音员、主持人读给观众听或说给观众听,其主流是有声语言的传播。因而,除了少量程式化、公文体的新闻稿件之外,电视新闻在写作中要尽量做到口语化,以适应受众的听觉习惯。

农发资金指标提前下 农民干劲足[②]

郎永淳:农业综合开发资金是中央财政拿钱支持农业资源综合开

[①] 中央电视台2013年4月21日播出的《四川雅安芦山县地震7.0级地震专题》。
[②] 中央电视台2011年9月25日播出的《新闻联播》。

发的专项资金。以往这些钱都是当年下发当年的，而现在这项资金的下发越来越提前。这不，明年的指标今年 8 月份就下来了。就这样一个简单的变化，可把亿万农民的心气搅动火了。

解说词：奇志宾，河北藁城黄中村 42 户农民合作社的经理，今年他在农业综合开发项目竞争立项时出了点岔子。

奇志宾：最紧张的时候，因为我们这个项目比别的地方稍微晚批有半个来月吧。那会儿认为是批不成了。那会儿说实话挺紧张的。

解说词：奇志宾很庆幸给自己在最关键的时候得到了一个消息做了一次重要决策。

奇志宾：我们听到了一个消息，就是说今年的指标下来了，所以我们就尽量地往前赶。

解说词：奇志宾说的消息可不是小道消息，而是国家财政农业综合开发资金指标又提前了，自然河北省的农发立项竞争更提前，这让奇志宾有点手忙脚乱。

这期节目中，主持人多次用到了口语化的词，比如："这不""可把"，还有解说词里的"出了点岔子""小道消息""手忙脚乱"这些口语化的词语都用得极为恰当，拉近了与受众尤其是农民们的距离，也使得节目不再那么严肃、古板，变得更加活泼了。

电视新闻写作口语化，主要体现在三个方面：一是词语口语化，摒弃不便听觉感知的书面语；二是句法结构简单明了，避免冗长复杂的句式；三是内容表达具体、形象，使观众容易理解、接受。总之，电视新闻写作口语化，就是要使电视语言平实、通俗、生活化，当然同时也要注意语言的规范化。

1. 词汇口语化

口语词汇与书面语词汇存在一定的差异，但在整个现代汉语词汇中，存在差异的这部分词汇的范围是很小的，实际上，大部分词汇口语和书面语是通用的。

在电视新闻传播中,时政新闻、财经报道等严肃新闻,词汇的口语化与书面语差别不大。但在社会新闻、文体新闻中,词汇的口语化就较为明显,具体表现在以下几个方面:

(1)形象的词语比较多。

同书面语词汇相比,口语词汇的形象词语比较多。例如把微型巴士叫"面包车",把没有窗户的车厢叫"罐子车",把桂圆叫"龙眼",考试得零分叫"得鸭蛋",两个人耳边低语叫"咬耳朵",重复的话叫"车轱辘话",等等,这些口语词汇都很形象。

另外,在口语词汇中,还有大量利用叠字描绘情景的词语,受众根据生活经验可以体会出它的形象。一听"香喷喷",就好像有一股香味扑鼻而来,这是一种嗅觉形象;一听到"叮叮当当",就好像听到金属打击的声音,这是一种听觉形象。还有,"黑沉沉"用来形容雾霾弥漫的夜晚,"黑洞洞"用来形容没有光线的环境,"黑压压"用来形容人头攒动的场面等这些形容词,我们都有能觉察出它们的形象的感觉。像"哈哈笑""嗷嗷叫""嗡嗡响""噼里啪啦"等作状语的拟声词,我们也能体会出它们的声音形象。

(2)双音节词比较多。

现代汉语同音词比较多,单音节的同音词常常容易混淆,而且从听觉上也难以准确判断其含义,因此,口语中常常把单音节词扩展成双音节词。

例如,在书面语的单音节词前后各加一个语素成为双音节词:时——时候、但——但是、已——已经、应——应该、愿——愿意、虽——虽然、较——比较、前——以前,等等。

还有一些同音异义词,在听觉上很容易混淆。解决的办法是将这些双音节词拆解开,换成相近的说法,就可以避免误解、歧义的产生。例如:

切忌——一定不要、切记——一定记住;全不——都不,全部——完全;致病——导致患病,治病——治疗疾病;可望——预期能够,渴望——盼望,等等。一般来说,根据上下文观众能够判断出一个词的含义,但当一个特定的语境无法给出确凿的判断依据时,尽量换成容易为受众理解的表达方式。

(3)惯用语、谚语、歇后语较多。

惯用语、谚语、歇后语是常用而定型的词语,如同成语一样,也表达一个整体意义,作为一个语言单位来使用。所不同的是成语多用在书面语中,惯用语、歇后语多用在口语中,是口语词汇的一部分。

在电视新闻写作中,也要善于运用惯用语、谚语、歇后语这样一些群众性口语,拉近与受众的关系,增强语言的表现力。

我们来看《新闻1+1》2017年的一期节目《少点假冒的,多点优质的,行吗?》中的这段话就是很好的例子:

少点假冒的,多点优质的,行吗?[①]

解说词:耐克的气垫鞋,来自日本核污染地区的食品,互动百科的词条认领。昨天被3·15晚会曝光的企业今天有了回应。一边是假冒伪劣充斥市场,一边是疯狂的海淘与海购。消费者对高质量产品的需求究竟应该如何满足?

同期声:控制质量、创造质量都能成为社会风尚,质量时代就到了。

解说词:《新闻1+1》今日关注,少点假冒的,多点优质的,行吗?

主持人:晚上好,欢迎收看正在直播的《新闻1+1》。每年的3·15很多人说对于消费者来说就是消费者的上帝日,而对于很多企业来说就是这些企业的鬼门关。那么昨天3·15晚会又曝光了哪些企业这种不良商家,另外,作为消费者,我们特别希望的是什么?不仅我们要

---

① 中央电视台2017年3月16日播出的《新闻1+1》。

消费真的，我们更希望能消费好的。而这一切我们又应该如何做到？今天我们就来关注这一话题。

这段话中，使用了网络用语："少点……多点……"；还有惯用语"上帝日""鬼门关"等词，这些都在无形中拉近与受众的距离，更好地吸引了受众。

2．句法结构简短明了

（1）句子比较短小。

句子的长短是相对而言的。一般说来，短句的结构简单、词语较少，长句的结构复杂，词语较多。而句子一长，词语一多，词语的次序往往难于安排好，不能清楚地表示词语之间的语法关系，容易顾此失彼。并且，句子太长，一口气说不完，意思就表达得断断续续，不容易理解。因此，电视新闻语言中，往往句式短小、化整为零、节奏明快。

（2）结构比较简略。

口语句子结构比较简略，最重要的表现形式是省略句子的某些成分，如主语和谓语。在具体的语言环境中不需要把它们全部说出来，例如：

——你去干吗呢？

——吃饭。（省略了主语和谓语）

——这本书是谁拿出来的？

——我。（省略了谓语）

另外，口语句子还常常省略某些虚词，主要是省略连词。一个比较复杂的句子，往往要两个句子或更多个句子连在一起才能表达，这些连在一起的句子之间有一定的逻辑关系，书面语中常常用连词把这种关系表示出来。例如：

（如果）博物馆闭馆，我（就）不去了。（表示假设）

（因为）博物馆闭馆，（所以）我不去了。（表示因果）

（既然）博物馆闭馆，我（就）不去了。（表示推论）

而在口语中，这些逻辑关系根本不用连词来表示，说话的环境和语调能够提供足够的信息，帮助受众正确地理解。口语的句子短小，关系简单，少用连词或不用连词，能够使句子节奏明快，而且在听觉上也不会觉得由于强调逻辑关系而显得文绉绉、太正式。

下面以《新闻调查》为例，在《命运的琴弦》这期节目中我们可以看到口语的句法结构非常简短明了。

命运的琴弦[①]

解说词：高考能够对一个人的命运产生决定性的影响，所以谁都很清楚在这场考试中公正和公平意味着什么，但是在今年春季高考，艺术类招生刚刚结束之后，我们就接到了新闻线索的举报，指出其中一所知名的艺术院校招生的过程中存在着严重的不公正行为，而向我们提供这一线索的就是考试的评审老师之一，也是在中国的艺术界享有盛誉的一位著名人士。

记者：你是民乐界的名家，你所在的中国音乐学院是民乐最权威的高等院校之一。

宋飞（以下简称宋）：对。

记者：你告诉我们，你所在的这个学校，你担任评审的这个考试有明显的不公正，你为什么这么说？

宋：因为有的孩子凭他的实力和水准，他的排名不应该在现在这样的位置，或者是有的不应该被淘汰。

记者：你说这个话的依据是什么？

宋：依据这些孩子的表现和我这么多年从事音乐，对音乐和人才的一种判定的能力。

中国音乐学院1964年成立，这所著名的艺术院校是以中国传统音乐教育和研究为特色。它的艺术类招生，每年都在全国文化统考前

---

① 中央电视台2010年3月7日播出的《新闻调查》。

对考生进行艺术专业的初试和复试，只有通过专业初试和复试的考生才能拿到参加文化课考试的通知。宋飞说，今年的二胡复试结果出来后，她发现许多学生的专业得分与他们现场的表现反差极大，考试中有重大失误的孩子排名靠前，而在考场上表现很优秀的孩子却被打了低分，面临淘汰。

记者：你当时看到结果心里什么反应？

宋：我觉得是黑白颠倒。

记者：会不会有人说，在艺术类院校招生中有一些弹性标准，并不是每个人看法不一样？

宋：不一样可以是大红和浅红的区别，绝不可能是红和黑的区别，绝不是说是第一和倒数第一的区别，反差有这么大。

记者：你所指的这些腐败，对你自己并没有直接的关系，你担心什么？

宋：担心孩子，担心事业，担心整个这个专业的未来。

记者：你知道你是一个有声誉跟地位的音乐家，你面对我们镜头就意味着要把你自己推到舆论的风口浪尖上，你在接受这个采访之前动摇过吗？

宋：动摇过。指责的过程可能会伤害到一些其实在努力杜绝这些现象的人，因为程序上的因素他爱莫能助。这些人无形中也会牵连到。

3．内容表达具体、形象

口语表达内容转瞬即逝，不易留存，逻辑性较书面语为弱，不适于抽象、概念化内容的表达。那种从概念到概念、从理论到理论、弯来拐去、玄而又玄的表述是不受欢迎的。因此，口语中内容表达只有具体、形象才能化深奥为浅显、化枯燥为生动、化晦涩为晓畅，取得良好的传播效果。而选择新闻事实中具体、典型的事物，利用比喻、列举、描述、对比等手法，即可使内容表达具体、形象。

（1）比喻法：用此物比彼物，用人们熟悉的事物来说明不熟悉的事物。

2017年3月15日上午十二届全国人大五次会议闭幕后，国务院总理李克强在人民大会堂三楼金色大厅会见采访十二届全国人大五次会议的中外记者并回答记者提出的问题。在问到中国的经济问题时，李克强说了这么一段话：我们把今年经济增速定在6.5%左右，我看到当时有外媒报道说中国是温和下调了增速。其实，增长6.5%这个速度不低了，也很不容易。我曾经在中国少林寺陪同外宾看过武僧表演，几岁的小武僧一口气翻十几个跟头不费劲，而练过十几年武功的青年武僧翻三五个跟头就不得了，主要是块头大了。如果今年中国实现经济增长目标，增量比去年还要大，因为这是在我们经济总量已经超过74万亿元人民币，相当于11万亿美元基础上的增长，而且可以带动1100万人以上的就业。这符合经济规律，也可以使注意力更多地放到提高质量和效益上来，对世界经济增长的贡献率不会低，中国仍然是世界经济复苏乏力情况下推动全球增长的重要力量。

在上面李克强的讲话中，他形象地用武僧翻跟头来比喻中国经济增速。

（2）列举法：用个别来说明普遍，用局部反映整体。所举之例，应当说是人们容易理解的事物。

互动百科再回应3·15打假：个别员工片面追求业绩[①]

互动百科在"关于重大事项的说明公告"中称，公司一方面对涉及的商业产品进行全面梳理；另一方面，公司针对内容审核流程、客户资质审核流程进行全面自查，发现公司在审核过程中存在不及时、不全面的问题。

该公告称，出现上述问题的主要原因是：

（1）随着公司业务的不断发展，人员规模增长迅速，公司对编

---

① 中央电视台2017年3月17日播出的《午间快讯》。

辑人员、审核人员以及销售人员培训的投入已跟不上业务发展的需求，尤其是新到岗员工的培训。另外，个别业务人员出于片面追求销售业绩，夸大事实，签约违规客户，导致出现不良行为。

（2）公司现已使用机器辅助审查的系统工具，但仍存在信息内容管理手段未能及时跟上公司整体发展的步伐，导致信息内容管理上出现疏漏，出现不合规的内容。

以上报道以"互动百科个别员工"为例，说明了中国目前商业的一种病态发展。

（3）描述法：对专业术语的性质、用途等进行形象的描述，将抽象概念具体化。

还是以记者蒋林在雅安芦山地震中的报道为例，他在介绍灾区现状的时候就运用到了描述法：现在咱们站在这个位置上往后面看，在这个通道整齐划一地有1、2、3、4、5、6、7、8排的这个白色帐篷，这个都是当地的应急抢险部门调用的之前的应急储备，临时搭设起来的……这帐篷从之前来了一辆车大家冲上去抢救伤员不太一样，现在已经有了基本的分工。我旁边的这个是急诊1号篷，这边这个是急诊2号篷，已经开始有了急诊……

（4）模糊法：将有精确专用称谓的术语用一种笼统的、通用的称呼、说法来代替。

例如某报载"1983年9月，中国汽车公司对第一汽车制造厂的CA141型汽车进行了鉴定"。其中的"CA141型汽车"可解释为"第二代解放牌汽车"。

（5）对比法：通过不同事物的比较或同一事物在不同时间的比较，好坏对照、美丑映衬，从中显出道理。

（6）类比法：将有相似特点的事物放在一起比较，从而将它们共同的实质形象地显示出来。

直面北京"大城市病"[①]

解说词：北京，雾霾；

同期声：核心内因是排放。

解说词：北京，缺水；

同期声：首先是自然禀赋不足。

解说词：北京，堵车；

同期声：城市空间到一定程度的时候，就这么多。你再修，想修都修不出来了。用北京存在的多种现状来说明北京"大城市病"的严重。

4. 规范用语

电视新闻写作口语化是建立在规范的现代汉语基础上的口语化，是经过加工提炼的高层次的口头语言。因此，在写作过程中要避免语言不规范现象的发生，尤其要避免使用不规范的词汇。

（1）舍弃过于土俗、使用范围狭窄的方言土语。

现代汉语词汇以北方方言为基础，但有些方言词汇地方色彩太浓厚，只在狭小的地区应用，现代汉语存在完全同义的词语可以代替，因此不应该吸收到现代汉语词汇里，而应舍弃。同一事物，和方言说法不一致的，应当采取比较通行的词作为标准。

例如广东方言中一些土俗的说法如果在电视新闻传播中就必须加以规范：搞掂——办成了、八婆——喜欢搬弄是非的女人、炒更——从事第二职业，等等。

[①] 节选自中央电视台《新闻调查》2017 年 3 月 11 日播出的《直面北京"大城市病"》。

另外有一些方言词由于表现力很强，在特定的语境里，如果稍作解释说明也是可以使用的。例如湖南卫视《晚间新闻》曾播出过"九运会"体操赛场上的失误"集锦"，取名为"筐瓢大观"。导语部分中主持人对"筐瓢"做了简单解释："筐瓢"就是失误的意思。山西某台曾报道过太原火车站附近有人利用扑克牌进行诈骗，主持人在说到"火车站有人'拉黑牛'"时，解释说"山西话的'拉黑牛'就是合伙诈骗的意思"。

（2）约定俗成的文言词语可以少量使用。

为丰富现代汉语词汇，适应不同的语言环境和多样化语体的需要，可以适当吸收一些文言词加以合理运用。如：在严肃的场合、庄重的语体中，用文言词"夫人""诞辰"就比用"妻子""生日"适宜。

（3）规范使用外来语。

一般来说，汉语吸收的外来词，大都是关于外来事物的名称，所以外来词的问题主要集中在名词上。近年来，也有一些形容词或动词的外来词，如"哈日族"的"哈"，"某人好酷"的"酷"等，但这部分词比例很小。

吸收外来词要注意汉语的特点，要适应汉语的内部发展规律，这样才有利于汉语词汇的发展和汉语词汇规范的确立。汉语里很多音译的词，后来逐渐被意译的词取代了，如"德谟克拉西""德律风""梵婀铃"等，都是音译的，后来就被具有汉语特性的"民主""电话""小提琴"等所代替了。当然，我们并不排斥音译的办法，如"磅""打""沙发"等已广泛应用的音译词，也可以肯定下来。针对近年来由港台地区传过来的一些外来语词，一定要注意其规范性，严格遵照有关语言文字工作部门的规定，决定其能否使用，在什么场合、范围内使用。

（4）抵制生造词。

新词的创造是为了满足社会发展的需要，而且创造出来的新词绝大部分是经得起社会和时间的考验的，这是丰富词汇的一个重要途径。至于生造词完全是个人随意地用汉字拼凑出来，不合于一般的习惯，它必然削弱语言的交际作用，造成语言的混乱，所以必须加以抵制。

生造词有以下几种情况：

第一，任意用简称。简称必须是受众耳熟能详、不会产生误解的一些内容和提法，如"初中""扫盲""三讲""中共中央"，等等。

第二，硬凑、改换。例如"火焰直向天空（腾冒）上去。"这个句子中"腾冒"只用"腾"即可，"冒"是硬凑上去的。比如"中国人烧煤的历史很古久了"，"古久"应作"久远"，这是改换了原有词的词素。

我们前面提到，口语不规范的现象主要集中在词汇当中，但语法中不规范现象尽管不突出，也应引起相当的重视。比如，受港台、闽方言的影响，"有"字句在主持人口语中时有出现："这个东西我有吃过""我有告诉他这件事"，还有将"多""少"表示不定数量的形容词置于动词之后，表示增加或减少："请给多一些""喝少点酒对身体有好处"，等等。这种语法不规范现象应当禁止。

三、线索单一，结构简单

电视传播的易逝性和不可反复收视的特点决定了电视台新闻稿的结构必须简单明了，不能包含太复杂的逻辑层次，不能像可反复阅读、认真思考的报刊新闻那样为了详细叙述透彻说理而采取多条线索、运用复杂的逻辑关系，否则，会使观众难以理出头绪，造成思维混乱。在篇幅较短的消息节目中是这样，即使在时长较长的深度报道中，更应该注意相对复杂的层次可能带来的理解上的困难，要尽量科学、合理地设计布局结构、制定叙述论证的策略，围绕主题、简化层次。

中央电视台《新闻调查》作为一档深度报道栏目，时长为40分钟，信息容量大，内容有深度，而且由于在制作的过程中充分考虑了电视传播的特性，使观众不但能够完全了解新闻事实，还能够积极参与到评论思考当中。

下面为《新闻调查·"3·22"矿难调查》的结构分析：

① 遇难矿工家属："人也不在尸体也不在！"

② 矿难抢险指挥部副总指挥："瓦斯爆炸引起煤层爆炸！"

③ 爆炸前 10 小时，瓦斯已经积聚。

④ 两小时停电，瓦斯积聚更加严重。

⑤ 停电仍未撤人。

⑥ 停电撤人，没有规定。

⑦ "四九"教训：五年前同样的伤亡事故。

⑧ 矿工："瓦斯员下井后就睡觉"。

⑨ 封条、锁链挡不住矿井的生产。

⑩ 谁为 72 条生命负责。

⑪ 行政执法呼唤强制执行手段。

其中第 ① 部分介绍了矿难现状，第 ②③④⑤ 部分介绍了矿难经过，第 ⑥⑦⑧ 部分是事故原因的分析，第 ⑨⑩ 部分是对深层原因的剖析，第 ⑪ 部分是对有关部门的呼吁。

结构清晰合理、线索单一明晰，观众收看时一目了然，来龙去脉十分清楚，非常符合电视传播的要求。

第二节　新闻写作的基本要求

作为一种应用性强、传播范围广、影响力大的文体，新闻在写作上具有自己的特点和基本要求。客观、真实、公正、及时、准确、简洁，是新闻报道的特性也是新闻写作的基本要求。

一、客观

客观地叙述新闻事实是新闻写作的基本要求之一。所谓客观性是指新闻报道必须以客观实际为本源，按照事物原本的面目反映事物。

新闻是一种公开传播的信息，它的本源是事实，只有客观叙事才能保证信息在传播过程中不致被歪曲。同时，受众对事实本身了解的需求决定了媒体对新闻的报道必须客观，要摒弃主观臆断或情绪化的片面报道。

为保证新闻报道的客观性，在写作中我们可以采取一些客观化手法。

1. 引述法

引用相关人士发表的有关新闻的言论或提供的信息，体现所报道的事实的真实性、客观性和论点的权威性，或是以客观的形式表达作者的观点和倾向。

但引述也无法保证新闻报道的绝对客观，因为在选择、引述内容时往往包含了作者的主观倾向。

2. 平衡法

在报道新闻事实尤其是报道涉及矛盾双方的争执时，要注意全面、平衡，既有正面的内容，又有负面的内容。在引述、发表相关评论时，既有有利于此方的信息，又有有利于彼方的信息，显得不偏不倚。

事实上，完全的平衡是不存在的，因为在确定报道内容的先后顺序、篇幅大小、措辞用语的感情色彩方面就已经存在了不平衡、不对等。

由此可见，所谓"纯客观"是不存在的。作者如何选择处理新闻事实，都会反映作者的主观倾向。作为社会主义新闻工作者，报道新闻要客观、真实、公正，同时要有正确的是非观，坚持原则、讲究技巧和策略，做好新闻报道。

二、真实

真实是新闻的生命，真实性是新闻的根本属性。所谓真实性就是新闻报道要如实反映客观事实，符合事物的本来面目，体现其实质。

在写作过程中，为体现新闻的真实性，要从以下几点着手：

1. 保证具体新闻事实的真实

新闻要素及相关事实必须真实。包括时间、地点、人物、事件、原因、背景、细节、数字、引语要准确无误。

2. 新闻报道要做到本质真实

具体的要素的真实是真实报道的基础，同时还应注意新闻事实应是全面的，要从总体上、事实的全部总和中，去把握事实，从而透过纷纭复杂的事实表象，正确地揭示事物的本质，反映总体的真实，避免以偏概全、以点代面，不能有任何曲解或掩饰。

3. 表现手法要真实

真实的内容还应用真实的手段、形式表达出来，给受众带来真实感。内容本来是真实可信的，如果写作时采访对象的语言、想法不符合人物的身份、不合事理，出现虚假、摆弄的痕迹或不合乎逻辑的情形，都会有损作品本身的真实性。

因此，在新闻报道中，为保证表现的真实，要注意以下几点：

（1）采访对象要有说服力。即采访对象对相关事实有发言权，发言符合身份、事理，具有可信度。

（2）表现心理活动要客观，合乎逻辑，避免主观臆断。

1952年12月21日，《人民日报》刊登的一篇报道《马特洛索夫式的英雄黄继光》描写黄继光舍身堵枪眼的心理活动："后面坑道里营参谋长在望着他，战友们在望着他，祖国人民在望着他，他的母亲在望着他，马特洛索夫式的英雄行为在鼓舞着他。"令人觉得过于主观、不够真实。

（3）观点表达要建立在事实基础上，判断、推理要正确合理。

三、公正

新闻报道的公正原则要求记者在写作过程中要公平合理、正直无私、尊重事实、实事求是，遵守新闻职业道德，以社会需要和新闻价值为取舍新闻的标准,不屈从外界压力,不论关系亲疏,不作偏袒报道,不利用新闻报道谋私利或泄私愤。

四、及时（内容可参见第二章第一节"三、选题原则"中的"时效性"）

新闻报道要及时,其实就是对新闻时效性的要求。新闻被视为是"时间的易碎品",时过境迁,就会削弱甚至丧失新闻价值。因此,记者既要把握好新闻的时新性,去争时效,抢新闻,同时又要把握好新闻的时宜性原则,寻找好的契机报道新闻,取得良好的社会效益和传播效果。处理好"抢"与"压"的关系。

五、准确

准确是新闻语言最明显的特点之一,内容的准确是新闻真实有效传播的前提。准确意味着内容真实、表述正确、用语得体、分寸恰当、标准规范,能够恰如其分地反映事物本质。要做到新闻写作的准确,需从以下几方面着手:

1. 遣词用语恰如其分

正确运用恰当的新闻语言准确地表达新闻事实,是提高新闻准确性的关键环节。如果遣词用语不恰当,表述不准确,即使掌握了真实的素材,也会影响传播效果。

（1）正确反映事实,避免用词不当、词不达意,甚至信息传达错误。

在新闻中不时可以听到类似这样的说法："每到这部电视剧播出的时候,人们都在家里收看,出现了万人空巷的情形。"其实"万人空巷"是指人们不在家里,聚集在公共空间,上述说法正好与原来的意义相反;还有在提到辉煌往事的时候经常用"流金岁月"这个词,就其本义来说,"流金"二字一般用在"流金铄石"一词里,"流、铄"都用作动词,甚言天气炎热,金石也为之熔销。"流金岁月"显然是词义误植。另外在说到夏季天气炎热的时候，经常爱用"七月流火"这个词，其实，这里的"七月"，并非阳历（公历）之七月，而是农历（夏历）之七月；这里的"火"并非烤人之烈火，而是天上的星名；这里的"流火"，自然也不是什么流动之热风、烈火，不是形容天气极为炎热，而是说到了农历七月份，天上的"火之星"已流向西边，天气将慢慢地转凉了。

（2）把握用语的倾向性。

例如在报道某人言谈的新闻中，使用"他说"，是中性用语；使用"他指出"是肯定性用语；使用"他辩称"，是否定性用语。

（3）某些措辞提法要符合相关规定。

在涉及政治、法律、宗教、外交等严肃、敏感的内容时，要十分注意用词的准确性，要符合相关规定。

比如，表明我国政府对某个事件、事态的看法，用"表示关注""严重关切""表示谴责""强烈谴责"等措辞都是经过权衡的，有着统一的提法，媒体必须严格按照规定，统一口径。

（4）把握好程度、分寸，不夸大其词，人为拔高。

在宣传中许多记者喜欢夸大事实的重要性、使用言过其实的说法。例如："全国人民翘首以盼的金鹰奖颁奖仪式昨天在长沙举行。"又如："举世瞩目的西安古城墙修复工程今天正式通过验收。"其中的"翘首以盼""举世瞩目"都是属于夸大其词。

2. 新闻要素要明确，不能含糊其词

新闻要素是新闻的基本内容，要素不明确，当然新闻内容就不完整。比如新闻中常常有不确定的时间因素的表达："近年来""最近""目前""一段时期以来""近日"等；不够明确的地点："总部设在伯尔尼的国际特赦组织昨天宣布""位于太行山区的壶关县"等；不够明确的细节："煤矿透水事故造成多人死亡"。这些不明确的新闻要素给受众的理解造成了困难，"一段时期以来"，是指半年、几个月，还是几个星期，无法确定。"伯尔尼"在哪里？"太行山区"是一个广泛的地域概念，包括山西、河北、河南的多个地区，文中所指的县具体在哪里？这些地理概念不是任何一个稍具地理常识的普通观众不经提示瞬间能够反应过来的。

"造成多人死亡"，到底是多少人，几个人、十几人还是几十人，没有交代清楚。

3. 数字使用要准确、科学

（1）数字使用要少而精。挑选最能说明问题、最具说服力的数字，简洁有效地反映事物的发展变化，不致由于数字太多、太杂而主次不分，影响关键信息的传达。

报纸新闻一般要求数字越精确详细越好，因为读者可以反复阅读，不致产生误解。而作为口语传播、不能反复观看的电视新闻来说，数字则要求简约一些，便于观众记忆、不易混淆。

（2）数字要真实，不能为了某种宣传目的或社会效果而对数字进行修改、随意增减，数字使用必须符合客观规律和生产、生活实际。

（3）数字表现要通俗、形象。为了使枯燥、抽象、严谨的数字变得具体、形象、通俗、生动、便于理解，可运用以下方法：

第一，运用比喻法。如"这座塔高 25 米"，就可以说成，"这座塔差不多有八层楼高"。

第二，运用比较法。可以横向比较，如："发行市场是传媒收入规模最大的一块市场。目前，中国电视、广播、报纸、杂志广告收入总和才 450 多亿元。而图书、报刊发行的总收入却高达 700 多亿元"。也可以纵向比较，如："20 世纪 80 年代，中国的国民生产总值相当于日本的八分之一。2002 年，中国的国民生产总值相当于日本的四分之一"。

第三，运用分解、综合法。分解法就是把大数字化小，让受众便于理解。如"20 世纪 80 年代末，我国一年新增人口 1541 万人，也就是说在这片土地上，每分钟增加 29 人，每天增加 42104 人，一年增加一个澳大利亚全国的人口"。再比如，"1000 万辆的私人汽车保有量，对有 13 亿人口的中国而言，意味着平均每 120 人就拥有一辆私人汽车。"

综合法则相反。把小数字变大，引起受众注意。

1963 年 3 月 25 日《人民日报》的报道《一厘钱精神》中有这样的统计：北京墨水厂把瓶盖的成本降低了，全厂购买每个瓶盖就少花了四厘多钱。在这小小的瓶盖上，一年节约了十多万。

4. 使用标准度量衡

新闻报道作为大众传播活动社会影响很大，因此，有责任、有义务同时也必须使用国家规定的标准计量单位。在写作过程中，要注意依据有关规定、命令，规范操作，为在全社会推广使用标准度量衡做出表率。

在新闻传播中经常用错的计量单位有：公分——应为厘米；平米——应为平方米；方——应为立方米；公升——应为升；英寸——应为厘米（1 英寸 =2.54 厘米），等等。

六、简洁

新闻写作必须简洁，在有限的篇幅里表达丰富、深刻的内容。要做到简洁，作者自己要思维清晰，能抓住事物的本质和关键，用简练的语言，进行高度的概括和准确的表述。简洁意味着作者对内容有深刻的认识，写作过程中详略得当，删繁就简，行文的目的性强、重点突出、逻辑清晰。

要做到行文简洁，应做到以下几点：

1. 去除冗赘

新闻写作以白描为主，干净利落、朴实无华是其基本特点，摒弃繁冗的修饰语，去掉重复的内容是防止冗长的主要方法。

（1）摒弃繁冗的修饰语，少用形容词、副词，使新闻显得更加客观。

例如一则新闻说到某座城市的环境卫生时，解说词这样说："这是一座干净整洁的卫生城市，市中心一片花团锦簇。街道宽敞整洁、行人衣着靓丽，整座城市像画出来的一样。"新闻中使用了大量的形容词和修饰语，显得不够客观。

还有一些习惯的说法，用在新闻当中有些繁冗："火车徐徐进站了""太阳冉冉升起来了"，这两句话中的副词"徐徐""冉冉"就完全可以删掉。

（2）删除多余、重复的词语。

例如"亲眼目睹"可改为"亲眼所见""目睹"；"主要以青年演员为主"，要去掉"主要"；"平均时速达到每小时300公里"，应去掉"每小时"；"不合理的乱收费"，乱收费当然不合理，合理的收费就不是乱收费；"做出了积极的贡献"，"积极的"三字应删掉，因为所有的贡献都是积极的，不存在"消极的"贡献。

2. 化长句为短句

短句句式单纯，结构简单，容易理解，并且节奏明快，适于新闻语言表达。

曾经有一家报纸刊登过的《即将失控的叙利亚内战》中有一个句子：

曾经一度抱着成为飞行员的梦想来到美国，却因叙内战爆发、而当前担当总部设在伦敦的叙反对派机构"叙利亚解放联盟"负责人一职的伊马德（Emad Al-Darjazalli）对《南风窗》表示⋯⋯

作为报纸新闻，因为读者可以反复阅读，也许读者还能够理解其内容，而如果作为电视新闻进行传播的话，势必要将其改为短句，否则受众根本无法理解。以上内容，可以改为：

伊马德（Emad Al-Darjazalli）是叙反对派机构"叙利亚解放联盟"的负责人。该机构总部现设在伦敦。伊马德曾想当一名飞行员而去了美国。因叙内战爆发转而投身于政治。伊马德对《南风窗》表示⋯⋯

第三节　电视新闻写作构思

了解了电视新闻语言的特点和写作的基本要求之后，在掌握这些技术环节的基础上，就可以进入写作、构思阶段。写作构思就是根据策划阶段所确定的拍摄意图、报道思想，结合节目形态、报道形式的相关要求，对前期拍来的素材进行分析、选择，从而确立新闻节目的布局结构、叙述方法的过程。需要指出的是，主题和节目形态会对素材的选择产生制约和影响，而实际拍摄的素材和采访的内容往往也会对主题的修改、完善、报道形式的调整产生反作用力。也就是说，多数情况下，成片后的效果与策划阶段所预想的效果会有一定的出入，这种差距是由拍摄的素材展示出的新情况决定的，是符合电视台创作规律的。

一、确立主题

主题是传播目的和基本精神在节目中的反映，它决定着新闻作品的思想和社会价值。在写作总体构思中，素材的取舍、详略的处理、结构的安排、语言的运用，都要受到主题的制约。对新闻作品来说，主题起灵魂和统帅的作用。

1. 主题的形成

除了一些反映事实动态的消息和事实处于不断变动或未知状态，难以预测发展方向、性质的新闻之外，大多数的新闻作品（包括深度报道、评论、谈话类新闻节目）的主题的目的性、针对性很强，一般需要在拍摄前对节目的拍摄意图、报道思想、内容采拍方式等有一个基本构想以指导拍摄实践，从而避免盲目性。但这个拍摄计划只是个初步的方案，记者必须在采访中全面客观地了解、认知事实的全貌、素材和价值，如果发现拍摄意图、报道思想存在偏颇、疏漏或与实际情况不符的地方，要据实及时斟酌、修改，最终在后期制作写作阶段，归纳出科学的符合客观实际的主题。采访策划阶段制定报道思想和拍摄意图是完全必要的，这和不作任何调查研究，使用片面的材料来证明预设观点的"主题先行"是完全不同的。

2. 主题的提炼

新闻主题具有客观性，是由素材抽象而来的，同时又要考虑报道思想对其的影响，新闻主题是经过反复锤炼，开掘深化，从而提炼得出的。

（1）准确把握采访素材的性质和意义。

素材本身的具体性质，对主题的提炼具有制约作用。提炼主题是一个客观制约主观和主观能动地把握客观的相互影响、相互作用的过程。主题不是记者凭空臆造的，素材本身就包含着某种观念形态，记者的任务是挖掘出这种意义，把握它的倾向，提示它的性质，因此提炼主题必须从把握素材的具体性质开始。

提炼主题要立足于全部素材，深入把握材料的特殊性，寻找其深广的思想或情感内涵。

主题要从素材的具体性质中抽象出来，防止离开材料的具体性质，把记者的思想或意图硬加到材料上去，给人以矫揉造作、弄虚作假之感。

（2）符合报道思想的要求

主题的提炼要根据报道思想的要求，结合形势和舆论引导的需要，把握大局，抓住重点，对主题进行思考和深化。

报道思想作为指导新闻报道的思想、方针、原则，贯穿于新闻工作的整个流程。在确立主题过程中，报道思想起着主导作用。从大局出发，处理好宏观现实与微观事实的关系，将具体新闻素材放在全局的背景下，对其本质进行分析、透视，提炼出具有鲜明舆论导向和时代精神的主题。

（3）反复锤炼，开掘深化。

对最初获得的主题，要进行反复的推敲、开掘使之不断深化、完善。一个好的主题实质上是对新闻素材、客观事物的一种正确的认识。从认识规律讲，一个正确的认识，往往需要经过由物质到精神、由精神到物质，既由实践到认识、由认识到实践这种多次的反复才能够完成。从采写过程来看，在采访策划阶段，就开始制定报道思想，酝酿主题，采访阶段就拟定主题，写作阶段确立并不断修正、审视、深化主题。因此，对主题的推敲贯穿于整个采写过程，主题在反复锤炼开掘中得以深化。

3. 对主题的要求

（1）明确。

新闻主题必须明确，要旗帜鲜明地表达自己的观点，表明自己的态度。肯定什么、否定什么、提倡什么、制止什么、赞扬什么、批评什么，必须明白、直露地在文中表达出来，不允许主题隐蔽含蓄，模棱两可。

（2）集中。

新闻主题要简明、单一。要求在一个新闻作品中只有一个主题，不宜同时存在两个或两个以上的中心。在有限的篇幅把一个中心问题说清、说透。电视文艺作品中有时会出现复合性主题，但新闻一般不会有复合性主题。

（3）贴切。

主题要同材料和谐、有机地统一。从主题的地位和作用来看，主题要统率文章中的所有材料；从材料的要求来看，所有的材料都能从不同角度支撑主题，为表现主题服务。主题要从材料中自然地反映出来，而不应当成为材料的外在标签，实质上有所脱节。

二、分析选择素材

素材是新闻写作的物质基础。主题是从新闻素材中抽象、提炼出来的，而当主题确立之后，素材又需要受主题调遣、支配，为主题服务，可以充实作品内容，成为表现主题的支柱。

电视新闻的素材主要来自采访，按照拍摄计划的要求和指引往往能够获取所需的大部分素材，后期制作时有时还需补拍。除了采访获取素材之外，还需要搜集大量的相关素材。搜集素材的方法多种多样，向采访对象索要资料，借鉴其他媒体的相关报道，以及查阅有关音像、文字资料等，是比较常用的方法。

获取充足的素材之后，需要对素材进行分析鉴别，然后择优采用。选材需遵循以下几条原则：

1. 典型

素材能够深刻反映事物的本质和规律，具有广泛的代表性和巨大的说服力，起到"以一当十"的作用。

2. 切题

材料要符合表现主题的需要。凡是有力地表现主题的材料就采用，有的放矢。凡是与主题无关或关系不大的材料，无论内容有多精彩，也只能放弃。

3. 新颖

新闻作品要多使用新产生、新发现、别人尚未报道的人物、事件、问题，这些新素材能使受众获得新信息，给人耳目一新的感觉。或是使用新颖的手法，选择新颖角度，从平常的素材中开掘新意。

三、安排结构

结构就是布局谋篇，按照主题表达的需要，运用电视新闻思维把一系列材料、人物、事件等分轻重主次，合理而匀称地加以组织、安排。电视新闻的结构，根据不同文体和内容以及表达的需要，会有不同的结构方式，但基本逻辑思维是相同的。

1. 安排结构的原则

（1）服从表现主题的需要。

主题是文章的灵魂和统帅，材料的取舍、结构的安排、字词的运用都必须服从主题的需要，都应该围绕主题需要去安排。只有这样，才能使作品表现的主要意图和见解明确。

（2）要正确反映事物的客观规律。

新闻作品是用来记录、反映客观事物的，无论是社会现象还是自然变化都不是偶然发生和孤立存在的，都是有规律可循的，因此，新闻的结构就必须按照事物本身的规律和内在联系来组织，这是组织结构的基本原则。例如叙述一个新闻事件，总有原因、过程、结果；发表评论总要先提出问题，然后分析问题、解决问题，等等。

（3）要适合不同新闻文体的特点。

新闻体裁不一，结构也就各异，所以安排结构应该根据体裁的特点和要求设计结构。消息与评论肯定有不同的结构方式，即使同是消息，根据不同的内容及表达需要也可分为多种结构方式，如"倒金字塔"式结构、"顺叙式"结构，等等。

（4）要周密和谐。

这一要求对讲求严谨、周密的新闻结构特别重要。周密即结构安排应该使文章的内容充分完整、有头有尾，无遗漏、残缺不全的毛病，且首尾圆融。和谐指作品的内容通过结构自然流畅地表现出来，详略得当，上下贯通，通体匀称。

安排结构虽然有这些原则，但新闻结构不是凝固的、僵化的、一成不变的。一篇好的新闻稿件除了符合共性要求之外，应该有其独特的个性。

2. 结构的内容

（1）层次与段落。

层次和段落都能表示作品意思的转换和间歇，它们之间关系密切，但层次着重于思想内容的划分，段落着重于文字表达的需要。层次蕴含于意义之中，段落表露于文字之外。有时二者是一致的，一个段落恰好就是一个层次；有时二者不一致，几个段落表现一个层次，一个段落内部又可划分层次。

层次与层次之间，必须按一定的顺序组织起来，表示一定的关系。一般来说，层次间的关系大致有以下几种：按时间顺序安排层次，是连续关系；按逻辑顺序安排层次，就有并列和递进关系两种；按从总到分或从分到总的关系安排层次，就是总分关系。这几种关系和层次、结构比较复杂的作品中常常是交替使用的。

段落的基本作用是表示作品意思的转换、间隔，清晰地反映出作品内在层次。段落的划分原则有三：

第一，注意段落的单一和完整。不要把几个不相干的意思放在一个段落，显得没有间隔；也不要把一个意思分成几个段落，显得支离破碎。

第二，段落与段落之间要有内在联系。每个段落都是整个作品的一个有机组成部分，段与段之间丝丝相连，环环紧扣，各个段落的总和组成完整的作品。

第三，注意整体的匀称，段落长短适度。

（2）过渡与照应。

第一，过渡。指各段落各层次之间的衔接和转换。在以下情况中，文章需要安排过渡：一是内容的开合处，如内容由总到分或者由分到总时；二是意思转换处，比如从现在到过去或由过去到现在；三是表达方法变动处，如从叙述转入议论，由议论转入叙述时需要安排过渡。

过渡的形式有过渡段、过渡句、过渡词。上下文空隙大，往往用段来过渡；上下文空隙小，就用句或词来过渡。

第二，照应。是指作品的前后响应和关照，可以使新闻报道更加周密、严谨。比如某篇报道，前文指出存在的问题及现状，后文有针对性地评论或提出相应解决措施，这就是照应。如果前文叙述的事件、问题后文没有涉及；或者前文没有提出的问题，后文又突然有所叙述，这种行文结构中的突兀、生涩现象，主要是前后内容缺乏照应造成的。

照应的方法有三种：第一种是首尾照应。即在作品的结尾处，把开头交代的事或提出的问题再次提起，有的还进一步加以概括、归纳、补充。这是最常用的照应方法。第二种是文题照应。这是指在行文中照应标题，它能对主题加以揭示、强调，还能对标题作进一步的解释和交代。第三种是文中照应，是指作品自身前后内容的照应，是"瞻前顾后""前设伏笔，后头挑明"的写法。

3. 结构方法

（1）行文前编写提纲。

在编写提纲前，要了解所写文体的结构要求，然后打腹稿，理清思路。动手编写提纲时，将作品的各个部分按照彼此固有的规律联系起来，组成一个整体，形成全文结构的框架。此后，再对提纲进行修改，进一步理顺、调整和修正思路，这样可以减少写作时的障碍，提高效率。

（2）行文时要考虑与声音、画面的配合。

文字稿与画面、同期声的关系、配合，前文已有论述，此处不再重复。但需要强调的是，电视新闻写作一定要做到"胸中有画，胸中有声"，不可顾此失彼，写出一个与声画无关、纯粹书面的文字稿。

（3）行文后多看多改。

多看多改的前提是时间比较充裕，而新闻的时间性很强，但也应挤出时间阅读修改、检查内容有无遗漏、句子是否冗长、用语是否准确等。

第六章　电视新闻写作（二）文体写作

电视新闻文体共分为四大类：消息类电视新闻、专题类电视新闻、评论类电视新闻和谈话类电视新闻。各类新闻体裁在表现手法、结构布局、传播重点等方面存在着较大差异，因此我们在写作时要注意把握各类文体的个性特征和基本要求，同时也要遵循电视新闻写作的共性规律和总体要求，来指导我们的创作实践。

第一节　消息类电视新闻写作

消息类电视新闻，就是报道新近或正在发生、发现的新闻事实的电视新闻，人们习惯上把消息称作新闻，即狭义的新闻。

消息类电视新闻的特点是篇幅短小、时效性强、内容广泛、信息凝练。在新闻节目中，消息所占比重大、出现频率高，是受众获取信息的主要形式。

一、消息写作的基本要求

消息通常由标题、导语、主体、结尾等四部分构成，四部分各具特色，共同构成一个完整的消息报道，在写作上也要注意体现其自身特点和规律。

（一）标题写作

标题，即新闻的题目，是对新闻内容的概括或提示。它能够满足受众尽快获取信息的需要、帮助受众理解新闻的主旨，作用巨大。标题写作，看似寥寥数字，实则体现作者功力，需要认真掌握。标题写作，要注意以下几点：

1. 电视消息标题要以实题为主

实题是以叙述新闻事实为主的标题。是相对于以表现新闻事实中所蕴含的思想、原则、道理为主，侧重议论、抒情的虚题而言的。电视消息由于画面所限以及线性传播的特点，绝大多数为一行题，这样就需要在有限的字数当中，传达出新闻的主体事实，以叙述性标题，即实题为主。

胡锦涛主席出席首尔核安全峰会并发表重要讲话[①]

中国网络电视台消息（新闻联播）：首尔核安全峰会27号在韩国举行，国家主席胡锦涛出席并发表了题为《深化合作　提高核安全水平》的重要讲话。

这次峰会以加强核材料和核设施安全为主题，回顾2010年华盛顿峰会以来取得的进展，重点讨论加强核安全国家措施和国际合作。53个国家和4个国际组织领导人或代表与会。

当地时间上午9时许，会议开始。韩国总统李明博主持，与会领导人围绕议题发言。

胡锦涛在讲话中指出，2010年首届核安全峰会以来，各国在核安全领域取得积极进展。同时，核安全形势依然严峻。中国高度重视核安全，积极采取核安全措施，取得了新的阶段性成果。

胡锦涛指出，中国高度重视国家核安全能力建设，严格履行国际义务，广泛开展核安全国际合作，采取有效措施确保大型公众活动核

[①] 中央电视台2012年3月27日播出的《新闻联播》。

安全，积极对外提供核安全及核能安全援助。胡锦涛说：今后，中国将加强核安全措施，提高整体核安全水平，努力把中国的核安全示范中心建成地区中心，全面深化同国际原子能机构的合作，积极帮助有需要的国家进行高浓铀研究堆的改造，并将同各国分享中国在大型国际活动核安全方面积累的经验。

胡锦涛强调，只有各国通力合作，才能实现普遍核安全的共同目标。胡锦涛提出以下主张。第一，坚持科学理性的核安全理念，增强核能发展信心，正视核能安全风险，增强核能安全性和可靠性，推动核能安全、可持续发展。第二，强化核安全能力建设，承担核安全国家责任，建立健全核安全法律和监管体系，强化核应急队伍建设，加大研发投入，加强人员培训。第三，深化国际交流合作，提升全球核安全水平，推进核安全国际法律文书的普遍性，推广核安全标准和规范，积极提供核安全援助，帮助发展中国家提高核安全技术水平。第四，标本兼顾、综合治理，消除核扩散及核恐怖主义根源，坚持联合国宪章宗旨和原则，坚持互信、互利、平等、协作的新安全观，坚持以和平方式解决热点问题和国际争端。

胡锦涛指出，实现核能全面和平利用，是国际社会的共同目标。中国将一如既往推动全面禁止和彻底销毁核武器，恪守不首先使用核武器政策，致力于国际核不扩散努力，支持各国和平利用核能权利，为建设持久和平、共同繁荣的和谐世界做出应有贡献。

与会领导人在发言中介绍了各自看法和举措。各方承诺集中政治意愿，加强协调合作，采取切实有效措施，包括帮助发展中国家提高核安全能力和技术水平，保护核设施安全，防止核材料流失和扩散，确保和平利用核能，维护世界和平与安全。

峰会发表了公报。下届核安全峰会2014年在荷兰举行。

国内简讯

中华文化是一个大富矿　需要不断从中挖掘（2017年3月7日）

食药监总局发布征求意见稿　进口药上市流程将简化（2017 年 3 月 18 日）

金立群：21 世纪的趋势是共享利益和更好的全球治理（2017 年 3 月 20 日）

国际简讯

李克强同澳大利亚总理举行第五轮中澳总理年度会晤（2017 年 3 月 24 日）

习近平向博鳌亚洲论坛 2017 年年会开幕式致贺信（2017 年 3 月 25 日）

李克强与澳大利亚总理共同出席中澳工商界首席执行官圆桌会（2017 年 3 月 25 日）

我们看到，全部标题都是实题。

当然，在消息之外的其他新闻节目中，标题可以是虚题，可以较为抽象含蓄，以说理为主，侧重说明某些道理、原则、愿望等。

2. 标题中要尽可能多地纳入新闻要素

标题是对新闻内容的概括，受众通过阅读标题，就应该了解电视消息的要素和基本事实。因此，在标题写作中，要考虑尽可能地将时间、地点、人物、事件、原因这五个基本的新闻要素定入标题当中，便于受众对信息的接收。

3. 突出新闻价值

标题中应该写进消息中最具有新闻价值的部分，构成兴趣点，表明新闻重要性的内容，以凸显新闻个性特征、本条消息的与众不同之处，引起受众的关注。

（二）导语写作

新闻导语是消息的开头部分，一般由最重要的新闻事实或最吸引人的部分组成，以表达新闻的主题或新闻价值。新闻导语是消息这一新闻文体特有的概念，是消息区别于其他新闻文体的重要特征。

导语划分依据不同，种类也不相同。从对时间性的要求及叙述方法的角度，导语可分为直接导语和间接导语两类。直接导语用于时间性很强的消息，它直接叙述已经发生的或正在发展变化中的事件。其特点是开门见山，一语中的。间接导语多用于时间性不强的消息，它不直接叙述新闻事实，而是通过解释、引述或者场面描写、气氛渲染等引出新闻事实或者制造悬念吸引受众，这种导语由于新闻的中心内容不在导语中出现，而是出现在主体部分，对受众的收视兴趣形成延缓，因此叫延续式导语。

这两种类型的导语在写作上有共性要求，也有各自独特的要求，具体如下：

1. 简洁、明晰

这是对二者的共同要求。导语是对新闻内容的提示和引导，要求做到言简意赅、逻辑清晰。不能冗长啰唆、言不及义，更不能含糊其词、表述混乱，令人不知所云。为做到简洁、明晰，要注意：

第一，导语中力戒套话，空话；

第二，导语中人名、头衔、单位、专用名词不要太多，以免冲淡主要新闻事实，分散受众注意力。

2. 直接导语要提纲挈领

提纲挈领就是将主要新闻事实概括地表达出来，使受众对新闻基本事实有总体的认识，不必提供细节。

一般来说，在导语中，不需要把新闻要素全部包含在内。以免冗长累赘，与主体重复，同时也不利于突出主要新闻要素。直接导语一般只需交代何人或何事发生在何时何地，具备三个要素即可。

3. 间接导语通过抓本质特征吸引受众

间接导语不管采取何种方法，比如引用话语、警句、利用人物对话、进行情景描述、叙述情节、运用对比、隐喻、提出问题、制造悬念等，其核心是要抓住新闻事实的本质特征、与众不同之处，通过对兴趣点的经营，来吸引受众。

（三）主体写作

主体是消息的躯干，是新闻报道内容的详尽展开部分。主体是对导语的细化、补充、解释，或是对导语所提问题、所设悬念的解答。在采用延续性导语的消息中，主体作用尤其重要，没有主体，也就没有新闻。

主体可以解释和深化导语。对于导语中所涉及的内容，进一步提供有关细节和新闻背景材料，使受众对于报道有更清楚、更具体的了解；主体可以补充新的事实。导语一般只突出最新鲜、最重要的新闻事实，往往只涉及部分新闻要素。主体则对事件的原因和过程进行分析、展示，配合背景材料，形成一个较完备的报道，便于受众对于报道的主题和事件的来龙去脉有更深刻、更全面的理解。

消息主体写作在内容上应遵循电视新闻写作的一般规律，没有什么特殊要求，重要的是掌握消息的几种结构方式，使之服从新闻稿的总体布局和结构。根据新闻内容的不同，消息主体写作可采用不同的结构。这里介绍几种常见的结构方式。

1. "倒金字塔"结构

是指消息写作过程中，按材料的重要程度来排列行文先后顺序的结构方式，最重要的新闻事实放在导语中，然后按重要程度的递减依次逐段叙述。最重要的事实最靠前，次要的紧随其后，相对不重要的放在后边，事实的重要性在逐渐递减。

"倒金字塔"结构在导语部分往往安排了时间、地点、事件、人物这几个最重要的新闻要素；主体部分则安排了原因、过程、背景等内容；结尾部分大多为一些相关信息。如：

食药监总局发布征求意见稿　进口药上市流程将简化[①]

据中国之声《全国新闻联播》报道，国家食药监总局昨天发布《关于调整进口药品注册管理有关事项的决定（征求意见稿）》，将鼓励境外未上市的新药经批准后在境内外同步开展临床试验。业内人士认为，进口药国内上市有望因此大幅提速。

长期以来，进口药中国上市慢困扰国内患者，尤其是一些我国还没有自主研发药品的罕见病，患者们更是望"药"兴叹。

国家食品药品监督管理总局局长毕井泉将其原因其一，归结为我国现行的审批制度，"出现这种情况的原因是多方面的，可能有制度方面的原因。比如我们现在规定，在中国的临床试验要求在国外结束了一期临床试验，在二期临床试验开始的时候，才能来中国申请，这可能在制度设计上就比别人晚了一段时间。"

征求意见稿中提出，为满足公众对新药的临床需求，在中国进行国际多中心药物临床试验的除疫苗类药物之外的药物，取消临床试验用药物应当已在境外注册或者已进入II期或者III期临床试验的要求。对于在中国进行的国际多中心药物临床试验，完成国际多中心药物临床试验后，可以直接提出药品上市注册申请。这意味着进口新药国内外临床试验的时间差被大大压缩，业内人士分析，进口新药的国内上市将会提速数年。

不过毕井泉此前也表示，国内审批人员不足，也是客观存在的瓶颈，"我们本身药品审评的时间比较长，药品审评的力量比较少。美国药品审评中心5000人，我们去年通过努力，去年年底增加到了600人，应该说效率比以前有提高，但是还有差距。我们现在通过优化流程、增加力量，逐步提高审批的效率。所以药品审评的积压比以前有了明显的改善。药品审评的积压最高时达到22000件，但去年年底降低到8000件。"

[①] 中央电视台经济频道2017年3月18日播出。

"倒金字塔"结构适用于时效性较强的动态消息的写作，由于其内容按重要性排列，为编辑处理稿件提供了便利，在编辑时可以播发先收到的内容、段落。后续的内容缺失也不影响新闻的完整性。同时也便于删节新闻价值相对较小、位置较为靠后的段落，便于控制节目的时长。对观众而言，只看前边的内容、不看后边的内容也并不影响对新闻的了解，只是了解程度不同而已，便于观众的收视。

这种结构不适合于故事性强、有情节、有悬念的新闻内容。

2. 时间顺序式结构

又叫编年体结构，按照事件发生、发展的时间顺序来直线叙述新闻事实的结构，这种结构通常没有导语。这种结构类似讲述故事，开头较为平淡，随着情节的推进，事件的高潮逐渐显现。如：《新闻时间》在 2017 年 6 月 1 日播出过这样一条新闻：

天津新港纸业公司火灾明火基本扑灭　无人员伤亡

2017 年 5 月 31 日晚 7 时 20 分，位于天津新港 4 号卡子门内新南纸业（天津）有限公司货场着火。货场附近空旷，周边无居民和企业，面积约 7400 平方米，堆放废纸约 1 万吨。

据天津市人民政府新闻办公室官方微博最新消息，2017 年 6 月 1 日早晨，经消防官兵全力扑救，火灾明火基本被扑灭，没有造成人员伤亡。目前正在进行现场清理，着火原因还在进一步调查中。

5 月 31 日 19 时 28 分，天津港新南纸业公司发生火灾，烧了 4 个小时之后，至 23 时 15 分，大火仍未扑灭，现场已有 53 部消防车在紧急灭火。火灾现场没有危险化学品，都是进口废纸。

天津港公安局消防支队向北京时间"此刻"（微信号：btimenow）介绍，新南纸业公司火灾的报警电话在 19 时 28 分响起，消防战士立即赶赴现场救火。

"天津滨海新区消防支队出动了 36 部消防车，天津港公安局消防支队出动了 17 部消防车,都在现场救火,现在还没扑灭。"天津港公安局消防支队有关负责人告诉北京时间"此刻",至 23 时 15 分,大火烧了近 4 个小时。

该负责人称,火灾现场没有危险化学品,"都是进口废纸,火势不会太大"。

这种结构的优点是线索清楚,叙事流畅自然,符合人们了解事物过程的认知习惯,易于为受众所接受。适合表现故事性强、情节完整、线索单一的新闻内容。

这种结构的缺点是重要内容往往不处于显要的开头位置,不便于观众尽快了解主要信息。

3. 悬念式结构

以一个巧妙的悬念作为新闻导语,引起受众的关注,随着报道的进展,悬念被逐渐揭开。这种结构既能突出新闻的重点,又能保持较强的逻辑感和条理性,长处很明显。如:

坑人的赌球[①]

2014 巴西世界杯,眼看着就进入尾声了。比赛跌宕起伏、充满悬念,既有冷门又有热点,既精彩好看又惊心动魄,广大球迷是大饱了眼福。可是也有一些人,他们也看比赛,他们也心惊胆战,但他们却得不到欢乐;在比赛尽头等待着他们的,没有胜利,只有失败。

近日,贵阳警方破获了一起特大网络赌球案,抓获犯罪嫌疑人 20 名,涉案金额超过 8000 万元人民币。对这起案件的侦破开始于世界杯之前。

经过近一个月的缜密侦查,警方掌握了一个覆盖贵州省各市州、

[①] 中央电视台 2014 年 7 月 11 日播出的《焦点访谈》。

组织框架复杂且分工明确的赌球集团网络。该集团根据内部组织职能，分为股东、总代理、代理、会员及赌客等层级，接受全省范围内的参赌人员对境外各赌球盘口进行网络投注。

犯罪嫌疑人，赌球集团某代理告诉记者，被他拉进来的人，赌球没有赢的，基本上都是输，最多的输了十几万元。他自己不赌博，因为赢钱的几率微乎其微。拉朋友进来赌球是想赚钱，觉得这些人输点钱不算什么。

贵某本身是个球迷，在这次世界杯期间，被拉下水参与了赌球。从第一场开始他就下注，每次的赌资不同，从几千元到几万元，他自信地认为自己很懂足球，下注很有把握，没想到半个月下来，他血本无归。他前后一共输了160万元左右，除了自己本金30万元，剩下的130万元都是借的。

欠了100多万元的账，贵某现在因为无力偿还只能东躲西藏，不敢回家。赌客们输了钱欠了债，可这个赌博团伙的组织者们却是从赌客身上大捞了一把。

为什么设赌局的赚得盆满钵满，而参与赌球的却常常倾家荡产呢？贵阳市公安局经开分局刑侦大队副大队长谷彦君给记者画了张图解释。从图上可以看出，赌客处于整个赌博集团的最底层，他们的赌资是构筑这个金字塔最有力的基础。而赌局的组织者，则是按照级别层层抽成，坐收渔利。

6月13日世界杯开赛，这个有着严密组织网络的赌球团伙开始行动了。到6月29日，短短15天的时间，这个赌博集团的有效投注金额就达到了8000多万元人民币。

这些赌博团伙是如何吸引赌客下注、操纵赌球的呢？谷彦君表示，他这个赔率不会是1:1，中间有差额，他就是吃中间这个水钱。

所谓的水钱，就是赚取赔率之间的差价，比如A、B两支球队进行比赛，A队庄家给出的赔率是1:0.85，B队的赔率是1:0.95，如果下注1万元,以A队获胜为例,那么赢钱只会赢8500元,但是输钱就会1万元全部输掉。之间的差价1500元就是庄家赚取的水钱。看似钱数不多,但是赌博人数越多这个基数就会越大。

参与赌球的赌客们开始都是奔着赢钱来的,最终,都是赢了小钱,输了大钱。很多参与赌球的赌客被公安机关抓捕之后都没有意识到,参与赌球是触犯了法律。他们对聚众赌博和开设赌场的认识并不清晰,甚至认为通过微信、微博赌球不算什么。按照国家规定,公民参与公益性质的博彩类活动例如足彩、体彩是可以的,此外任何形式的赌博行为都是违法的。

赌球就是赌博,同样于法不容。它不仅有害身心健康、妨害社会秩序,它更对足球事业的健康发展造成了巨大的危害。真正热爱足球运动的球迷朋友,都对它深恶痛绝;负有责任的执法部门,更不会容忍这种丑恶现象的存在。这是我们维护法律尊严和社会秩序的必然选择,这也是我们推动中国足球长远发展的必由之路。

这种结构适合于表现时效性不强而趣味性、情节性很强的社会新闻。

4. 并列式结构

当一条消息中有多个重要性相同的事实时,往往在导语中先作一个概括,然后在几个段落中分别介绍这几个事实,而这几个段落之间是属于并列关系,这种结构适合于综合新闻报道。下面这条消息介绍了全国各地喜迎新春的情形,山西、广西、澳门等是相互并列的关系。

《新闻联播》短消息[①]

年夜饭　团圆饭

习近平总书记在春节团拜会上说:"一句'回家过年',牵动着

[①] 中央电视台2017年1月28日播出的《新闻联播》。

亿万中国人最温馨的情愫。"是的，这种情愫里有一个最隆重的生活仪式，那就是老老少少围坐一桌，吃一顿团圆年夜饭。端起第一杯酒的时候，总得来两句开场白，口才不重要，家风最金贵，中国人的修身、齐家、治国、平天下，就都在这里了。

山西大同的孙秀兰一家三代都是环卫工，父亲干了40多年，自己接过那把扫帚也有33个年头，如今大学毕业的女儿也在这个岗位上扎下根。年夜饭上，88岁的老父亲一开口就把大家逗乐了。

年夜饭上的开场白，可能短短几句，但家风就在这几句话里一辈辈传承。广西南宁四世同堂的韦原仁一家，那句"积善之家，必有余庆"是他们的持家之本。

在外学习，在岗加班，不能回家，年夜饭也不能少。他们的开场白，少了家的内容，却没有失去温度。

今年春节，我们也通过新媒体，征集网友的年夜饭开场白。

撞钟祈福辞旧岁　张灯结彩迎新年

除夕夜，人们撞响祈福的钟声，迎接新年的到来。

现代感十足的灯光秀、传统味道浓郁的民俗表演，让除夕之夜美轮美奂。

大年初一，各地庙会热闹开锣。澳门举行了金龙巡游表演，在18头醒狮伴随下，238米长的金龙沿路向人们拜年，送去新年祝福。云南400多年历史的金殿庙会免费向市民开放，1200种茶花和40万株虞美人，让节日弥漫着花香。

【新春走基层·零点后的中国】隧道里的青春

我们看得见繁花似锦，背后往往是我们看不见的平凡劳作。当我们深夜安睡时，还有无数人正在岗位上辛苦劳作，让我们的社会继续平稳运转。新春走基层推出《零点后的中国》系列报道，向敬业精神致敬，为劳动者点赞。今天我们走进国家重大工程"京沈高铁"的地下工地，带您认识一群修筑隧道的年轻人。

除夕之夜,在京沈高铁望京隧道工地,70多名工人因为工作不能回家过年。

虽远在他乡,但真情并不被阻隔。不少工友家人专程从外地赶到北京团聚。

吃完年夜饭,工人们走进隧道,像往常一样上夜班。这些天,我们一直在这儿蹲点采访,记录下他们在零点后的故事。

零点深夜,"京沈高铁"的地下隧道施工段仍然亮如白天。

这次的"地下工作",崔秀明要为"京沈高铁"修一段八千米长的"望京隧道",施工团队24小时轮班作业,把一块块重达10吨的管片,拼装成隧道的管壁,而误差不超过1毫米。

农历小年是大寒节气,凌晨隧道的风口滴水成冰。这个夜班,可把工人们冻得够呛。张学良和师兆海,都是去年大学毕业来到工地的。这两个"90"后刚上班,老工友们可没少提醒他们别冻着自个儿。

凌晨1点左右,食堂在做加班饭。趁着等饭的当口,崔秀明特意带来保暖贴给工友们。

21号凌晨,连熬了几夜的崔秀明本想倒班睡个觉。但零点之后,远没有那么平静。

凌晨2:50,工地出现状况,让崔秀明马上去解决。从梦里被叫醒的凌晨,又是一个不眠的夜晚。

22号凌晨3点,隧道的挖掘正式向前推进。崔秀明紧盯着驾驶室屏幕上的参数,生怕失误。

23号凌晨,连着上夜班的崔秀明终于可以休息,但在宿舍,他却睡不着。儿子大半年没见着了,越到春节越想他。全家人都在山东,只能靠妻子一个人忙里忙外。

上述几种结构方式的选择,主要是根据内容的需要来确定合适的结构,形式为内容服务。同时,结构方式不应该成为"金科玉律",成为一种写作上的束缚。相反，我们在掌握新闻结构基本规律的基础上，要根据写作的具体要求，对新闻结构方式加以自由、规范运用。

（四）结尾写作

结尾是消息结构的一个有机组成部分。好的结尾，可以使新闻事实更加完整、逻辑更加严密、有助于提示和深化主题，取得更好的传播效果。

需要指出的是，不是所有的消息都有结尾，尤其是篇幅短小的消息，主体事实介绍清楚之后戛然煞尾，也是存在的，但这种情况不普遍，绝大多数消息是有结尾的。

结尾应该是内容的自然延续或补充，如果内容表述已非常完整，只是出于形式上的考虑，为了结尾而结尾，加上一个可有可无的结尾，那就成了画蛇添足，是不足取的。

结尾可以有多种方式，可以是对内容的概括、补充，可以是对主题的深化、升华，可以是对事件的评论、呼吁，等等。但不管如何结尾，都要注意以下几点：

（1）结尾切忌空泛，如果没有新的内容可写，就应戛然而止。

（2）结尾要简洁有力，不要拖泥带水、繁冗重复。

下面这条新闻的结尾就是对导语内容的重复，应该力避这种情况出现。

省城出新招整治街头小广告①

日前，太原市引进了一套俗称"呼死你"的电话阻塞系统，以应对街头小广告的泛滥。

"呼死你"是非法小广告电话警告阻塞系统的俗称。其运作方式是城管监察人员用数码相机拍摄下小广告上的电话号或传呼号后，通过拨打对方电话或传呼号，核实对方是否在进行非法行为，并将通话进行录音，和照片一起作为证据，然后将这些号码输入电话阻塞系统，

---

① 2003年黄河电视台播出的《黄河新闻》。

系统就会自动循环拨打所列入的电话。凡是进入系统的电话号码，系统将会根据张贴次数、电话接通次数、开始监测等条件，在24小时内循环拨打，迫使对方关机，在警告阻塞一段时间后，当发现某号码不能再接通时，此号码将被删除。

非法张贴涂写小广告，尤其是喷涂办假证广告，一直是影响省城市容、市貌的一大顽疾，这次太原市监察总队和六城区监察大队引入"呼死你"系统后，将可以运用高科技手段应对街头的小广告。

（3）好的结尾应该能够对主题、内容进一步地深化，令人回味、思考。下面这条新闻的结尾，通过简单的评论，对新闻主题作了进一步的深化。

大凉山深处"慢"火车"快"扶贫[①]

在高铁飞速发展的今天，可能很多人并不知道，仍然有81列"慢火车"在祖国各地运行。成昆线上的5633次列车，就是其中的一列，车速不超过40公里/小时，票价还是上个世纪的标准。在过去的47年当中，她承载着千千万万的同胞进出大山。

四川省的大凉山地区，是我国最贫困的地区之一。大凉山深处，群山盘亘，悬崖频现，相隔甚远的一间间民房孤独地倚靠在半山腰上，而吉克瓦泽的家就在这里。

今年52岁的吉克瓦泽，是喜德县沙马拉达乡火把村的建卡贫困户，这座土墙房子是他们夫妇俩和四个孩子的家。吉克瓦泽和乡亲们一样，几乎过着原始的农耕生活，种植土豆、玉米和荞麦等农作物和养一些牲畜，而卖掉这些农产品是他们的主要家庭收入。

下午一点，吉克瓦泽带着小女儿早早来到了沙马拉达车站，此时，已经有30多名乡亲在站台守候，和吉克瓦泽一样，他们中很多人都

---

① 中央电视台2017年3月26日播出的《新闻联播》。

是赶往喜德或者西昌卖东西，站台上堆满了他们要卖的土豆、酸菜、腊肉、活鸡，甚至还有活猪。列车缓缓地停靠站台，大家开始排队上车。

火车上，汉语不太流利的吉克瓦泽跟记者盘算着，这一趟60斤玉米能挣70块钱，两只鸡能挣90块钱，往返一趟一个人8块钱的火车票，还能挣100多元，是笔大收入。

5633次列车全程票价25.5元，最低票价仅2元，60岁以上老人和贫困户还免费。也正是由于低廉的票价，才能让沿线的群众留下大部分的收入来改善生活。

目前，全国共81对慢车承担着扶贫公益的角色，占普速旅客列车开行总量的近6%，2016年共运送旅客近3000万人次。这些列车主要分布在西南、西北和东北偏远贫困地区，长期执行1995年的普速旅客列车运价标准，票价30多年来未变，方便了沿线群众出行，也促进了老少边穷地区脱贫攻坚和发展致富。

二、消息分类写作

从不同的角度划分，消息有不同的分类。下面我们从体裁和题材两方面对消息进行分类，介绍它们各自的写作特点，这样能够更全面地了解各类消息的写作特点，掌握其写作方法。

（一）体裁分类

体裁，是指作品的表现样式。对电视消息而言，体裁分类也就是以作品的写作特点和表现手法为依据进行分类。电视消息依据体裁可分为五类：动态消息、特写消息、综合消息、经验消息、解释性消息。

1. 动态消息

动态消息是对于当前发生的或正处于运动状态的新闻事实的简洁报道，是新闻中数量最多、题材面最广、时效性最强的一种消息体裁。

在动态消息写作过程中，注意把握其以下特征：

（1）动态消息以事件报道为主要内容，突出新闻的时新性与重要性。

事件新闻时效性强、事实清楚、线索单一，非常适合动态消息的表现。而对于那些非事件新闻，由于其内容纷繁、逻辑复杂，结构简单、篇幅短小的动态消息根本无法将其清晰地表达出来。需要指出的是，以事件报道为主，并不意味着事件报道是动态消息的全部。动态消息的内容除了事件外，还包括政治、经济、社会生活中的新情况、新变化、新成就、新动向等。但无论是哪类内容，动态新闻选材的主要标准是时新性与重要性，总是把最新鲜、最重要的内容，突出地写入导语之中。

（2）动态消息写作要直截了当，一事一报。

动态消息以及时、快捷地反映新闻事实为基本要求，因此在开头部分就应把最主要的事实写出来。直截了当，不延宕、不设悬念，而是通过事物本身的新闻价值来冲击、吸引观众在观看的第一时间就得到有价值的信息。同时，动态消息篇幅较短，要在有限的篇幅里说清事实，要求内容要十分精炼，只抓住一个主干事实，不去反映新闻全过程和所有方面。

（3）动态消息以客观叙事为基本写作方法。

同其他消息不同，动态消息很少发表议论、评价。它以客观地叙述新闻事实、传播信息为主，观点表达含蓄，是建立在叙事基础上的。

2. 特写消息

特写消息是对新闻事件中富有特征的片断加以细致描绘和再现的一种新闻体裁。特写消息适合于表现新闻的现场声画，具有电视特点，有很强的表现力和感染力。

写作特写消息，注意把握以下几点：

（1）特写的题材应是富有特征、与众不同的。

不是任何素材都可以做成特写消息，而必须是那些个性化的、有情趣的、有意义的或非常态的事物才能构成特写。

（2）特写表现的内容时空高度集中。

由于特写是对新闻片断、典型场面、新闻事件的一个剖面进行描述和再现，只有在高度集中的时空中才能细致展开。因此，那种时空跨度较大、内容较为复杂的新闻，不适于用特写来表现。

（3）特写消息要以现场声画为主。

特写消息侧重于对现场的描述、对细节的表现。因此消息的主要部分要用人物同期声、现场环境声以及与之相匹配的现场画面来完成。解说词只进行必要的新闻要素的介绍和背景的补充，以及画面的过渡。

（4）特写消息往往采取时间顺序式结构来叙述。

特写消息的精彩内容、富有特征的片断一般是随着时间的推移逐渐自然出现的，如果采取"倒金字塔"结构，就会提前将关键内容说"漏""泄密"，使得观众失去继续观看的兴趣。

有困难找政府[①]

"滚滚洪水流疮痍，声声关爱暖人心。"两天来，国务院副总理温家宝带着党中央和国务院领导的深切关怀进帐篷住农户。

在重灾区北湖区月峰乡瑶族村，村民邱长文流着泪告诉温家宝，他的弟弟邱长武夫妇都被洪水冲走只剩下九岁的女儿邱斐和三岁的儿子邱志豪，温家宝执意要看看这对不幸的孩子。

邱斐："温伯伯。"

温家宝："你好，你好，别难过。应该叫伯父，对吧！伯父好好照顾你，有困难的话政府帮助你。好吗？"

邱斐："谢谢温伯伯。"

温家宝："你好好学习，把弟弟带好。把孩子带好，就委托你了。有什么困难你就找政府，不行就找我。"

---

① 江欧利.中国广播电视新闻奖2002年度新闻佳作赏析[M].北京：新华出版社，2004.

邱长文:"好!"(掌声响起,歌曲《信仰》前奏响起)

温家宝:"再见,我有时间再看你。"

3. 综合消息

综合消息是围绕一个主题对多个新闻事实进行归纳、综合、概括、提炼而成的消息报道。多为对某一时期、某一领域全局性情况的反映,既有面的概括,又有典型材料做说明,点面结合,具有较强的思想性和指导性。

写作综合消息,注意把握以下几点:

(1)要善于分析材料,体现报道思想。

综合消息内容繁杂、涉及面广,有横向的多个侧面、不同领域的事实的综合,有纵向的一个时期的事实的综合,也有纵横交织、时空结合的新闻事实的综合。面对大量的材料,一定要善于总结、分析。

首先,要将各种材料分类、归结,对其进行定性分析。

其次,要根据报道思想选择相应的材料构思、写作。

(2)要精选典型事例,点面结合反映全局。

综合消息由于内容是概括、归纳的,因而容易抽象、干涩。因此,运用典型人物、典型事实来表现抽象的内容,可以显得生动、具体、有说服力。点面结合,既有理性概括,又有感性认知,能够更加生动全面地反映全局。

(3)综合消息通常采用并列式结构不定期叙述,内容、结构显得系统而规整。

4. 解释性消息

有些消息由于内容的专业性强或为了强化某种传播目的,在报道新闻事实的同时,更侧重于提示和说明新闻事实的原因、内涵和性质,以及同相关事物的联系,对某些现象、事件、事实进行解释、廓清和引导。常见于自然界、社会生活、政治活动方面的重大事件和新动向的报道。

写作解释性消息，应该注意以下几点：

（1）要介绍清楚新闻事实的原因、经过、背景，并进一步给出正确的解释。一般的消息，包括动态特写，对原因、经过、背景没有要求。但写作解释性消息，必须了解清楚事实的来龙去脉，对原因、经过、背景这三要素做出明晰的介绍。有了对上述要素的了解，需要解释的内容、说明的问题也就迎刃而解了。

下面这条新闻是对国际政治现象进行的解释：

联合国安理会的组成及表决原则[①]

美国要想为对伊战争寻求更多的支持，美英提交的新决议草案能否在安理会获得通过至关重要。

安理会由5个常任理事国和10个非常任理事国组成。5个常任理事国是中国、法国、俄罗斯、英国、美国。10个非常任理事国由联合国大会选举产生，席位按地区分配，任期两年，每年改选5个，不能连选连任。目前，安理会的10个非常任理事国分别是安哥拉、德国、西班牙、智利、巴基斯坦、叙利亚、喀麦隆、几内亚、保加利亚、墨西哥。

安理会的表决原则是：每一理事国有一个投票权。程序问题由15个理事国中至少9个理事国的赞成票决定；实质问题必须包括5个常任理事国在内的9个理事国的赞成票来决定。任何一个常任理事国投反对票，都可否决该项议案，即每个常任理事国都拥有否决权。非常任理事国无否决权。

（2）要善于深入分析现象，抓住事实本质。

解释性消息需要对报道内容，对自然界或社会生活、政治活动中隐藏在表相背后的真实挖掘出来，只有抓住本质，找到事物形成的关键的真正

---

① 中央电视台2003年2月28日播出的《午夜新闻》。

的因素，才能对新闻事实做出完满解释。

（3）写作中要做到科学、严谨、客观。

解释性消息不但要对自然现象的报道采取科学、严谨的态度，对于政治、外交、经济、军事等社会学领域的问题和现象也要持相同的态度，从而做出客观、准确的分析，保证报道的内容的态度真实，可信。

5. 经验消息

通过对部门或个人的先进做法、成功经验的报道，提供相关领域甚至全社会借鉴的模范典型，来推动工作的进展，倡导社会的文明进步，宣传贯彻党的路线、方针、政策，是我国新闻特有的体裁，也是报道量较大、重要性较强的体裁。

写作经验消息，应该注意以下几点：

（1）选择典型的、有针对性的、适于推广的经验。

典型经验是同类事物中十分突出但同时又能够代表绝大多数同类事物的经验。典型一定要真实，不能为了达到宣传的目的而弄虚作假，捏造事实，人为拔高。表现典型时还要客观，典型首先是普通的个体，其次才是具有示范意义的典型，所以要实事求是，把握好分寸，不能回避甚至矫饰存在的问题和缺陷。

树立典型是为了推动工作，所以要考虑典型经验的针对性、适用性，根据典型经验的背景和适用范围，做出合理的报道。

（2）经验报道要具体实在，有说服力，便于学习、借鉴。

经验报道不能抽象地大谈空洞的所谓经验、启示，必须要深入实际，细致深入地调查、了解，结合报道对象的情况、做法，做出具体的报道，给实际工作切实带来帮助。

（3）要善于概括、提炼经验的思想内涵，给人以理性的启示。

作为对实际工作具有指导意义的经验，不应只停留在感性的、事务性报道的层面上，它应该是党的路线、方针、政策的体现。因此，只有在具体事实的基础上所提炼的理性思考，才能够更为全面、深刻地去指导实践。

以下这则经验报道节选自中央电视台 2012 年 9 月 23 日《新闻联播——时代先锋》中的一期《林俊德：生命最后的抉择》，报道中点面结合，既有生动具体的事例，又有高度的理论概括和深入的理性思考，具有强烈的典型性。

时代先锋　林俊德：生命最后的抉择

中国工程院院士、总装备部某基地研究员林俊德，入伍 52 年，参加了我国全部核试验任务，为国防科技和武器装备发展倾尽心血，在癌症晚期，仍以超常的意志工作到生命的最后一刻。

今年 5 月 23 日，西安唐都医院收治了一名胆管癌晚期患者。入院第二天就出现肠梗阻，腹腔大量积水，引起肝、肾功能衰竭，只能靠生命支持系统来维持。

西安唐都医院护士长　安丽君：一开始，他让我就觉得跟普通病人不一样的，就是他对自己的病情很清楚，但是表现得特别淡定。

西安唐都医院惠宾病房主任　张利华：让我更惊讶的事情是，他对我说，利用有限的生命，继续工作，他没有选择做进一步治疗，这是我行医 29 年以来第一次遇到。

林俊德是我国爆炸力学与核试验工程技术领域的专家，从 1964 年我国第一颗原子弹爆炸到 1996 年我国进行最后一次核试验，他参与了全部 45 次核试，近年来，他仍致力于国防科技和武器装备前沿课题的研究。

总装某基地副政委　侯力军：为什么当时他这么着急地抓紧时间工作、拒绝治疗？他当时正在整理、汇集一项重大的科研发展的技术思路。

林俊德：C 盘弄完了？

女儿：C 盘弄完了。我知道了，那还要弄哪个？

林俊德：下面就是。

女儿：把 D 盘弄了，好，我把 D 盘弄了。

林俊德的女儿：劝没用，我们也劝不住他。因为后来他知道病情后，他对我讲，我要有质量的 1 天，不要没有质量的 10 天。

身边陪护人员用便笺记录下林院士临终前的点滴话语。八页纸上，记录最多的就是，我等不了了，我要工作。在去世当天的记录中，他先后九次拒绝了周围人的劝阻，并说，不要强迫，我的时间有限，你们不要打扰我，让我专心干点工作。

林俊德：很细了，比较清楚了！

女儿：这是你拍的照片，很清楚，啊？

老伴：医生想叫你休息一会儿。

林俊德：坐着休息。

老伴：坐着比躺着好。

林俊德：对，一躺下，就起不来了。

西安唐都医院惠宾病房主任　张利华：他坐在那里是靠着生命系统来支持他，前面有人给他撑着扶着，后面这个垫子，头已经很难支撑了，就像是软的，有人帮他扶着，我们每一个医务人员在场的，没人说话，但是没有一个不流眼泪的。

入院第八天，林俊德完成了所有资料的整理，终于答应休息一下。

在生命的最后八天时间里，林院士向同事们转交了手头上的全部科研技术资料，笔记本记录下临终前要完成的几项工作，甚至开启保密柜的方法都绘制了示意图，但在家人留言一栏，却是空白。

总装某基地原研究员、林俊德的爱人　黄建琴：老林，老林，现在不要睡觉，我们一会儿晚上天黑了再睡觉，听见没有。

5 月 31 日晚，为国防科技事业操劳一生的林院士，完成了生命中最后一天的工作，在老伴的呼唤声中安然睡去。

(二) 题材分类

题材即新闻作品的取材、内容，题材分类就是按照表现对象、内容的不同对消息进行的分类。电视消息依据题材可分为：政治、经济、社会、文艺娱乐、科技、教育、体育、卫生等新闻。

新闻从题材方面划分。都与某个专业或行业相关，具有专业特点，都属于专业报道。因此在这部分内容里，将不再单独介绍每类题材的行业特点，只从新闻的角度，从专业报道总体要求这个方面对此类消息写作进行分析。

但在所有的专业报道中，社会新闻内容繁杂，报道方法独特，相对于其他专业新闻而言，行业性不是很强。同时又在新闻报道中占据重要地位，所以将对社会新闻写作单独进行介绍。

1. 专业新闻写作的总体要求

（1）要求记者必须了解行业情况，掌握专业知识。新闻部门，尤其是消息总汇栏目的记者，都存在各自分工报道的领域和范围。记者除了具备良好的新闻业务素养外，还必须熟悉自己所报道的专业领域。

首先，要了解行业情况，包括行业部门的设置、职能范围、日常动作、重要活动、法律规定、报道宜忌等。比如作为时政新闻记者，必须了解党政机关的基本情况，了解政策、形势，知道领导人活动的程序、规律，遵守新闻纪律，面对一些敏感、特殊的内容，哪些能拍、哪些能报都应该有正确的判断。

其次，要有专业知识，这是把消息写深写活的前提。比如，在报道同样的内容时，不懂专业的记者即使获取了相关材料、事实，往往也无法将内容消化，写出的报道会比较生硬。而具有专业知识的记者就可以找到重点、解释难点，合理布局、深入浅出地作好报道。

如下列这则排球比赛的体育新闻中，有大量的专业术语和技术分析，充分体现了体育记者的专业素养。

男排联赛新人崭露头角　新周期中国男排大有希望[①]

本赛季的全国排球联赛,由于中国女排在里约奥运会夺冠以及大规模的运营而受到了前所未有的关注,这种关注不仅仅是在女排赛场,男排联赛同样如此。北京和上海两支外援巨无霸球队奉献了4场精彩绝伦的男排联赛决赛对抗,除了这两支队伍外,其他球队也不遑多让,让本届联赛的竞争更加好看。除了外援,联赛一直是新人上位之地,而今年的男排联赛,就涌现出来了一些新人。

首先就是北汽男排的江川了,实际上在去年,江川就已经冒头,去年他入选了国家集训队(编者注:中国男排二队),并且在年底的亚洲杯上大放异彩,联赛只不过是一个更加证明他实力的舞台,与两位超强外援桑德和奥利奥同队,江川的光芒并未被这二人掩盖,得分榜他排名第六,扣球榜第九,但值得注意的是,江川的扣球效率达到60%,在扣球榜中可以排名第四了。发球榜,江川第11位,在两位外援主接一传的情况下,江川将自己的进攻优势发挥到了最大,撑起了北京队的接应位,这也让北京队经常"三点"甚至"四点"齐飞。

除了江川,副攻线上也有新人涌出,四川男排95年的副攻王兆瑞在今年联赛的拦网榜上力压几位国字号副攻,排在了第一位,本赛季王兆瑞是第一次担纲四川男排的主力,他身高臂长,拦网高度较好,擅长定点拦网,而局均0.76个拦网,排在第五位,但他的不足之处在于,由于还是一位年轻的小将,因此在拦网的判断与经验上仍然需要加强,此外,进攻上他依然有所欠缺。

虽然拦网榜上,王兆瑞高居第一,但局均拦网的第一名则归属湖北队的缪阮彤,他与王兆瑞同为95年的小将,缪阮彤本赛季的局均拦网得分达到1.15分,也是榜单中唯一一位局均拦网过1分的球员。由于母队湖北在联赛中成绩欠佳,他在去年才得以随国家二队征战亚

[①] 2017年3月27日《体坛+》特约记者诺克报道。

洲杯，并且一举拿到了最佳副攻，而在今年与国家队队友的直接竞争中，缪阮彤也表现得不落下风。

主攻位置上的刘力宾同样让人期待，虽然本赛季由于北汽引进了两位外援均为主攻，因此刘力宾的上场机会甚少，但从去年亚洲杯的表现来看，他依然是未来值得期待的一颗新星，95年的他与江川一样，成为去年亚洲杯的赛场男排的最大收获，还收获了最佳主攻。他弹跳出色，技术全面，但美中不足的是，后排防守较弱，本赛季北汽引入两位强力外援，相信刘力宾也能学到许多东西。

（2）写作时注意专业性与通俗性的结合。

专业新闻必须要写得具有专业性，才能有深度、有力度、有权威性，但这些内容中往往包含着普通受众所不了解的专业知识。因而，要使受众看懂专业新闻，记者必须认真做好解释和说明工作，力求写得通俗易懂。记者应对内容有深入的理解，选择平实的语言和形象的方法进行表达，对专业术语进行通俗的解释。

（3）针对不同体裁，写出各自特色。

尽管各类专业新闻具有专业性强这一共性特征，但在具体写作各类体裁时，还要因"文"而制宜，根据不同体裁的特点和内在要求，有针对性地写出其特色和个性。

在写作政治新闻时，要突出其时效性、重要性和严肃性；写作文娱新闻，要生动、活泼，讲究趣味性；而科教新闻则主要把握好其思想性；写作体育新闻也要抢时效、考虑广大受众、传播专业知识；在写作卫生新闻时，突出其接近性和服务性，在专业知识的通俗解释上下功夫，还要注意严谨、准确，切忌报道失实。

2. 社会新闻写作

社会新闻是以社会生活、社会现象、社会意识形态为主要内容的新闻，报道范围广泛，涉及人口、就业、道德、秩序、婚姻、家庭以及人类社会与自然界中的奇异现象。

其内容大致分为四类：道德风尚、灾难报道、法制新闻、奇闻轶事。具有社会性、广泛性、知识性和趣味性等特点，能够引起受众的收视兴趣，对于开阔眼界、移风易俗、匡正时弊、引导舆论，起着重要的作用。在新闻报道中，占据着举足轻重的地位。

在社会新闻的写作过程中，应该注意以下几个问题：

（1）以正面报道为主，是非鲜明。

社会新闻内容庞杂，但在写作选材时应以正面报道为主，弘扬主旋律、树立新风尚、倡导文明道德，多发现、传播具有积极意义的人和事。

注意控制负面报道的数量、比例，对于社会阴暗面以及消极的内容，记者要立场鲜明，态度明确地予以反对、贬斥，进而揭露、批评，以惩前毖后，进行积极的舆论引导。

（2）注重作品的社会效果，避免产生副作用。

社会新闻深受受众喜闻乐见，影响很大，因此在写作当中要慎重严谨。首先，内容的选择上要注意避开那些禁止报道的范围。例如反动、色情、暴力、封建迷信、有违宗教政策、伤害民族感情和其他败坏社会主义道德的内容。其次，在手法上避免有闻必录和自然主义的描写，尤其在揭露假、丑、恶的内容时，重在报道其后果和社会影响，不要过多地描写违法、犯罪过程，否则会引发一些不良后果。另外在法制报道中，要注意不能干涉、影响法律程序和司法公正。在批评报道中，注意避免新闻报道侵权行为的发生。

（3）社会新闻要有健康的知识和趣味。

社会新闻具有很强的知识性和趣味性，可以帮助受众开阔视野、增长见识、娱乐身心、放松心情。但要注意知识性、趣味性与思想性的结合，寓思想于情趣中，才能收到良好的传播效果。一定要防止低级趣味对社会新闻的侵蚀，更不能堕入资产阶级"黄色新闻"的窠臼。这就需要记者提高思想修养，遵守职业道德，培养健康的知识和趣味。

（4）社会新闻写作要通俗、充满情趣。

形式服务内容。社会新闻以其内容的贴近、趣味深受欢迎。那么在写作上也要注意通俗，运用口语化、形象化手法去贴近受众。同时也要尽可能写出情趣来，利用事件本身蕴含的戏剧性因素和生动有趣的细节和情节，设置悬念，"抖包袱"，突出新闻的故事性。

如以下这期节目就充满了情趣：

我拿什么奉献给你·儿女篇[①]

我妈是10月份生日，往年过生日呢，我都是给她买一个大的蛋糕，可这人一上岁数不怎么能吃甜的，经常是一个蛋糕，我妈只吃几口，剩下的都便宜我了。

去年冬天我琢磨着不能再买蛋糕了，就去商场转了转，一看那棉睡衣不错，好看又保暖，冬天买回去给我妈当礼物正合适。

往年冬天我妈在家就穿一件旧毛衣，天再冷点就再添一件，但她究竟穿多大号我根本也不知道。不过她人既不高也不胖，我想买大了总比买小了强，所以我就试着给她买了一件L号大号的。一开始我还怕我妈埋怨我瞎买东西，可是没想到这睡衣拿回家给我妈，她特高兴，又是看又是摸，跟小孩似的。可是穿到身上一试还是大了。

虽然稍微大了点，不过穿起来还是差不多，从那个星期以后，每次我回来我都看到我妈穿着那件睡衣，做饭也好，干活也好，她都不脱下来，看得出来她还真是挺喜欢，她这样我也挺满意。后来那段时间，我实在太忙了，连每周回去一次我都很难做到，可是偶尔回去一次我总能看见我妈穿着那件棉睡衣，虽然我不能待在父母身边陪着他们，可那件棉睡衣会替我陪着我妈，这样我也能踏踏实实地放心工作了。

可直到第二年开春，我才能有机会好好陪陪父母，可是聊起那件棉睡衣，我爸居然告诉我，我妈根本没怎么穿过。（闪回过去的场景）

[①] 《本周》．中央电视台，2008.2．

这睡衣啊，的确不合身，尤其干活的时候特不方便，可我妈又是那种闲不下来的人，所以平时她还穿以前的毛衣，每个礼拜只有我回家的那天她才穿上，就是为了让我高兴，让我觉得这东西没白买，同时也怕我不好意思。可是这么长时间我也没回来，那件睡衣也就一直挂在衣橱里。

本来是我买了一件睡衣送给我妈，可是现在我反倒觉得心里欠我妈很多东西，本来想在冬天里送给我妈一点温暖，可是现在觉得，冬天快要过去了，却是我妈给了我温暖。

第二节　专题类电视新闻写作

专题类电视新闻是综合运用电视表现手段，对新近或正在发生、发现的重要新闻题材所作的深入、详尽的报道。围绕主题，完整、细致地报道事物的发生、发展及影响，分析原因、展示过程，对新闻事实进行解释、预测、点评。专题类电视新闻是深度报道的一种。专题类电视新闻从体裁上可分为专题报道、新闻调查报道两类；从制播形式上又可分为特别报道、实况直播报道和电视新闻性杂志型节目等类型。下面我们将结合专题报道、新闻调查报道、特别报道、实况直播报道和电视新闻性杂志型五类节目的特点和采制要求来研究这五类节目的写作。

一、专题报道

专题报道是对新闻事实客观、详细、深入的报道。与消息相比，除了现场直播的情况外，一般来说，专题报道的时新性弱于消息，但内容更为充分、详实，报道手法更加灵活、丰富；与新闻调查相比，专题报道在议论方面只能稍加引申发挥，不能用过多的议论、推理来说明问题，而新闻调查则侧重于剖析事理，展现调查过程，可以较多地使用议论、推理等方法挖掘原因、说明问题；与专题片相比，专题报道时效性更强，政论性较弱。写作专题报道应注意以下几点：

1. 选题重大、主题明确

专题报道篇幅长，内容深，影响大，一般的新闻题材是不会被纳入选题范围的。只有那些重要的、典型的、极具新闻价值的、传播效果显著的内容才有必要、有价值制作成专题报道。同时，专题报道的主题必须集中、明确，这样有利于调用大量的相关材料问题说深、说透。

如中央电视台《新闻调查》2017年3月25日的一期节目《留守的世界》，就以留守儿童为主题作了一篇专题报道。作为专题报道，选择了一支以留守儿童为主的女子篮球队为叙事对象。她们是凉亭坳小学女子篮球队，连续3年获得怀化市小篮球比赛的冠军，并一度打入全国"苗苗杯"小篮球比赛的前八强。篮球为这群孩子带去快乐的同时也打开了梦想的大门。通过演播室采访、外景画面相结合的形式，采访了孩子们和她们的篮球教练，探寻并了解她们的内心世界，以篮球作为一条重要的辅助线进行了深入的报道。

2. 新闻素材要具体完整，有厚度

作为深度报道，要通过丰厚的材料来展示事实，体现主题，因此专题报道写作必须具备丰富、充足、有厚度的新闻素材。具体来说，应该具备以下几方面的材料：

① 新闻事实（时间、地点、人物、事件）；
② 背景；
③ 相关事实；
④ 过程；
⑤ 原因；
⑥ 意义；
⑦ 有关的分析和说明。

3. 科学经营、合理布局，建立完善的结构

专题报道内容庞杂素材众多，驾驭起来有相当难度。编辑记者一定要有清晰的思维，找到明确的线索，从容叙事，条剖缕析，深入事物本质。

不管是根据时间、空间、时空交织因素，还是根据逻辑因素来结构全篇，一定要有明确的主线围绕主题，安排好段落、层次，考虑过渡、呼应，精心设计开头、结尾，以完善的形式表达出深刻的内容。

4. 运用视听语言突出电视特色，强化专题报道的传播效果

专题报道应该发挥电视声画并茂的优势，利用视听语言传递立体信息，尤其应注重现场声画的捕捉，关键过程、细节的运用，处理好声画关系，更加有力地突出内容的表达，给观众留下深刻的印象。

二、调查报道

调查报道又称新闻调查，是通过对深受关注的新闻事实所作的全面深入的调查研究来了解事实的来龙去脉，透过表象、探究原因，从而提示事实的本质和真相，引发受众深层次的思考。

调查报道的主体应为提示性调查，主要针对群众关注的社会现象、社会问题进行调查采访，认知事实全貌、了解深层真相，得出有价值的、属于指导性的启示。

也有少部分基本情况调查和典型经验调查。

不论是提示性调查还是基本情况调查或典型经验调查，都要突出调查这一本质，即对复杂问题的深层探究。

调查性是调查报道区别于其他新闻文体的本质特征。具体来讲，就是要突出调查报道的动态过程。即调查报道不是表面地报道一件事情单纯的发生、发展的过程，而是要通过各种手段进入事实本身，随着记者的调查过程一步步获取真相。

调查报道理性思辨色彩较浓，在展现调查事实的过程中，可以利用议论、推理等方法来剖析整理，这也是调查报道的一个重要特点。

在调查报道的写作过程中，应该注意以下几点：

1. 以调查探究为线索组织结构

对于事实的调查探究的过程是调查报道的基本内容，也是贯穿整个作品的主线。记者通过详细、彻底的调查采访逐渐逼近真相，揭示事实的完整情况的同时，也就完成了对于调查报道的叙述和结构。

为了保证调查的高质量和高效率，记者在采写过程中要掌握详实的材料，利用各种方式，通过广泛的、多层面的采访、联系，获取大量的间接资料及第一手资料，使得调查报道客观、系统、公正。

2003年是中国最最严重的非典时期，北京和香港的疫情最为严重。非典型肺炎已被频繁讨论，当时在新闻调查工作的柴静决定去探寻事实真相。记者柴静随北京市急救中心、疾病控制中心的医护人员一起，全程跟踪120出动接收病人、进行流行病学调查、患者转院的情况，报道隔离区生活、进入传染病房采访SARS患者，从抗击非典最前线带回全面详细真实的报道。

2. 把握叙事技巧，突出调查报道的故事性

作为深度报道，调查报道的内容比较复杂、丰富，调查及叙事过程是以进行时态在逐步推进。在整个作品结束之前，事实处于未知状态之中。因此，可以利用其叙事上的这个特点，寻找事件的故事性因素，设置悬念，实现情节化叙事，最大程度地吸引受众。

中央电视台《新闻调查》2003年7月21日播出的节目《双城的创伤》，在叙事上就利用悬念、矛盾冲突、观点交锋等技巧实现了叙述的故事性。这期节目讲述了西北武威双城镇的一个学校，同一个班级里五个小学生连续用服毒的方式自杀，没有人知道为什么，但是获救的孩子都保持沉默，记者通过这期节目来探寻孩子沉默背后的真相。节目在叙事时层层设疑，采取了这样的结构：

（1）数名少年相继自杀，是感情纠葛，还是另有他因？

（2）孩子们内心的生死。

（3）孩子和大人的距离有多远？

由于有着较强的故事性，节目对观众就有了很大的吸引力。

3. 分析事实、理性思考，增加作品的厚度和力度

调查是一个透过表象、深入开掘的过程。在叙事的基础上，要对事实进行分析思考、逻辑推理。这样来推动调查由浅入深，逐层发展，从而避免作品流于表层、简单片面，增强揭示问题和舆论引导的力度。

中央电视台《焦点访谈》2017年3月24日播出的《亿元假货案的背后》、中央电视台《新闻调查》2017年2月11日播出的《毕业了》，通过节目对事实真相的探索，更多的是对这一类事件背后的社会问题的深度剖析。

4. 运用电视语言展示调查过程

电视语言以立体全息的方式将调查过程中的信息尽可能全面地传递给观众，使得调查报道具有较强的可视性与说服力。

调查报道可以有多种表现形式，但对于记者调查行程的记录，记者与事件相关者的对话为揭示事实的重要部分，这也正是电视表现的主要内容。而记者也不仅仅是采访调查的实施者，同时也成为重要的结构线索和表现元素。

三、特别报道

特别报道是对特别事件或重大选题的报道，这种报道一般能够引起观众特别关注。特别报道的题材一般比较重大，都是观众非常关心的事件，如每年的"两会"特别报道，伊拉克战争特别报道和中国国民党荣誉主席连战大陆之行的特别报道等。特别报道由于题材的特殊性，所以报道时应注意以下几个问题：

1. 报道时机的选择要恰当

对于事件性的特别报道而言，由于时效性较强，往往是在事件发生余波未尽的时候推出，随着事件的发生发展不断扩大报道范围。如：在2003年中央电视台对伊拉克战争的特别报道中，每天都报道战争局势的新进展，并且把专家请进演播室来分析战争局势并对战争的发展做出一定的预测，通过这样不断地提供最新信息和适时的背景介绍，并且做出分析与预测，让观众全面地了解新闻事实。

而对于一些非事件性的特别报道而言，这些报道往往是在一定的时代背景下推出的，同时这类特别报道大多在黄金时间播出，非常注重说明主题。如中央电视台为符合反腐倡廉的时代要求，2017年专门推出了一档《打铁还需自身硬》的专题报道，通过一些具体的事例和适当的评论，使得报道非常生动并具有说服力。

2. 特别报道要讲求时效性原则

时效性是新闻报道中应普遍遵循的原则，特别报道也不例外。在事件性特别报道中，时效性应作为一个首要的要素，此类新闻应以新闻事件为中心点，围绕事件本身及事件引起的影响迅速地展开全方位报道。

非事件性特别报道的时效性虽然没有事件性特别报道要求强，但也应该以特定的时代背景为大的点，选择近期被普遍关注的题材来说明主题，如：2017年中央电视台播出的《打铁还需自身硬》是由近两年落马的十余位严重违纪、违法的纪检监察干部现身说法，他们将自己思想蜕变的过程和违纪、违法行为都剖析开来，警醒着广大的党员干部。作为纪检监察干部就更需要加强自身建设，抵制住诱惑，纪检监察干部的腐败对于其他党员干部来说就更重要，凡是要求别人做到的事情，纪检监察干部就必须先做到，要先做出样子来做表率。专题片反映了党的十八大以来，纪检监察机关认真贯彻习近平总书记的指示要求。

3. 特别报道在表现手法上和表现形式上应灵活、多样

特别报道在表现手法上没有固定的模式，应该充分利用电视传播的特性将新闻事实又快又好地传达给观众，因而就可以将解释、对比、分析等手法综合运用。另外，特别报道在表现形式上也没有固定的格式，可以将现场报道、采访回答、图像新闻、新闻特写等各种报道结合运用。同时，特别报道也不受时间顺序限制，可将过去、现在、将来时态综合运用。例如：中央电视台国际频道在对 2005 年 4 月中国国民党主席连战大陆之行的特别报道中，通过演播室内外的连线，采访了一些相关人员，也加入了许多专家的分析与解释，使得这次特别报道更加完备。

  主持人：您好观众朋友，欢迎收看中央电视台《跨越海峡的握手——连战大陆行》[①]特别节目。

  今天是连战大陆之行的第二天，代表团在南京拜谒了中山陵，参观了原民国政府总统府以及南京有名的夫子庙。南京一站被连战一行定位于"感念之站"。这一站连战完成了他个人以及整个国民党 56 年来拜谒孙中山先生的一个宿愿，表达了对中山先生崇高的敬意，同时也寄予了两岸人民此时的心愿。所到之处，连战先生都显得兴致盎然，感慨万千，南京民众的热情也让他既意外又欣喜。

  现在我们就和演播室的两位嘉宾一起来关注今天连战的南京行程。我来介绍一下，一位是中国社会科学研究院台湾研究所的研究员朱卫东先生，还有一位是人民大学国际关系学院的黄嘉树教授。

  首先我们一起先来回顾一下连战先生今天的南京之行。

  位于南京东郊的中山陵，被一片苍绿包围着。今天无论是对中山陵来说，还是对连战率领的中国国民党代表团来说，都是非同寻常的一天。

  1925 年 3 月 12 号，孙中山先生在北京病逝。遵照他生前归葬南

---

① 中央电视台 2005 年 4 月 28 日播出的《今日关注》特别节目。

京东郊钟山的遗愿，当时的南京国民政府建造了中山陵。通往中山陵寝的墓道上共有392级台阶，也代表着当时三亿九千二百万期盼和平的中国人。

刚刚上午8点，中山陵前就已经是人山人海，很多游人都打着欢迎连战先生的横幅。8点40分，连战一行的车队来到陵前广场。连战偕夫人下车，在博爱坊前向大家挥手致意。博爱坊横楣上刻的"博爱"，这两个镏金大字是当年孙中山先生亲笔写下的。在游客和媒体的簇拥下，连战踏上了通往中山陵的墓道。

南京今天气温高达31度，年近古稀的连战步履轻松，挽着夫人的手，走过392级台阶，用了将近半个小时。墓道的尽头是气势雄伟的陵门，上面刻着"天下为公"四个大字。今天中山陵特地为连战这次的拜谒打开了中间的大门。

9点20分，连战一行进入了祭堂。祭堂正中，是一尊大理石雕的孙中山先生的坐像。站在中山像前，连战神情肃穆，祭奠开始。在司仪主持下，连战及其访问团向"国父"总理孙中山陵行三鞠躬礼，并向中山陵默念一分钟。拜谒完毕后，连战走出墓室，在门口早已经准备好的签字台前，他挥毫题词："中山美陵"。

连战在到达南京前后已经多次在公众场合表达过对中山陵的特殊的景仰之情。今天站在中山陵前，连战感慨万分：

连战：我们非常期盼大家无论是在哪里，都能够本着一个和平的、奋斗的心情，来让我们抓住这个时代，让台湾能够持续不断地经济的发展、均富社会的建立，让大陆快速地成长，小康社会的完成，这才是我们今天应该认知，全力以赴的总的目标。让我们大家一起追随革命先行者的脚步，共同地来努力，奋发图强，让我们能够在二十一世纪的时候真正地做一个扬眉吐气的中华民族。

另外，今天连战一行还参观了明孝陵和原国民政府总统府。傍晚的时候，连战还参观了古老的南京夫子庙，并且游览了秦淮河。

主持人：从刚才的画面我们也看到了，今天连战一天的一个行程，尤其是中山陵今天的拜祭活动引起了民众非常热情的反映。接下来我们就来连线一下本台的记者孙岩峰，因为今天我们的记者孙岩峰和任永蔚可以说是全程跟踪了连战一天的行程，一直在中山陵采访。

……

接下来一些具体的情况，我们再请任永蔚来给我们介绍一下。因为前一阶段对于连战来带一些什么礼物，可能也是引起了各方的关注。

主持人：之前我们也听说，连战这次来带了两本书，一本笔记本，能不能把今天你了解到的礼物的情况给我们介绍一下。

……

主持人：刚才我们是通过非常短暂的时间回顾了一下连战先生今天南京的行程，而且也请我们的前方记者做了一个简要的介绍，接下来我们就回到演播室，请朱卫东先生和黄嘉树先生两位点评一下，今天连战的行程。从今天连战拜祭中山陵的情况来看，好像能够看得出来，中国国民党对于这次的拜祭是准备得非常充分的。

……

主持人：关于连战这一次的访问，各平面媒体也是做了很多的报道和分析评论。

接下来我们还是首先请台湾的记者张文静，请她为我们带来台湾岛的平面媒体对这一次连战访问的关注和报道。

……

主持人：说到平面媒体的报道，我们再来关注一下内地和海外一些媒体对于连战大陆访问的相关评论。

……

以上就是海内外媒体对于连战这次访问大陆所做的评价。

主持人：欢迎您继续收看中文国际频道《连战大陆行》的特别报道。

从刚才不论是台湾岛内的媒体评价还是海内外媒体的评价,我们都是看到了对于连战这次访问有一些不同的观点。岛内的媒体其实对于连战拜谒中山陵也有不同的评论,我们知道在岛内对于孙中山先生的看法也是不尽相同的。

……

主持人:欢迎收看中文国际频道《连战大陆行》的特别报道。今天我们的记者也采访到了再次来访的中国国民党副主席江丙坤先生,而且江丙坤先生也是强调,这一次中国国民党大陆访问团体现了台湾岛内的民意。

……

主持人:另外我们的记者还采访到了国民党的另外一位副主席林澄枝,而且林澄枝也是国民党唯一的一位女性副主席,在专访当中,国民党副主席表达了这次访问激动的心情。我们来看看。

……

主持人:好,欢迎您继续收看《连战大陆行》的特别报道。刚才我们是看到了我们的记者对于中国国民党的两位副主席江丙坤和林澄枝女士的采访。接下来我们继续回到演播室,请两位嘉宾对今天连战先生的行程进行一下点评。

首先我想问问两位专家,今天连战选择的到大陆访问的第一站是南京,这个选择我们其实也知道绝对是深有意味的。能不能给我们介绍一下第一站选择南京对于国民党来说意味着什么?

……

另外我们来看一下对于今天连战先生拜谒中山陵,台湾的专家有什么评价。我们接下来卫星连线一下台北市的市政顾问张义权先生。

主持人:张先生,今天对于连战先生拜谒中山陵,我不知道您有什么样的评价?

……

主持人：好的，非常感谢两位今天在演播室和我们一起点评今天连战先生在南京的行程。接下来我们再来回顾一下连战先生今天在南京的一些拜祭活动。

主持人：

今天一天连战在南京的行程我们也了解了。大家可能非常关心明天连战都有哪些安排？我们简单给大家介绍一下：明天的上午连战一行要从南京的禄口机场出发乘包机飞往北京。明天上午11点我们国际频道也将展开直播报道连战抵达北京的相关情况。中午抵达北京以后要入住北京饭店，在北京饭店午宴。下午要参观故宫博物院，同时贾庆林同志要会见连战一行，并且举行晚宴。晚上是在老舍茶馆品茶。这样的一个行程。

明天我们也会继续关注《连战大陆行》的相关行程，希望大家明天上午11点收看我们国际频道的直播，同时明天北京时间晚上21点30分继续收看我们的《连战大陆行》特别报道。

好的，感谢各位收看我们今天的节目，再见。

四、实况直播报道

实况直播报道就是指在新闻演播室或新闻事件的现场，把新闻事实的图像、声音，以及现场记者对事件的报道（包括现场采访、解释、评价），转化为电视信号并直接发射传播的报道方式，它是最能体现、发挥电视传播特点和优势的新闻报道形式。

1. 实况直播报道的分类

一是可以预知并能事先准备的大型活动。这一类往往事件重大、规模较大，可以有充足的准备时间和充足的人力物力。如：长江三峡截流的直播报道、香港回归的直播报道、澳门回归的直播报道，以及国际间的友好互访的直播报道等。

二是不可以预见的突发性的新闻事件。由于事件新闻性强、发生突然、准备时间短，需要记者拥有较强的应变能力。如：9·11事件的直播报道、伊拉克战争直播报道、俄罗斯绑架事件直播报道等。

三是我们正常播出的日常新闻节目。它一般是可预见的，此类的事件影响力不是很大，但利用直播的方式可以增加新闻的时效性。如：节假日的相关报道、体育赛事的直播报道等。

2. 实况直播报道的注意事项

实况直播报道由于是现场一遍完成，而事件现场是不可预知、难以把握的，所以实况直播报道具有一定的难度，在实际操作中应注意以下几个方面：

（1）对于实况直播报道的题材要有所把握。

电视直播是利用电子设备在现场制作并同步向观众传播信息的一种方式，它的题材选择除了要符合新闻选题原则外，还应该考虑两点：首先是能不能在技术、设备上保证直播的进行与质量，如果没有专业人才，甚至连转播车等设备都无法保证齐全，直播根本无从谈起；其次是所选题材能否将直播新闻的优势体现出来，真正达到直播应有的效果，否则不如采取将节目制作得更为精美的录播。显然这就要求新闻工作者掌握选择新闻要素的能力，去选择如下新闻要素的新闻事件：

第一，能向观众展现精彩内容、曲折过程的新闻事件，如体育比赛过程直播、审判直播、战争直播等。

第二，新闻事件过程曲折，悬念不断，否则便失去了直播的意义。

第三，事件要有较强的参与性，如现场与观众交流的新闻性的节目。

（2）实况直播报道的成功与否关键看有没有周密的准备。

电视新闻的直播无论哪种类型，都要事前有周密的计划。如果是可以预知的事件，组织者肯定会进行策划、协调、实施，以及为防范意外事件的发生做好应急处理。对于突发性事件，也要尽可能调集人员，快速反应，但不论哪种直播，能否成功地达到预期效果，关键在于是否有周密的准备。这就要求组织严密，人员齐备，合理分配，节目背景资料详实，整理工作那里升起我们民族的光荣和希望。"①

作为视听语言之一的解说词，采用了散文体，蕴含着情感、寓意，给予人心底一种激情奔放的感受。而作为视听语言之一的镜头，此时与解说词的情绪正好形成吻合：

镜头1：纪念碑的空镜头配合第一段解说词。

镜头2：红地毯的空镜头配合第二、三段解说词。

五、电视新闻性杂志型节目

电视新闻性杂志型节目又称为综合性节目、板块节目。新闻性杂志型节目是按杂志的方式来组织、编排内容，以传播新闻为主，同时兼顾其他社会功能，借以满足受众多方面需求的节目类型。世界上最早的新闻性杂志型节目是美国哥伦比亚广播公司（CBS）于1968年4月1日开播的《60分钟》。该栏目自开办以来获得了很大的成功，为广播公司带来了巨额利润，之后美国各大商业广播公司也纷纷推出了此类节目，如美国广播公司（ABC）的《20/20》，全国广播公司（NBC）的《日界线》，福克斯公司（FOX）的《街头故事》等。这种迅猛的发展主要出于商业利益的驱动。

这类节目可以给公司带来巨大的广告收入，而制作费用远比制作电视剧低得多，成为广播公司利用新闻赚钱的最有效的方式。由于追求像美国广播公司（ABC）《转折点》的宣传语所说的"它看起来像一部电影，但它的内容是真实的"之类耸人听闻的效果，炒作奇闻轶事的现象日益普遍，因而关于这类节目的社会效果也引起了广泛的争论。相当一部分美国学者担心，这类节目数量急剧上升，会对传统的新闻节目形成冲击。CNN的常务副总裁埃德·特纳认为"严肃的新闻采访才是一切，杂志型新闻节目不是扎实的新闻采访"，他说："我没有理由反对杂志型新闻节目，我强调的

---

① 1999年10月1日中央电视台《中华人民共和国建国50周年庆典活动》专题节目。

细致周到，对设备掌握熟练，切实保证实现直播的可能性，并且要建立包括相应领导和直播人员在内的、具有快速反应能力的直播体系，直播结束后还要做好总结工作。

（3）实况直播报道要注意操作的规范化。

直播中充满着不确定因素和可能发生的意外甚至事故，正因为这些不确定的因素才给直播带来了神秘的色彩和吸引力。不确定因素有两种，一是事件本身的不确定；二是操作过程的不确定。事件的进展要求新闻工作者去适应，而操作过程就由新闻工作者来负责。规范化操作是直播过程中必须的。长期的电视新闻直播实践证明，在直播的过程中，必须在导播的带领下各工种相互协调进行。

（4）实况直播报道的写作要求。

实况直播报道在写作上比较简单，只需要在开始将信息引出，在结尾将信息结束。但是实况直播报道在写作上也要求有变化，因为人类的语言特别是汉语的表述方式丰富多彩、变化无穷、蕴意深远。实况直播报道在保证新闻写作原则的前提下，可以适当运用一些文学性的东西来美化解说词。

例如：1999年10月1日，建国50周年庆典活动的直播，在正式活动开始前，利用了10分钟的时间介绍天安门现场环境，其中，有这样一段内容：

> 男播音员："人民英雄纪念碑高耸在广场的中心。为争取民族独立和人民自由幸福而牺牲的先烈的英灵，萦绕这一座古朴的丰碑，碧血千秋，永垂不朽。"
>
> 女播音员："今天，鲜红的地毯第一次从人民英雄纪念碑的碑座下向北纵贯广场，一直延伸到国旗升起的地方。"
>
> 男播音员："200名护旗战士将伴随礼炮庄严地护卫着五星红旗，踏着无数先烈用鲜血开辟的道路，从人民英雄纪念碑走向国旗区，在

是新闻本身。在我看来，在各公司所办的杂志型新闻节目中，只有《60分钟》《20/20》才算是新闻节目，你们所看见的其他节目绝大多数是将新闻当作娱乐或将娱乐当作新闻，然后将二者糅合到一起。"《媒介社会》一书的作者、纽约大学"媒介研究自由论坛"中心执行主任丹尼斯认为，杂志型节目在文化方面的影响，并不像想象的那么简单："节目制作者往往把个别情况当作一般情况来看待，然后小题大做，把微不足道的一件小事也能搞得满城风雨……"这些针对电视新闻性杂志型节目的现象和争论，也是同样值得我们琢磨和警惕的。

从2003年5月3日开始，一档全新的新闻综合节目《中国周刊》于每周六22：15在中央电视台新闻频道播出。在45分钟的时间里，一周内国内最重要的新闻、观众最关注的人物都将在节目中出现，《中国周刊》将为观众补上由于各种原因错过的一周以来的一些重要新闻。

在如今这个信息爆炸的时代里，每天都会有数不清的新闻通过各种渠道涌到我们面前。电视、报纸、网络、广播、传言，有价值和无价值的，混杂在一起，"乱花渐欲迷人眼"，而真正应该进入我们心里的，却很可能随着日历牌的翻动被我们忽略。作为对一周新闻进行回顾的《中国周刊》，不仅仅要告诉观众过去的七天都发生了哪些新闻，更希望和观众一起，站在七天的高度，用七天的视点，来看待过去一周的新闻。

与日播节目相比，《中国周刊》带给观众一种完全不同的感觉。中央电视台新闻频道的《中国周刊》，一本时长为45分钟的电视杂志，我们希望它能物超所值。

眼下的中国，变化剧烈，选择什么样的新闻，以什么样的眼光，能将过去七天的中国浓缩在一本45分钟的电视新闻杂志里，是节目组每天都在不停思索的问题。我们经历过痛苦、困惑，我们也拥有过快乐和自信，节目追求的是希望做一本有理想、有责任感、有尊严、能够记录历史的新闻杂志，而节目更期待的是能在与观众的沟通交流中获得启迪，因为这是我们一起经历的时代。

2007年1月1日起,《中国周刊》更名为《新闻周刊》。

1. 电视新闻性杂志型节目的基本特点

（1）内容的综合性。

电视新闻性杂志型节目视野宽阔、涉猎面广，能够在一次节目里满足不同层次受众的不同需求。除了取材力求丰富多彩外，尤为重要的是按多元要求组织内容，讲究雅俗共赏，注意在提供信息的同时提供背景材料和有关知识，以此来引导思考和激发联想。所以，这类节目的内容综合性就具有与众不同的特点。

（2）形式的多样性。

形式的多样性虽然并非电视新闻性杂志型节目的独有特点，但它在体现此类特点方面有自己的某些特殊的做法。比如：既忠实地调动各种体裁，又不为体裁界限所束缚，有时甚至把不同体裁连缀成一个话题，尽可能地按社会语言规范、电视线性传播方式以及与节目的整体语言环境相协调的要求，来调动和组织声音、图像符号为表现的内容服务，同时也较多地运用访谈、现场报道等形式，以此来增强节目的现场感，引发受众的交流、参与欲望，电视新闻性杂志型节目也注意发挥主持人组织和串联节目的作用，等等。这类节目的形式多样性，是与内容的综合性表里相应的。

（3）结构的耦合性。

电视新闻性杂志型节目利用中介因素将节目的各个局部联结为有机整体。所谓"耦合"，是从物理学中移植的概念，本意指两个或两个以上的体系或运动形式之间通过各种相互作用而彼此影响的现象。这里借用来说明节目的结构方式、特点和过程，其含义是借助某种中介，通过某种方式，把并无必然联系的局部组织成浑然一体的完整节目。而有的杂志型节目虽然内容丰富，却往往使人感到涣散甚至使本来互有联系的局部形同陌路，重要的原因之一就是不善于或忽视利用中介因素在各个局部之间建立联系。因此可以说，结构的耦合性是内容的综合性与形式多样性在结构上的必然反映，而实现耦合的关键则在于是否善于利用各种中介因素"搭桥"，把本来未必有必然联系的各个局部连为一体。

（4）功能的协同性。

功能的协同性是指各个局部经过耦合所形成的多种社会功能，但这些功能不是节目各个局部功能的简单之"和"，而是局部功能协同作用的结果。新闻性杂志型节目都包括若干部分，每个部分又都肩负着预先设定的功能或意图。如2008年3月24日，中央电视台开播已经15年之久的名牌电视新闻性杂志型节目《东方时空》将以全新的面目呈现在全国电视观众面前。这次改版是《东方时空》开播以来，第三次较大规模的改版。作为中国最早的一档电视新闻性杂志型节目，1993年，《东方时空》在早间时段的开播改变了中国人早上不看电视的习惯。更为重要的是，当年《东方时空》的推出以其对传统电视语态的改变成为中国电视新闻改革的标志性事件。开播15年来，《东方时空》制作和播出了大量优秀的电视节目，在广大观众中产生了十分广泛的影响，成为中央电视台享有盛誉的名牌电视栏目。与此同时，近年来，社会环境的不断变化，观众收视取向的日益多元，媒体竞争的不断加剧尤其是网络等新媒体的兴起都给《东方时空》提出了新的挑战。因此，如何保持《东方时空》的前卫和新锐，如何使老栏目保持年轻和活力一直是《东方时空》必须面对的问题。正是由于这些属性，新闻性杂志型节目一出现就显现出引人注目的表现优势和旺盛的生命力。所以，在20世纪80年代以来的节目调整中，这类节目像雨后春笋般地涌现出来，并呈现出欣欣向荣、稳定发展的良好态势。新《东方时空》将围绕当天或近期的新闻热点进行全景式、多维度的报道。同时，充分运用多样化的电视技术和包装手段，使节目在传播方式和手段上更显现代感和时尚感。改版之后的《东方时空》将根据各方的反馈，对节目的样态和定位进行相应调整，在节目播出的同时实施动态改版。

2. 电视新闻性杂志型节目的目标

同其他节目一样，新闻性杂志型节目的目标也包括三个层次，即这类节目的共同目标、特定节目的整体目标和一次节目的具体目标，但又不同于其他节目的具体内容。

电视新闻性杂志型节目的共同目标可以概括为：在灵活体现内容综合性、形式多样性的基础上，增强结构的耦合作用，发挥以传播深度新闻信息为主的多种社会功能的协同效应。也就是说，功能协同性是这类节目成败得失的主要标准。

3. 电视新闻性杂志型节目的内容

节目目标和节目内容总是互动的。上面说过，新闻性杂志型节目目标的核心，是发挥以传播深度新闻信息为主的多种社会功能的协同效应。它贯穿于目标的三个层次，制约着这类节目的内容取向，直接决定着每一次节目具体内容的选择和处理。所以，新闻性杂志型节目虽然力求内容丰富多彩，但它的内容既不是无所不包，更不是材料的任意堆砌。就一次节目而言，恰当选择和处理内容除了坚持从客观实际出发和围绕节目目标以外，还需要着重注意以下要求：

首先，要准确把握时机，优先撷取并突出社会关注的重大新闻题材，使之成为本次节目的骨干或主体。新闻性杂志型节目的内容也讲究时效，但侧重于把握时机，在把准社会脉搏的基础上，及时反映人们普遍关注的社会"热点"。当然，这并不排斥快速反应，有时这类节目反应速度甚至不亚于新闻节目。例如，1999年5月8日，以美国为首的北约轰炸我驻南斯拉夫大使馆，《东方时空》立即调整自己的播出内容，从5月9日到13日都以报道、分析这一事件为主要内容。5月9日以专家访谈为主线，分析事件的实质，揭露美国的霸权主义真面目；以后四天的节目内容全部集中于反映这一事件的方方面面。而在一般情况下，则更注重把握时机，依据社会关注的中心选择相应题材。例如，人们关心中国足球的前景，《东方之子》及时地采访了年维泗；社会为私人非法发行彩票而不安，《时空报道》跟踪报道了海南打击这类非法活动的行动；面对大量商品房闲置而城镇居民住房紧缺的矛盾现象，《面对面》连续从不同角度做了分析。可以说，善于以当前的社会关注的中心为转移，不失时机地撷取并表现社会共同关注的重大题材,是这类节目吸引受众的决定性因素。

其次,要围绕主要题材配置其他材料,力求每一次节目拥有多方面的内容,以满足受众的不同需求。新闻性杂志型节目,无论是否设置固定栏目,一般都按多元化原则组织节目内容。这是它在内容取向方面区别于其他新闻性节目的特点,也是它体现功能协同性的基础。但是,它毕竟以对重大新闻题材作深度报道为主,多元也不是各"元"平分秋色,更不是各自为政。所以,务必围绕主要新闻报道配置相关材料,否则不是因本末倒置把新闻性杂志型节目办成知识性或服务性杂志型节目,便是因背离节目整体化原则而削弱协同功能。

再次,要既顾及题材的联系,也注意防止题材的雷同,既然围绕主要题材配置材料,当然要顾及题材间的联系,避免随意堆积材料或生拉硬扯;但联系的另一面是区别,忽视区别的联系则可能导致题材雷同。怎样做到既有联系又不雷同,关键在于仔细分析新题材,寻求并准确地把握它们之间的联系点或相互区别的本质特点。例如,《第一时间》在连续三期节目中都是关于台风的话题,就很好地既顾及题材间的联系,又防止题材间的雷同。

五月十六日:台风"珍珠"来袭,各地严阵以待;

五月十七日:强台风"珍珠"预计今天登陆我国东南沿海;

五月十八日:台风来袭,汕头果农抢摘杨梅;台风"珍珠"凌晨在汕头登陆;台风"珍珠"影响琼闽粤交通。

台风"珍珠"来袭就是一个相当恰当的联系点,它把各地区在台风来前的防御准备、台风来临的时间、对交通的影响、果农的防御措施这些话题毫不牵强地联结了起来。把握联系点,是把不同题材融为一体的关键。那么面对类似或相近的题材,就要在发觉它们各自的特点上下功夫。比如,在城市公共场所张贴非法小广告的现象时常存在,如果把城市中几个地区张贴小广告的报道集中在一次节目里,岂不就是题材雷同?其实,在张贴小广告的背后隐藏着不同的实质,有城市管理者的监管问题,有城市公共设施建设的问题，有的甚至还有地方"红头文件"作依据对小广告的整治问题；把握了它们各自的"特点"，就不容易造成题材雷同，反而容易形成题材的多样化。

最后，恰当处理栏目的纵向和横向的关系也是一个不可忽视的问题。新闻性杂志型节目为了方便受众收视，也为了保持节目布局的有序性，一般都设置若干栏目。固定栏目前后相承的纵向关系，关键在于能否在同一内容取向的前提下，避免同一栏目的前后内容雷同；在一次节目中要着重注意的是，不同的栏目之间建立的某种联系，其中包括内容本身的客观联系和利用中介形成的逻辑关系。由于广播、电视的线性传播方式存在着稍纵即逝、选择性差的弱点，有时即使前后栏目的内容存在着客观联系，听众、观众也未必能够完全意识到这种关系，因此利用中介严密栏目间的逻辑关系就显得格外重要。从这个意义上说，善于利用串联词，使各个栏目浑然一体，也是这类节目吸引受众持续接收、实现传播效果的关键环节。

4. 电视新闻性杂志型节目的表现形式

新闻性杂志型节目内容的丰富，决定了表现形式的多样性。在一次节目里，不仅可以同时运用消息、专稿、述评等各种体裁，甚至还可以把不同的体裁糅合成一个话题；不仅可以调动语言、音响、图像和字幕等表现手段，还可以直播、录播或二者混合的方式同受众见面。因此，在一次节目中，如何恰当配置各种体裁、表现手段以至于播出方式，在形式多样化的基础上实现节目整体和谐的表现目标，就成为每次节目的重要课题。

以上分别阐述了新闻性杂志型节目的目标、内容和形式。它们之间的关系，可以概括为：在坚持特定节目的整体目标的前提下，围绕一次节目的具体目标，按多元化和多样性的要求组织内容和选择相应的表现形式，实现内容和形式的统一、局部和整体的统一。这是一个经常性的课题，而且不存在什么轻车熟路；每做一次节目都是从零开始，这样才能使节目常办长新，赋予了节目旺盛的生命力和长期的吸引力。

5. 电视新闻性杂志型节目的结构

新闻性杂志型节目集提供深度新闻消息为主的多种社会功能于一身，意味着每一次节目都包含着多个局部。每一期节目中的各个局部，客观上都有其相应的意义和存在的价值，那么把它们组织在一个节目里，能否形成良性的互动，就取决于结构了。恰当的结构，可以为节目的各个局部提供一个协同工作、良性互动的内部环境；而一旦疏忽了结构，各个局部就如同一盘散沙，不仅令人觉得涣散，甚至还可能相互牵制，相互干扰。

电视新闻性杂志型节目的结构分为两个层面，一是局部结构，即主要处理节目素材之间的关系，并赋予每一个局部相对确定的意蕴和相对完整的形态；二是整体结构，即依据节目方针、本次节目的预期目标，把各个局部联结为合理有序的有机整体。只有明确本次节目的整体意图，坚持以整体意图统率各个局部，才能够形成局部的合理分布。

第三节 评论类电视新闻写作

评论类电视新闻是针对重大的或具有典型意义的新闻事件与问题发表评论，表明电视台的立场和观点，从而进行舆论引导与监督。

评论是新闻节目的旗帜和灵魂，在新闻节目中占据重要地位。它对于宣传、解释大政方针、政策，揭示重大事件的本质、发挥舆论作用、指导实际工作起着重要的作用。

新闻评论既是新闻体裁，又属议论文范畴。因此它具有两个显著特点：新闻性和政论性。新闻性主要体现在时新性与时宜性两方面；评论性则具体体现为三个方面：一是以说理、议论为基本表达手段，二是从政治思想的角度看待、分析问题，三是旗帜鲜明，党性、政策性强。

评论类电视新闻节目大致可分为：电视评论、电视新闻述评、评论员评论、电视短评。

一、电视评论

电视评论是同时运用画面、声音和字幕等视听手段表现内容的评论，又称"图像评论"。电视评论在写作中关键是抓住评论三要素，并突出视听手段在评论中的作用，认真领会、合理运用。

1. 论点正确、鲜明

论点是评论者的基本观点和主张，论点要求必须正确，才能真正实现电视机构的"喉舌"功能，进行正确的舆论引导。在正确的基础上，论点还需鲜明、集中，这样有利于支配论据、组织材料。对于短评来说，论点集中还意味着避免出现"分论点"，在有限的篇幅里，表达明确的态度、传递有效的信息。

2. 论据真实、充分、精当

论据是用来证明论点的道理或事实。论据如果失实，论点就会不攻自破；论据如果不充分，论证会缺乏说服力；论据还要精当，即与论点有紧密的内在联系，能够以一当十的典型材料。

论据可分为理论论据和事实论据。理论论据是指被人们所普遍接受的公理，无需证明；事实论据是一些能够证明论点的事实材料。

3. 论证合理

论证就是用论据证明论点的过程，要求观点和材料统一，说理合乎逻辑。

论证的逻辑推理形式分类由具体到一般的归纳推理和由一般到个别的演绎推理。论证的推理形式贯穿于论证的具体方法中，常见的论证方法有以下几种：

（1）例证法：就是用事实说话的方法，或者叫实证法，依据具体事例，运用归纳推理证明论点的方法。

（2）引证法：用已被证明的原理、准则，证明待证明的论点，属于演绎推理形式。

（3）喻证法：又叫比喻论证，就是用人们熟知的某些事物的特点，比喻评论对象的某些类似特征。这种论证方法能把抽象的道理讲得形象，把深奥的道理讲得浅显。

（4）对比法：将性质相反的两个事物或者一个事物在不同条件下的两个相反方面比较，有破有立，在比较中明理。

（5）归谬法：假定对方的论点是正确的，按照对方的逻辑推下去，得出一个荒谬的结论，从而证明对方论点的荒谬，自己观点的正确。

4. 表现电视化

电视评论可以综合运用视听手段表情达意，可以巧用画面、同期声、字幕和论述语言进行评论说理，利用画面、声音的连续性及交互作用表达内容，从而传递给观众全方位的信息。

二、电视新闻述评

电视新闻述评是叙述新闻事件与发表议论相结合的评论形式，既报道事实又对事实进行评论，边叙述边议论，或先叙述新闻事件，最后集中议论。

新闻述评不同于专题报道，专题报道主要是客观地叙述新闻事实，很少有评论性的内容；也不同于调查报道，调查报道尽管也有解释、评论，但比例较小，且评析的目的往往是为了建立逻辑线索有利于更深入地调查；而述评则重观点、见解的阐述，以发表评论指导工作、引导舆论为根本目的。作为评论类节目，新闻述评政论色彩较为浓重。

1. 电视新闻述评的结构处理

文学作品中最能直接表达自己观点的就是议论文。电视新闻中最直接体现观点的是新闻评述。所以新闻评述在电视新闻中拥有很高的地位。述评乃评论，只有其结构新颖、脉络清晰，才能吸引人的目光。

古人做文章讲究"言之有物""言之有理""言之有序",序就是指文章的谋篇布局,就是指文章的结构框架。

新闻述评的结构,也就是述评的谋篇布局,是对述评整体逻辑、层次的安排与构思谋划。新闻述评和评论文章一样也有论点、论据、论证。

(1)评论的整体结构要求。

新闻述评以评论、分析、说理为主要内容,因而其结构布局应注意以下三个基本原则:

一是述评的结构布局应该考虑述评的具体内容,依据评论所要分析的事物或所要论述问题的实际情况、内在逻辑关系和问题发展变化的规律,围绕论题和中心论点组织安排评论的观点、材料及先后顺序。

二是评论的结构布局应该考虑受众的实际状况,依据观众的教育程度、接受能力、价值观念和精神需求,安排论述的逻辑形式和结构顺序。

三是述评的结构形式应该能体现自己的特色与风格,在述评的总体结构框架和基本规律下,从开头、结尾和层次安排上应体现自身的个性特征。

再具体一点,述评的结构形式要符合以下几点要求:

首先,要合理布局。在新闻述评结构框架下,内容的先后,详略的表现,如何安排材料体现观点,如何安排各部分在片例中所占的比重,各部分之间如何衔接与过渡,等等,都需要我们特别关注片例的协调性与合理性。

叫停"二手车限迁",为何这么难?[①]

观众朋友晚上好,欢迎收看正在直播的《新闻1+1》。如果我是一个二三线城市的普通老百姓,我想买一辆品牌好一些的二手车,因为资源有限我只能在外地选购,但当车合适价格也合适的时候,我可能还要面临一个很大的问题,就是我的车可能无法迁入我的城市,也就是不能上牌、不能上路行驶,等等,这就是很多城市实施的"二手

---

① 中央电视台2017年3月24日播出的《新闻1+1》。

车限迁令",那有多少城市有这样的限迁令呢?我们来看一个数据。

到2016年初的时候,全国有近95%的城市都有二手车限迁令,其中,执行国五标准,也就是国五排放标准之下的不能进的有18个,国四标准以下不能进的是230个。这个数量可真是不少。大家可以想象,这样的限迁肯定对消费者和二手车市场带来不小的损害。

好了,这两天,商务部、公安部和环保部三部委发文了,明确要求要各地方政府取消二手车的限迁令,这个要求能否落地?之前要求取消的政策,为何一直取消不了?我们又该如何看待这样的限迁政策?先去看看限迁令之下,到底在影响谁。

除北京、天津、河北等国家明确的大气污染防治重点区域外,全国各地要在今年4月14号前,将取消二手车限迁政策的落实情况进行上报……商务部、环保部、公安部,三个部委,近期联合向各地发出《关于请提供取消二手车限制迁入政策落实情况的函》,函中明确提到,部分地区并没有按照国务院要求,取消本地的二手车限迁政策,这一次,必须要取消,并且强调,对于取消进度缓慢的城市,国务院要开展督查。而这次三部委的联合致函,也被舆论称为,是"下了决心要推动政策落地"。

商务部市场建设司政策处处长　肖荣臣:"这一次,三部门联合致函各地人民政府,明确了这一标准,除国家大气污染防治重点区域外,其他地区都不得对黄标车以外的其他车辆实施限迁政策,同时我们也明确指出,黄标车为排放水平低于国一排放标准的汽油车和国三排放标准的柴油车,这就为各地取消二手车限迁政策明确了具体操作标准。"

……

"责任主体"——各地人民政府,明确"具体操作标准",期限4月14日,相关部门的决心,为何看上去如此坚决?一组数据或许可以说明问题。来自中国汽车流通协会统计数据,2016年初,我国竟然有约 95% 的地级市，对二手车交易实施限迁政策。其中，执行国 V 排放标准的城市达 18 个，执行国 Ⅳ 排放标准的城市多达 230 个。这意味着，很多本来符合国家标准的二手车，却无法在市场上正常流通，这对于消费者和从业者，是极大的损害。

一般情况下，北京、上海等地，经济发达、车型多，更新换代快，流出的二手车，本应可以在其他地区继续交易，但事实上，它们却被各种限制条件，被几百个城市拒之门外。

在这期节目中运用了电视的手段，向观众揭开二手车限迁为何难的事实真相。在长达 23 分多钟的节目里，首先从二手车限迁令的北京信息入手，接着分析二手车限迁令下的市场。之后先后采访了商务部市场建设司政策处处长肖荣臣、优信集团首席市场官王鑫、瓜子二手车直卖网副总裁王晓宇、吉林省某二手车经销商郭先生，等等。被采访者，上至管理人员，下至普通二手车经销商。述评范围广泛，从二手车的政策背景和二手车的市场环境，以及相关后续措施。面对如此厚重的选题，如此浩繁的内容，如此丰富的素材，如此众多的现场画面和人物谈话，节目的编导在结构布局上颇下了一番功夫。节目效果显著，引起了社会的广泛关注。

其次，要层次分明。述评的结构从总体上来说可以分为引论、本论、结论三部分，各部分又可分为不同层次。而每一层次运用什么材料，提出什么意见，都应有一个先后顺序和合理的安排，以便在不同侧面或不同层次上有所联系，有所差别，有所深化。下面以 2014 年 5 月 1 日播出的《新闻周刊》为例。

白岩松：本周，距离"五·一"小长假还并不遥远，一些小长假期间的照片，还是应该让我们每个人都自责一下。因为我们虽然可能不在现场，但却在日常的生活中如现场的人一样去做。来看看北京草莓音乐节。请来的乐队越来越多，音乐的水准越来越高，但遍地的垃圾也似乎越发刺眼。而到四川康定，5月6日转山会，万人进入景区参加转山会活动，之后垃圾箱满负荷，垃圾遍野。这是一个祈福的活动，可看着满地的垃圾，不知道佛或者神会不会帮忙。面对这种场景，也有人开脱，垃圾箱太少。乍一听有道理，但仔细想想，这可能是该改进，但不能当成解脱的理由。这些垃圾，当它还不是垃圾的时候，可不是别人帮你带进来的，还不是自己带来的？但变成垃圾，分量小了，为何不自己带走扔到该扔的地方去呢？如果每一个垃圾遍地的地方，都只是抱怨垃圾箱太少，一切都很难改变。每个人带走自己的那一份垃圾，其实并不难。

通过一系列的"敏感"亮点，从不同侧面层次分明地说明事件，整个过程相当精彩，也相当富有震撼力。

最后，要逻辑顺畅。无论写什么文章都需要一定的逻辑顺序，当然电视节目也不会例外。而新闻述评又以逻辑思维见长，以逻辑推理为主要的表达手段。还有一点更要注重篇章的结构顺序，及结构的逻辑性，既要符合事物发展的内在逻辑关系，又要符合事物发展的思维逻辑。

一般来说，任何事物都经历了一个由产生、发展到出现变化和结果的过程，人们认识事物大都经历了一个从具体到抽象、从现象到本质、从个别到一般的过程。述评也大都是这三段，即提出问题、分析问题、解决问题。因此在写作或制作节目时，应该把这几种逻辑顺序协调一致，借助于顺畅的逻辑结构，让观众更容易了解和理解评论内容。

（2）述评的结构方式。

新闻述评将论点、论据、结论组合在一起的方式有很多种，不同的组合方式使用于不同的评论内容，服务于不同的评论形态和评论风格。一般来说，评论的结构方式主要有四种：

第一，总结式结构。

这是一种从材料到观点，先分论后结论的结构方式。在运用时，围绕评论的论点，逐渐运用材料说明观点，最后将分论点总结成总论点。这种方式的述评，比较符合人们认识事物的一般规律和思维活动的逻辑顺序。

第二，演绎式结构。

与前者相反，这是一种从观点到材料，先结论后分论的结构方式。它以鲜明的观点开宗明义，然后引入相应的材料佐证论点。这种结构方式与人们日常说的习惯相适应，对强调评论的中心论点，体现评论的鲜明态度有所帮助。

第三，并列式结构。

这是一种将总论点分解为两个以上并列的分论点，然后分别进行论证的结构方式。如果说前两种是纵向展开的结构方式的话，那么这种结构方式以横向展开为主。一般来说，对内涵较为丰富的事件或问题，采用这种结构方式，有利于述评的全面与详实。

第四，递进式结构。

这是一种对论题进行层层分析，使议论由此及彼、由浅入深、由表及里的结构方式。它把每一层分析都建立在上一层的基础之上，既是上一层的补充又是上一层的深化。通过层层分析，帮助观众对事件或问题的实质有更为深刻的理解认识。

古人说："水无定式，文无定法。"述评的布局结构也不例外，应该根据内容、情况的需要，灵活运用评论的结构方式，最大限度地达到传播效果。

2. 电视新闻述评的写作要求

写作电视新闻述评，需要注意以下几点：

（1）论点必须建立在调查基础上。

新闻述评的基础是事实，实施的方法是调查与评论相结合，论点必须建立在详实调查的基础上。因此，对于新闻事实的调查报道就成为述评的前提和主导，述评是否成功，关键在于调查。记者必须通过周密、彻底的调查，接近事实的深层真实、揭示事实的完整情况，从而导出、形成整个作品的论点，这样形成的观点一定是客观、正确、具有说服力的观点，能够带动整个作品发挥强大的舆论引导作用。

（2）论证过程要事理交融。

新闻述评要求报道事实的同时，将蕴含在事实中的本质或规律挖掘出来。要通过叙述与评论的结合，把事理逐层深化，使观众的认知不断加深。要防止只述不评或评述两张皮。为此，记者可以从具体事实的调查入手，以理带事，就事论理，把事实层层解剖分析，把道理逐步讲透。

相对于电视评论中周密的推理、大段的议论，新闻述评中的议论比较简洁。这样，议论就要更加灵活、机动，便于分解议论，逐段论述，易于随时对事实进行点评、议论，真正做到事理交融。

（3）展示调查过程，提供形象、具体的论据。

对于新闻述评而言，事理交融的调查过程即是论证过程，而在叙事时所表现出来的细节、事实的发展就是形象化的论据。

相对于文字评论，电视述评的理性思辨、逻辑推理也许有所减弱，但具体、形象、直观的情节、细节所具有的再现作用和感染作用是任何文字描摹所无法比拟的。过程的展示是要强化的着力点。

（4）多方参与评论，增强述评的客观性和说服力。

以记者、主持人为主导，当事人、专家、群众对事实的评论具有客观性和广泛的代表性。

记者、主持人的主导作用主要体现为对事实的深入挖掘、高度提炼，使得评论源于事实而深于事实，给人以深刻的启示。

当事人评论的优势在于其实证性和针对性，当事人由于深知所评论的事实，对事件感同身受，往往能够一语中的，运用得当说服力极强。

群众的评论质朴而生动，代表面很广，同时容易拉近与观众的距离，显示媒体舆论监督强大的群众基础。但当事人评论和群众的评论往往不够全面，记者需要对这部分评论做好引导和梳理。

专家、官员由于其在某个领域的权威性，对事实深入浅出的剖析，将会给观众带来巨大的影响力。

只有包括各方意见在内的事实才是公正、完整的事实，也只有这样的评论才是客观的、具有说服力的评论。以《焦点访谈》为例，从1994年4月1日开播至今，白驹过隙，不过是十多年的时间，这在中国的新闻史上应该是浪花一朵，但是十多年的春秋却使《焦点访谈》栏目创造了中国新闻界舆论监督方面的一个"奇迹"。之所以说它是个"奇迹"，是因为这个"奇迹"真的不容易创造，它难就难在是运用新闻报道的形式，通过在新闻媒体上公开披露的途径，对社会失范行为进行监督。

毫无疑问，《焦点访谈》要监察人的言行是否符合国家法规和工作纪律，是否符合做人的原则和社会的道德，也就是说要"揭短"，要"亮丑"，而且这"短"，这"丑"，绝不是一般的"短"和"丑"，而是事关大局、事关大理、事关大德的"短"和"丑"。去"揭人家短"，去"亮人家丑"，会有谁愿意呢？何况《焦点访谈》和舆论监督不仅要揭人之"短"、亮人之"丑"，还要把这"短"和"丑"直接公布在几千万甚至几亿人民的面前，而且要督促他把这"短"改了，把"丑"除了，那会有多少人心里舒服呢？最为严重的是，《焦点访谈》的舆论监督要通过可靠的事实，不仅使受监督的人的不良言行公之于众，而且把负责管理这些人的人和机关，或点名或不点名地公之于众，也就是说使负责管理这些事的人和机关随同这些人、这些事的披露也一起披露，也进入被监督的视野里，这样，不高兴、不愿意、不舒服的人数将更多、范围也更广、阻力更大。

尽管《焦点访谈》初期舆论监督的难度极大，困难很多，但它却是中央电视台新闻改革的关键。党和政府历来对舆论监督的高度重视，人民群众长期予以的极大希望与期盼，赋予了《焦点访谈》舆论监督的特殊使命和责任。

《焦点访谈》2007年9月5日播出的《还衡山的秀美》是一期典范的新闻述评节目。这期节目中的许多场面表现细腻、寓意深刻。片中一次次成片的山坡绿树丛因被某些单位、某些领导纷纷"借"得一块建造楼堂馆所而成为满目红墙翠瓦，俨然现代化建筑的群集之地的不和谐景象，还配合节奏快而有点沉闷的音乐，似乎在给人们敲响着大自然的警钟。还有山地附近的居民们和游客们讨厌、不情愿、不满的面部特写，居民、游客的愤愤的指责让观众们对他们的理解和支持，对乱"借"青山绿水为一己的行为的愤怒。这种复杂的感情通过镜头的恰当运用得到了很好的展现，这是电视声画语言形象化的表现。另外，在此片中一边是漫山遍野的施工车在毫不留情地轰轰工作，节目的中间还经常插入已经不是树林的沙堆上树立的"水土保持示范区""山地绿化示范区"的石碑。将这些具有强烈反差的事物鲜明地展现在镜头前，观众对这些具有思辨意义的镜头的含义不言自明。

这一特色对电视新闻舆论监督操作化的启发就在于："用事实说话"的运用，"用客观事实的内在逻辑力量展示事物现象揭露事实本质"，并将多个视角的议论融入对实践原汁原味的展现中。以"评"为主体，"述"是为"评"提供依据的。事实过程的展开，给观众感性认识的论据，增强了评论的可信性和可视性，从而增加了评论的感染力和说服力，使观众在了解事实的过程中，具有了自己独立的评判，这就要求记者在采访调查中细致入微，阐述事实不带偏见，全面准确地反映事情的来龙去脉，让受众对事件有充分的了解。

写文章讲究凤头、猪肚、豹尾。就像盖房子先需要有图纸，框架。电视节目评论也需要夺目的开头即"凤头"。下面将着重阐述一下电视新闻述评的标题写作。

在确定新闻评论选题后，就需要工作人员依据选题去制作评论类新闻节目了，而当所有的一切都做好后，就该考虑标题了。好的标题，可以让评论先声夺人、引人入胜。标题，是以醒目的形式播出的、用以提示节目内容的简短文字。新闻评论的标题以简短的文字提示或标明其论题范围、主要见解、基本倾向和精神诉求，是评论内容的高度概括和集中体现。

虽然不同题材、不同体裁或类型的电视新闻评论的标题在拟定方式上有所不同，但就评论标题的基本特点和主要功能而言，它们基本相同。

3. 电视新闻述评标题的特点

与新闻报道的标题相比，评论标题有自己明显的特征。虽然二者的标题都是节目的有机组成部分，是其内容的高度概括和集中体现，但由于新闻评论是以事实为基础，并对事实进行分析，议论为主。因而二者在标题的内容、形式、结构及写作的基本要求上存在着较为明显的区别。

一是标题的任务不同。由于新闻与述评这两大类体裁肩负的任务不同，其标题承担的任务也有所差别：新闻标题以具体的新闻事实为依据，目的在于提示新闻中最主要和最值得注意的事实。评论标题以标明论题范围和传达作者的态度、见解为目的；即使以评论中作为由头或论据的主要事实为内容，也是为引发议论服务。

二是拟题的手法不同。新闻标题往往采用客观叙述或描写的方式，作者的态度和倾向蕴含于事实的概括与叙述之中；即使对新闻事实做出评价，一般也较为含蓄，旨在帮助受众理解新闻。在评论标题中，作者的立场、观点、态度、倾向往往直接表现出来，除叙述、描写等手法外，还经常采用提问、感叹、反诘、商讨等方式使标题具有较为强烈的感情色彩。

三是标题的结构不同。新闻（特别是消息）的标题结构较为复杂，一般由主题和辅题组成，辅题又包括引题和副题。主题与辅题间的配合与补充，使新闻要素在标题中得以充分传达。评论标题结构比较简单，一目了然。

四是写作的要求不同。作为事实的高度集中和概括，新闻标题在简练的前提下一般较为具体，句式上也较为完整。评论标题则较为抽象，如《派出所里的坠楼事件》《罚要依法》等句式上也较为灵活，可以是一个完整的句子，也可以是一个词组、一个词语，显得简练、明了。

4. 电视新闻述评标题的功能

评论标题的功能有多种，除提示画面内容外，还可以起到评价、吸引、感染、强调等作用，具体的表现如下：

（1）概括论题范围。

在新闻评论的标题中，有相当一部分以概括论题的范围为主要任务，在标题中明确告诉受众评论所要分析的事物或所要议论的问题。以论题的时效性、重要性、接近性吸引观众的评论，经常采用以下形式的标题。

在2003年，大连电视台的《推进大连农业现代化的新思考》，从如何帮助农民进市场、如何规避风险稳固农业产业链、如何健全标准化生产体系突破农产品出口瓶颈等方面思考，以推进农业现代化进程。浙江广电集团新闻综合频道的《统筹城乡看浙江》，从公共财政制度、农村社会保障体系、提高农村劳动力素质等几方面入手，抓住了中国农村乃至整个中国社会发展中最迫切需要解决的问题，具有很强的前瞻性与现实指导性。还有如甘肃电视台的《而今迈步从头越——张掖市建设全国第一个节水型城市》、云南电视台的《云南农村征地调查》等，都在深入报道改革成就、探究改革中遇到的深层次矛盾以及寻找解决途径等方面，做出了积极的舆论导向与战略思考，均抓住经济生活和经济工作中新的问题或新的现象制作标题，以话题本身所具有的新闻价值吸引观众。

（2）标示中心论点。

以传递意见性信息为主要任务的新闻评论，在标题中直接标示中心论点是常用的做法。以鲜明的观点和独到的见解取得好评，这种方式经常被采用。例如：《新闻调查》中《命运的琴弦》这期节目从不同层面通过事实揭露了真相，不仅采访爆料者，而且采访了中国音乐学院的工作人员和业界专家。从一个全面的角度展现了这个问题。而中央电视台《每周质量报告》栏目播出的《鲜火腿遭遇污染》，是记者于2003年10月在金华市进行了半个多月的采访，调查了10多家火腿生产厂家，终于摸清了在生产过程中为了防虫普遍使用剧毒农药敌敌畏浸泡火腿的黑幕。该节目构思精巧、故事性强、悬念吸引人，节目播出后，对全国食品行业强化质量意识、加强行业自律，起到积极的推动作用，还引发了社会如何保护好

"老字号"品牌的大讨论,催生了有关法规的出台。2003年中央电视台《焦点访谈》栏目的《无影工程　何以竣工》等,深刻地揭露了在医疗界、农村扶贫工作、水利工程中的腐败事件的黑幕,触目惊心,发人深省。评论在标题中着重亮明自己的中心论点,划清是非界限,在新的形势和新的情况面前,为人们敲响了警钟。

类似的标题还有:2016年第二十六届中国新闻奖评选结果三等奖中天津广播电视台的《"医联体"改革须在体制上"动手术"》、北京电视台的《别让胡同味变淡了》,二等奖中的山西广播电视台的《反腐重在依法治权》,等等,这些评论将新鲜而富有个性的见解直接标示在题目之中,不仅引人注目,而且显得独树一帜。

（3）表明评论倾向。

借助于新闻论据的标题,直接表明媒介或评论作者对新闻事件或社会问题的态度、看法和倾向,是评论标题另一个重要的功能。这类标题不以论题或论点的新鲜取胜,而以态度的明了见长。对特别值得强调的问题发表评论,就经常采用这种拟题方式。

例如2016年获得中国新闻奖二等奖的一篇力作《解读"安倍谈话":假道歉、真作秀、表里不一》就是一篇在标题中旗帜鲜明地表达了编者的倾向,以"事实"为力量的作品。文章在安倍讲话后第一时间发声,观点鲜明,逻辑清晰,论述有力。被近20家网站迅速转载并重点推荐;被网友转载至论坛或微博,互动效果良好,收到了较好的社会影响,并被多家机构用作舆情分析。在中国人民抗日战争暨世界反法西斯战争胜利70周年之际,日本政府的态度受到国际社会高度关注。针对"安倍首相谈话",文章第一时间从三个方面揭露了"谈话"的虚伪本质,提醒人们牢记历史、珍惜和平,既具有极强的针对性,亦具备强大的战斗力,不仅有利于帮助国人认清安倍政府的本质,也为国际舆论斗争赢得主动权,维护了中国纪念抗战胜利70周年的国内外舆论环境。文章观点明确、逻辑清晰、文字精练,是一篇符合网络传播规律的优秀网评文章。评论者的态度通过标题较为清晰、明了地传达给广大观众。

类似的标题还有，中央电视台《新闻周刊》栏目的《难逃的"老"骗局》、《新闻调查》的《直面北京"大城市病"》、《焦点访谈》的《大爷大妈请留神：保健品销售　好大一个坑》，等等。这样的标题表明了作者的倾向，其褒贬尽现于标题之中，不搞"钝刀子割肉"，不搞"不痛不痒"，以体现评论鲜明的倾向性。

（4）引发受众兴趣。

新闻评论是写给人、做给人看（或听）的，因此，在标题中运用新鲜的事例、新颖的手法、新巧的角度、鲜活的语言引发受众的兴趣，是它的一个重要的职能。与新闻报道的标题相比，评论的标题更简洁、更概括、更抽象，这就要求其标题在制作上更加讲究，既要洗练畅达，也要别出心裁，别具新意。2003年获得中国广播电视新闻电视评论一等奖的上海东方台的节目《是谁让我坠入黑暗》就是一则发出真诚的心灵之声，让人心明眼亮的好作品。它把早产儿因吸氧过多导致失明的深奥医学科学，用通俗的语言叙述得让常人一听就明白，又在常人一听就明白的过程中知道了早产儿失明"有一个发展过程"，"如果能够得到及时的检查和治疗，孩子的眼睛不至于失明"的道理，这些看似浅显的道理却引起了众多"常人"（广大观众）的义愤，特别是作品最后的一句话和编后语更是达到了电视通俗语言的精致："毕竟，生命不仅仅是意味存活。""是谁让这些无辜的孩子失去五彩的世界？是谁把黑暗带给他们？是无知？是渎职？还是冷漠？"这种特别的拟题方式，很容易激发受众的兴趣，起到先声夺人的作用。同样，中央电视台《新闻调查》栏目的《讨薪》节目议论的是农民工讨薪的道路这一并不新鲜的话题，标题凸显了矛盾的焦点，很容易激发受众的新闻欲，跟随记者去探究问题的答案。

类似的标题有很多，《新闻调查》栏目的《七个被刑罚的女孩》、解放军报的《是谁见不得南海风平浪静》，等等。

这些标题以"新"取胜，给观众留下鲜明的第一印象，增强了评论的魅力和感染力。

5. 电视新闻述评标题的要求

了解电视新闻述评标题的特点与功能是为了更好地发挥电视新闻述评标题的作用；掌握电视新闻述评标题的基本要求，是为了运用这些要求和方法为新闻评论拟定标题。实践证明凡属成功的评论标题，基本上符合以下五个方面的要求：

（1）贴切。

评论标题的贴切有多层含义，第一含义，也是基本含义，是题文一致，既评论的标题对论题范围的概括、对中心论点的提炼、对态度倾向的表达应与评论的内容或思想相符。

某电视台曾播出一个评论性节目，节目中，专家们对"克隆"技术仁者见仁，智者见智。一方认为"克隆"技术可以使稀有动物（如大熊猫）得以繁衍，而另一方认为"克隆"技术无法解决生物多样化的问题，到2000年，生物物种仍将减少15%—20%。其结论是：人类应善待环境、善待地球。评论针对性强，见解也颇具启发性，但它的标题却是《"克隆"出的话题》。与评论内容相比，我们不难发现，该标题在"题文一致"上存在一些毛病：按对标题字面上的理解，这一话题本身是"克隆"出来的，即从其他的话题复制出来的；而实际上，它是由"克隆"技术引出的话题，"克隆"是话题的引子，而不是引出话题的方式。同样，某报几年前在刊登美国著名拳击运动员泰森犯罪入狱的消息时配发了一篇短评，题为《自由付出的代价》。评论认为，因为泰森太"自由"了，失去法律和道德的约束，所以最终失去了宝贵的自由。但仅看标题，却容易让人理解为：为了争取自由而付出代价是值得的或不可避免的。给人以这种理解，与评论的内容实在是相去甚远。

贴切的第二层含义，是标题用词遣字应准确恰当，不能望文生义，改变词语的本意；也不可滥用词汇，违反语言的规范化。某报曾刊登一篇评论，题为《"一念之差"穷变富》，说的是某地农民支书荒山种树，脱贫致富。出现如此大的变化，起决定作用的是荒山上种树这个想法。评论把"种"与"不种"的不同想法用"一念之差"来概括，与人们对此词约定俗成的理解不相符。按《现代汉语词典》中的有关解释，"一念之差"是指"一个念头的差错（引起严重的后果）"，很少用于褒意。即使在标题中将它打上引号，也很难让人们理解和接受，犯了"望文生义"的毛病。此外，《竞争是一种美丽》《认不认真诚》等标语，也因或词语上，或语感上不够恰当，影响了标题的质量，妨碍了受众对评论的准确理解。

贴切的第三层含义，是题义确切明了，不会产生歧义或误解。

曾经有一篇专栏小言论，题为《"一错千金"》，说的是某地几家报刊为提高质量、减少差错，决定在编辑质量竞赛这一天欢迎读者帮助找错，发现一处错误，即罚责任者 1000 元，用以奖励读者，文章认为此法可取，并对此进行了分析。但仅看标题，难免产生歧义：是出错受罚？还是出错得奖？因"一错千金"是从"一诺千金"变化而来，本意为"价值千金"。"一错"如此值钱，标题是鼓励差错还是惩罚差错，让人有些琢磨不准。

此外，评论标题语气的准确性也是一个不容忽视的问题。有两个电视评论性节目的标题分别为《桑普多利亚又输了》和《请国安教训宏远》，语气较为情绪化，词语上也有不妥之处。当然，此类标题与评论立论或论述上的某些片面性直接有关，已不单纯是标题制作上的问题了。

（2）具体。

虽然新闻评论是以说理议论为主的题材或节目形式，而且经常就重大事件、重大问题进行发言，但评论的标题并不是越大越好，越抽象越好。其标题也应该尽量具体，避免空泛。

从广播电视评论节目开办时起，不少评论的标题就比较注意"具体"这一基本要求，如《新闻调查》2017 年 3 月 25 日播出的《留守的世界》。当然，对于一些选题重大、内容丰富的大型评论或系列评论来说，标题可以适当宏观一些。如《新闻调查》2015 年 4 月 11 日播出的《当健康遭遇危机》、《焦点访谈》2017 年 3 月 13 日播出的《问计两会——打好蓝天保卫战》等节目所涉及的都是带有很强的政策性、方向性和全局性的话题，但仅看标题，我们还是可以把握其大致的选题范围和基本倾向；加之每一集都有自己的小标题，对总标题予以细化并与之相呼应，使其同样不失具体与明了。

（3）鲜明。

作为一种直接发言的形式，评论类体裁的标题应当鲜明，应当有立场、有观点、有态度、有倾向。虽然其拟题方式可以有所变化，但对于一些亟须表明态度的事件或问题，标题中应有鲜明的是非判断和价值判断。

电视评论节目标题的鲜明是非常重要的，如：围绕近几年比较紧张的医患问题，《焦点访谈》2017年3月10日播出的《问计两会——和谐医患关系的良方》。

三、评论员评论

评论员评论是电视评论员或特约评论员就当前群众普遍关心的问题或重大新闻事件、社会现象，直接面向观众表示意见、看法、立场和态度。

电视评论员，是在电视台担任撰写和播讲评论的专业人员。他们既是评论作者，又是评论的播讲者。这就是要求他们首先必须具有新闻记者的素质，具有较高的政治理论水平，熟悉党的方针、政策和路线，对事物具有较强的判断力，在错综复杂的生活中，能明辨是非，把握好方向。同时还要有政治敏感，善于识别、发现新事物。其次，电视评论员还要有准确地表情达意的文字和口头表达能力。深厚的写作功底使评论更吸引人，说服力更强，出口成章的口才、驾驭语言的能力更是电视评论员应具备的。电视评论员的理论素质、出众的口才和出口成章、即席发挥的能力绝不是临场的小聪明，而是经过多方面训练才能达到的。

电视发达国家很重视"评论员评论"的传播形式。我国电视目前还没有权威的评论员，偶尔也请一些专家、学者就某一新闻热点发表评论。如中央电视台《东方时空》请国际问题专家谈"美国是否会出兵波黑"；《今日世界》也曾就动荡不定的波黑局势请专家发表看法。从电视长于语言交流的优势来看，也从社会心理学分析人际交流中具有"晕轮效应"来看，观众更倾向于相信权威人士的讲话。因此，培养权威的电视评论员，开办评论员评论节目是需要提倡并付诸实践的。

四、电视短评

电视短评以短见长，及时便捷。它包括编前话、编后语和狭义的提示性评论，也包括配合播出内容而编发的"观后感""观众论坛"等内容，一般在1分钟左右，没有固定的主题和播出时间，而是放在新闻节目中，同相关的消息连在一起播出。电视短评一般比较严肃郑重，具有很强的针对性，有助于加强宣传声势，增强新闻的分量。

传者有时不能满足观众的需求。配发短评，可以把问题放到全局角度去认识，有助于加强宣传声势，增强新闻的分量，可以进一步深化报道内容。活动的画面配上相对静止的评论，不但内部的节奏能吸引人格外注意，而且其综合效果也决不只是"1+1等于2"。因为此时二者已不是孤立的此一或彼一，而是交叉融合在一起，能够释放出更大的能量，这种能量远非同样篇幅的报纸和广播评论所能企及。

短评以短见长。如何做到既短而又鲜明、透彻、有说服力呢？大题小做、长话短说。具体地说，在选题时要大中取小，使论题具体一些，角度小些，矛盾的焦点集中一些，可以一事一议、一点一论、一题一议、一查一议、一理一议。写作则要开门见山、简洁明快，打破一般文章的论证程式，只亮明观点，表明态度，不必过多地展开议论、多方论证。

短评与图像新闻配发，也为文字稿就实论虚、力求精悍提供了基础。电视画面的实证，可以省去评论中叙述事实的笔墨，便于单刀直入；同时，可以使立论更加有的放矢，增强新闻的深刻性。因此，编前话和编后语等短评形式很适合在新闻节目中播发。

电视短评的语言是为"说"而写的，因而有效地利用有限的时间和空间、简练准确地叙述事实和分析议论显得尤为重要。同时,考虑到电视广泛的群众性和稍纵即逝或转瞬即逝的传播特点,在写作时应尽量使用通俗、生动的大众化语言和易于让观众接受的口语化方式。

在电视短评中,应学会用群众的语言和表述方式来议论群众关心的话题,尽量变长句为短句,变复句为单句,变半文半白为现代白话,变书面语为日常口语,同时,还应避免易字谐音可能造成的歧义或误解。

记者即席的电视短评应注意简洁、流畅、通俗易懂,解说词写作亦如此。中央电视台《新闻周刊》播出的一期节目《难防的"老"骗局》中开始的解说词是这样的:"家有一老,如有一宝。"说的是老人有年轻人没有的丰富阅历,可以让年轻人少走点弯路。但是最近几年,这些阅历丰富的"老宝贝"们却成为骗子眼中的"大肥肉",也成为子女们的心病。今年央视3·15晚会就曝光了一些企业将保健品包装成功效神奇、包治百病的灵丹妙药,哄骗老年人购买,而且售价还真不便宜。一款进货价150元、只能辅助提高免疫力的保健品被销售人员忽悠成降血糖、治疗心脑血管疾病的神药,卖到了898元,接近进货价的6倍。虽然涉事企业很快就被执法部门立案调查了,但是类似的骗局仍在全国各地上演,除了保健品、收藏品、高额借贷、高息理财,等等,也是骗子们榨取老年人钱财的热门手法,许多子女发现老人被骗的时候都十分相似,他们根本无法相信,节俭了一辈子的父母竟然会把一辈子的积蓄花费在这些一眼就能识破的骗局上。是什么让老人失去了判断力,类似骗局能够避免吗?《新闻周刊》本周视点关注:难以防范的"老骗局"。

第四节　谈话类电视新闻写作

谈话类电视新闻是由记者、主持人引导,针对重大事件或群众关注的问题，谈话参与者阐述观点、进行交流的新闻节目。

谈话新闻节目与其他题材的谈话节目的区别主要在于，谈话类新闻节目的选题为重大事件或受众普遍关注的问题和现象，时效性比较强。

由于谈话类新闻节目交流的方式与内容的直接和贴近，受众参与的广泛和深入，受到观众的普遍欢迎。同时其制作成本较低、制作方式灵活机动、传播效果显著，已成为电视新闻节目重要的组成部分。

从体裁角度，谈话类新闻节目可分为四大类：新闻专访、座谈类新闻、电视辩论和电视讲话。

一、新闻专访

新闻专访是记者或主持人就一定的事件、观念、人物的相关信息与特定的采访对象进行采访交流活动的新闻报道。

新闻专访具有内容集中、目的性强、交流充分等特点。所谓内容集中，是指话题单一，谈论的内容具体详实；目的性强是指通过专访，可以有针对性地了解专门、具体的事实，采访、传播目的明确，较好地满足观众的欲知心理；交流充分则明确了专访不是简单的答问式的采访，而是深入的探讨和交流。因此，综合上述特点可知，新闻专访也应属于深度报道的范畴。

新闻专访从其题材和目的可分为事件专访、观念专访和人物专访三类。

事件专访是指就新闻事件向当事人、知情者、权威人士进行专门访问，详细了解事实的整体情况和本质、意义、影响等。

观念专访是通过对权威人士的专门访问，引导受众对于关注程度较高的某类现象、问题或政策得出正确的看法和结论，目的在于回答人们对于错综复杂的问题和现象的疑问、消除疑虑，树立起正确的观念。具有较强的指导性和舆论引导作用。

人物专访是对新闻人物所作的专访。通过访问，展现人物的重要经历、主要成就，意在表现采访对象的精神风貌，给观众以启迪。

新闻专访，重在采访，因为采访过程往往占据了专访节目的主体。写作上则要突出其内容的深度和目的性，具体要求如下：

1. 专一集中，围绕主题展开，依据目的延伸

专访写作必须专一集中，这是由专访的基本特点所决定的。因为专访主要以采访谈话的方式进行，语言线性传播的特性不允许专访有太大余地的发挥，否则容易跑题，因此必须紧紧围绕主题展开。在这一点上，不像其他文体那样强调主题的同时可以有所发挥，甚至纵横捭阖。

另外，专访目的性很强。专访都是为了解决具体的问题或了解具体人物而进行的，因而在结构、写作过程中，要根据报道意图、传播目的，有针对地安排内容，组织结构，做到集中专一，避免旁生枝节。

2. 注意采访谈话同背景资料的穿插搭配，从而深化内容、营造节奏

采访谈话是专访的主要构成部分。叙事、表达观点以及分析评论主要依靠谈话来完成，当然有时也可利用解说词来对这些内容进行压缩、提炼，但这只占很小一部分。而解说词主要是用于介绍背景、衔接过渡的，背景资料用解说词，而不是谈话来完成，这样比较简练、客观。运用背景资料同采访谈话穿插使用，既可以深化内容，又可营造节奏，使专访避免沉闷单调。

3. 事件专访写作要反映事实全貌，挖掘事件深度

事件专访写作既要有广度，又要有深度。通过与采访对象的深入交流，详细清晰地了解事件的全貌，还要通过细节描述、背景资料的运用等手段让观众了解其细节特征。为观众提供宏观的趋势和微观事实，将事件的本质、意义和影响立体地展示出来。

中央电视台《新闻调查》播出的一期节目《华南虎事件》[①] 中华南虎那张照片由陕西省林业厅发布，宣告陕西农民周正龙拍摄到了已经失踪多年的野生华南虎，但是紧跟着，这张照片被怀疑是伪造，并且引发了巨大

---

① 中央电视台 2007 年 12 月 8 日播出的《新闻调查》。

的争议。照片的真假之争,已经不仅仅是专业或技术的问题,而是事件各方科学精神的检验,《新闻调查》跟踪此事。(以下是采访段落的节选)

记者:华南虎这张照片,老虎和照片是不是真的?

周正龙:我认为百分之百是真的,没有一点假。

坚持认为照片真实的还有照片的发布方陕西省林业厅。

陕西省林业厅宣传中心主任 关克:我看到他拍的这个照片之后,我从心里对他的敬仰之情,他是我心目中的英雄。

照片拍摄者和陕西省林业厅的说法并没能打消人们的疑问。越来越多的网友搜集照片为假的证据,围绕照片的真伪,在网络上迅速组成了打虎派和挺虎派。

面对质疑,周正龙一度以脑袋担保照片真实,但他的拍照经历始终无法被质疑者所信服。10月3日,他面对老虎共拍摄71张照片,拍摄时间为25分钟,按照周正龙的描述,他距离老虎不足百米,最近处甚至只有二十几米,在拍摄过程中还两次亮起闪光灯,但老虎始终直视镜头,既不攻击也不逃跑。在镇坪当地,很多居民也对他拍到的老虎持怀疑态度。

村民:周正龙拍的老虎就这么听话,趴到那儿动都不动。

记者:你觉得很奇怪是吧?你觉得很古怪吗?

村民:老虎这个东西是很敏感的东西,要不就是老虎感冒了,实在动不了的。

记者:我怎么觉得你们村里头把这个当笑话说呀?

村民:本来不是个笑话的,它本来不是个笑话的,它最后成了个笑话了。

但周正龙对这些争议有自己的解释。

周正龙:专家教授最后开新闻发布会,跟我是这么说的,他说你老周命大,我最后通过多次验证,这个老虎就是那天吃饱的,它要不吃饱，老周今天还在什么西安啊。

关克：周正龙是一个了不起的猎人，这些猎人在面对野生动物的时候，他的一些举措，他能跟动物之间，达成的这种交流不是我们常人能够想象的。

记者：你说周正龙有一种力量能够让老虎镇静下来。

关克：不是说周正龙有这种力量让老虎镇静，但是周正龙有一种力量，让他面对老虎这么近的时候他个人能保持镇静。

陕西省林业厅和周正龙的这些说法没能被质疑者所认同，一些动物研究人员对这种说法表示了异议。被称为华南虎之父的苏州华南虎饲养基地的专家黄恭情曾经这样评价周正龙所拍摄的老虎。

黄恭情：它就是所谓它要临终状态，临终状态它才不动。

但是，众多的质疑依然不能撼动认为照片真实方的看法。直到11月16日，一名网友在网络上公布了一张老虎的年画，年画虎与周正龙拍摄的虎高度相似，这个发现成为华南虎照片事件的一个重要转折。

在12月2日摄影协会组织的鉴定会上，与会专家专门对年画虎和周正龙拍摄的老虎做了同一性鉴定。

刘宽新：我们采用的是六张照片，06、24、27、29、36、40，六张照片，这是一个动画效果。

刘宽新：两虎重合，华南老虎、年画老虎，这个年画老虎把它抠出来做个单独形象，两虎重合。

摄影家刘宽新经过分析认为，年画虎和周正龙拍摄的老虎不仅体态一致，甚至包括眼睛、胡须等细节处也高度相同。

刘宽新：这块，这儿，还有这个地方，再看下一张，这张照片就是胡须，40号照片与年画老虎对比除虎纹一样以外，至少有四处胡须重合。

年画虎的消息发布后，周正龙认为年画是对他拍摄照片的复制。甚至一度表示要通过法律程序对年画进行调查。

通过网友和媒体调查，被周正龙质疑的年画生产商，早在2002年就已经印刷发行了这张名为"老虎卧瀑图"的年画。

4. 观念专访写作要注意合理解释、正确引导

对于现象、问题和政策出现的背景、发展的前景，及其产生的影响，应该做出正确的分析和判断。通过科学、合理的解释，给人以启迪和思考。观念专访写作一般具有较强的科学性、政策性和指导性，需要记者提高修养、把握好分寸。

中央电视台《半边天》栏目曾播出的《富翁征婚》，围绕着一则在十六家媒体上刊登过的《成功男士诚觅佳偶》的广告展开讨论，这则广告的内容是：

征婚人基本状况：男，大专学历，三十有五，1米7余，相貌端正，身体健康，无任何缺陷；品德优良，气度佳，无恶习；大型私企集团总裁，守法经营，事业辉煌；身家过亿，年收入数千万，生活条件属中国顶尖水准，居住上海；有过婚史，目前离异，一子绕膝，爱子之至。性格特征：烈火烧不断，柔水自沉湎。

诚觅佳偶，需同时具备以下条件：20—25岁，大专以上；在读亦可，品德优良；容貌出众，秀丽端庄；体态婀娜，健康丰腴；才韵内敛，温柔可人；生具母爱，惜子敬夫；天性忠贞，贫富不惊；清纯如水，无性经历；家境平实，官贵免谈；户籍不限，民族不限。

这起节目就这则广告的内容所引发的争议，邀请《中国妇女报》总编助理冯媛和新浪网《新浪观察》总策划侯小强，并且通过采访富翁的一个好朋友傅先生，共同讨论了当今社会的婚姻观、价值观和女性问题，并对这些观念和问题作了正确的分析和积极的引导。

5. 人物专访写作要注意发掘人物内心世界

人物专访不只展示人物的重要经历、主要成就等这些人所共知、带有共性特征的内容，这些内容所反映的只是一个平面的、缺乏立体感的人，没有表现出采访对象的灵魂和个性。因此在写作时应重在表现人物的思想观念、精神风貌、价值取向、感悟思考、心路历程这些内在的厚重的内容，通过对人物全息的反映、对细节的抓取和把握，突出人物专访的人文色彩、表现人物的独特个性。

二、座谈类新闻

座谈类新闻是在主持人引导下，多个谈话参与者就某个新闻话题，集中、充分地表达观点、平等交流，以辩论或讨论等座谈形式进行的新闻节目。

座谈是一种组织、制作的方式，区别于以一对一谈话为主的电视专访。其风格也较电视专访轻松、开放，同时更加强调谈话各方的交流而不只是与主持人进行交流。从具体内容来看，座谈类电视新闻节目可以分为讨论式座谈和辩论式座谈。

讨论式座谈，谈话参与者的观点较为接近，一般能够形成共识，气氛较为和谐、融洽；而辩论式座谈，观点却截然相反，气氛热烈、激越。两种类型的座谈各有特色，适合于不同性质的话题，能够形成不同的意见和舆论。

在写作中注意区别二者不同，把握座谈类新闻写作的共性特征。

1. 选题要具有社会性

座谈节目发表各方观点、受众广泛、影响巨大，选题需要具有社会性。选择那些重大的、与群众生活息息相关的、贴近的事件或问题作为选题更容易引起受众的关注与参与。

如《焦点访谈》栏目2017年的部分选题：《垃圾分类：前端后端齐发力》《大爷大妈请留神：骗子套路深还是老人太天真》《守住根脉，传承发展》

《问计两会——和谐医患关系的良方》《雾霾之痛,全球之痛》,从这些选题中可以看出其所具有的社会性。

2. 辩论式座谈话题应该具有辩驳性

辩论式座谈中的辩论话题一定要避免倾向性,应该选择那些群众反响强烈的、中性的、能够引起争议的内容作为辩论话题,力避"一边倒"情况的发生。通过辩论,谈话者各自阐明观点,吸引观众参与,给观众提供思考的空间。

3. 嘉宾应具有代表性

作为谈话的主体、节目内容的表达者,嘉宾的选择要充分考虑其代表性,讨论问题时应持有不同观点、出发点和侧重点,具有不同的背景。这样才能保证交流的丰富和深刻。

4. 主持人在节目中发挥主导作用

谈话节目为参与者提供了一个发表言论的空间,但这并不意味着各说各话,而是在一种有序的状态下进行的有主题的谈话,而谈话的主导者就是主持人。主持人要善于控制节奏、调节气氛,这同主持人的修养及准备是分不开的。主持人要同编导周密策划,提出各种可能发生的情况,以及应对的方案,作好谈话的引领、疏导工作。

5. 制作手段要生动、丰富

谈话节目缺乏动感、场景单一,因此画面要不断创新,利用大屏幕、表演、音乐、道具、场外资料等多种视听元素来丰富表现形式。凤凰卫视出品的著名谈话类节目《锵锵三人行》由主持人窦文涛主持,一起针对热门新闻事件或社会热点话题进行研究,节目中众人各抒己见,但却又不属于追求问题答案的正论,而是俗人闲话,一派"多少天下事,尽付笑谈中"的情致,达到融汇信息传播、制造乐趣与辨析事理三大元素于一身的目的。主持人与两位嘉宾似三友闲聚,在谈笑风生的气氛中,以个性化的表达,关注时事资讯,传递民间话语,交流自由观点,诉说生活体验,难掩真实性情，分享聊天趣味。

三、电视辩论

辩论是电视谈话类节目比较吸引观众的一种形式。

电视辩论是由持有相反观点、不同见解的采访对象在电视上展开针锋相对的互相驳斥。比电视座谈、电视讨论的气氛要紧张、激烈。电视辩论要求主持人要有很强的调和作用。在我国，电视辩论的节目类型还不够成熟，观众最常见的电视辩论形式是全国大专辩论赛。

1998年第一届全国大专辩论赛于北京举行，西安交通大学与上海外国语大学于决赛中相遇，最终西安交通大学以稳定的表现获得冠军。

2000年全国大专辩论赛于2000年8月6日至8月10日在北京举行复赛和决赛，武汉大学、中国科技大学、中国青年政治学院、中国政法大学、西安交通大学、电子科技大学等六支初赛获胜队及特邀的台湾东吴大学和香港中文大学参赛。比赛分为四场复赛、两场半决赛、一场大决赛和一场精英趣味比赛。大决赛冠军将代表中国参加在新加坡举行的国际大专辩论会。经过了初赛、复赛之后，武汉大学代表队和电子科技大学代表队双双坐到了决赛的赛场上。最终，武汉大学以1421分击败1354分的电子科技大学，获得了本届大赛的冠军。

2002全国大专辩论会与往年相比规模较大，共有23支队伍参加预赛，其中大陆的21个参赛代表队在一个赛区分两个时段进行了预赛，决出了七个代表队进入复赛。8月22日，澳门大学战胜香港浸会大学，成为港、澳高校参赛队的胜者而进入复赛。8月25日上午，中国人民大学与中国政法大学拉开了复赛揭幕战的帷幕。决赛在电子科技大学和中山大学之间展开，经过激烈的论战，中山大学笑到了最后，获得冠军。

2004年7月27日，历时8天的2004全国大专辩论会落下帷幕，最后的决赛在电子科技大学、暨南大学两支代表队之间展开，辩论题目是"生之恩重于养之恩"还是"养之恩重于生之恩"，连续三届进入决赛的电子科技大学这次没有再次让冠军从手中溜走，勇夺桂冠。

四、电视讲话

电视讲话是新闻人物、政府首脑、外交使节、学者专家等具有代表性的人物通过屏幕向观众发表讲话的电视报道形式。结合当前社会形势，具有较深的思想性、权威性。

在发达国家，政治家常通过电视讲话来推销自己的政治主张，树立个人在公众中的形象。政治家们甚至不惜花钱租用卫星新闻节目时间发表电视讲话，扩大自己在世界政坛上的影响。在我国，每逢有重大决策实施，重大政治活动或重要的节日，如元旦、春节等，党和国家领导人也常发表电视讲话，以广泛、有效的方式与群众沟通、交流。

我国第一次播送的电视讲话是北京电视台（中央电视台前身）在1958年6月8日播出的崔希贤的讲话，崔希贤是新闻人物、全国劳模、河南省封丘县应举生产合作社主任。从此以后，电视讲话作为不定期的节目，遇有重大的、有影响的先进人物出现，或党和政府推出重大决策，需要和群众沟通情况，或遇重要节日等，都会播出讲话节目。

电视讲话分为演播室讲话和报告剪辑两种。演播室讲话是就党和政府可实施的某一政策，或社会上开展的某一项重要活动，或配合某一重要节日，请有关部门负责人到电视台向观众发表讲话。讲话要选择与观众的政治经济文化生活等有密切关系的题材，以便引起观众的兴趣。讲话人的不同身份往往决定其评论的权威性的程度。报告剪辑是指电视台对新闻人物在社会上所做的、引起强烈反映的、有普遍教育意义的报告讲话，根据电视节目时间长短进行剪辑播出，它是对新闻人物在社会上做报告的报道。因为报告讲话中，都会大量阐述他们自己对一些问题的所思、所想，发表自己的观点、见解，因此，就内容而言，它也符合评论类电视新闻的规范。这类电视讲话的成功取决于报告事迹是否感人和观点见解是否有新意、有力量。

第七章 电视新闻栏目策划与节目编排

电视栏目是节目的载体，它以固定化的方式，包括固定的栏目名称、包装、时长、播出时段等来规范、容纳同类内容、同类制作形式的节目，是保证节目规范运作的一种方式。

栏目化是电视节目生产规模化、集约化、管理科学化的必然要求，是电视走向成熟的标志之一。电视栏目具有固定化、制作标准化、个性化、观众高度参与性等特点。

第一，固定化是栏目最基本的特征，它要求有固定的栏目名称、固定的播出时间、固定的包装、固定的节目时长、固定或相对固定的主持人等，便于受众有选择地定时收看，易于培养稳定的受众群。

第二，节目制作标准化将制作过程规范为一种模式化的可操作的生产程序，每一期节目都是按照一种模式生产出来，甚至可以批量生产，这样，从经费预算、制作工艺、审核标准等方面都可以确定一个尺度，以适应电视迅猛发展的需要。

第三，个性化。栏目应形成有别于其他栏目的个性特征，这是栏目确立自身形象从而生存发展的根本。

而特色鲜明的主持人是形成栏目个性的最有效的手段之一。比如《新闻周刊》《锵锵三人行》如若没有白岩松、窦文涛两位主持人的机智，没有他们强烈的平民意识，观众会不会好评如潮。我们很难想象，如果深受欢迎的《鲁豫有约》缺少像鲁豫这样的主持人，会是什么效果。

与众不同的电视表现手段，也可以形成栏目的个性。比如中央电视台科教频道的《探索·发现》是中国电视史上第一个大型人文历史与自然地理类的纪录片栏目，于2001年7月9日开播。《探索·发现》栏目以纪录片的手法，讲述以中国为主的历史、地理、文化的故事，探寻自然界的神奇奥秘，挖掘历史事件背后鲜为人知的细节和人物命运，展示中华文明的博大恢弘，是"中国的地理探索，中国的历史发现，中国的文化大观"。《探索·发现》倡导"娱乐化"纪录片的理念，采用讲述精彩故事，设置引人入胜的悬念，运用生动的电视声画手段，向观众呈现出一部部既有较高文化品位、知识内涵，又有很强观赏性和娱乐性的电视节目。比如NBC的《午间新闻》，把体育节目的播报风格引入，再加上大信息量和对内容选择的独到视角，深受欢迎。又如中央电视台综艺频道的《中国音乐电视》把包装作为一个节目的重要要素来对待。包装使节目逐渐形成自己的个性。

对于电视节目而言，可以粗略地划分为新闻性节目、综艺性节目和教育性节目三大类。新闻性节目向来是各大电视台争夺的焦点。从演播室设计、主持人风格，到报道角度和重点，都可以通过对目标受众的精确分析，以明确的类型风格来打开市场缝隙。比如美国三大电视网中，CBS、ABC和NBC将平均观众年龄分别定位在52岁、43岁和41岁，所有新闻节目的重点都是为最大限度地满足目标观众的需求；在英国，商业频道"Channel 5"的新闻，60%的观众年龄在40岁以下，他们在新闻内容的选择上体现"人决定报"的原则，消费、健康、教育与人们日常生活相关的主题是经常的内容。BBC的收视群体岁数偏大，妇女比例很多，面对越来越激烈的新闻竞争，近年来也在晚间6点新闻中增加了较多教育新闻、食品和交通新闻，使内容更具贴近性。

电视新闻杂志的定位也日益细化。比较一下美国新闻杂志的王牌：CBS的《60分钟》（60 minutes）和咄咄逼人的后起的NBC的《日界线》（DATE LINE）就会发现两个栏目从内容到风格的差异。

《60分钟》开播于1968年9月，播出时间为每周晚7:00—8:00，节目长度1小时。由3个独立短片组成，平均收视率为10%以上。该栏目无主持人，只在每个短片前由该片的出镜记者在演播室做一简短述评。《60分钟》节目有较强的评述力度，强调"正论——反论"的辩论风格，选题多是涉及重大社会题材的"硬新闻"。NBC的《日界线》则大不相同，它开播于1992年3月，每周5档，每档1小时，有两位固定主持人，平均收视率为8%以上。该栏目理念为"对一切受到社会关注的热点人物和事件进行深度报道"。在表现风格上，注重刻画细节，主要侧重社会治安、青少年问题、人际关系等"软新闻"。在每档节目的式样上，制片人不强求一致，只强调内容如何吸引受众。

谈话节目是海外商业电视台流行的节目类型。它制作成本低，又由于能将许多本来属于私人领域的东西暴露给公众，能极大地满足现代社会受众的好奇心，目标观众群准确。因此，在内容上，从政治到社会公共事务，再到娱乐、心理健康等几乎无所不包。在国外，主要谈话节目可分为三大类，一是新闻——社会事务讨论节目如CNN的《拉里·金直播节目》和《夜线》；二是滑稽娱乐访谈节目——如乔伊·雷诺的《今晚》和大卫·莱特曼的《夜晚》节目；三是人际关系、心理自助、日常生活讨论节目。电视谈话节目以这一类为最多，既有非常严肃的，也有因较轻佻刺激而被批评为谈话垃圾的。由于大多数谈话类节目都安排在非黄金时间播出，一般绝对收视率并不高，但相对收视率并不一定低，而且明确的目标受众也是广告商感兴趣的。

第四，观众高度参与也是由栏目化带来的一个显著特征。电视节目实现栏目化，实际上是通过各种栏目的编排及每个栏目中节目构成、顺序安排来组织观众收视。观众与电视机构的交流，也因为有了栏目作为具体的对象而更加直接与方便。

电视新闻栏目，从结构上分类，可分为综合新闻栏目、杂志型新闻栏目和单一形态栏目三种类型。新闻节目编排主要针对要闻总汇式的综合新闻栏目而言，而对于所有类型的新闻栏目来说，精心的策划是优秀栏目出现、存在的前提与基础。

第一节 新闻栏目策划

对栏目而言，策划工作就是对新闻栏目进行定位的过程。栏目定位是一个栏目开设的出发点和立足点，它从根本上决定了一个栏目的方向。栏目定位主要依据于传播、表达的需要和市场、受众的要求，集中表现在对内容、形式和受众三方面的定位。

一、定位依据

准确的定位来自于对媒体自身和市场以及受众的准确把握，具体来说，就是媒体创立栏目基于什么样的考虑，为达到什么样的传播目的，电视产业、媒体市场需要什么样的节目，什么样的节目能够取得良好的经济效益，观众爱看什么样的节目，等等。总的来说，是媒体主观愿望与市场客观需求的协调统一。

1. 传播目的

电视媒体具有喉舌功能，具有政治宣传、社会教育、文化传播、舆论引导等职责，因此在创立新栏目时必须要有明确的传播意图和正确的指导思想，以实现喉舌功能，达到一定的传播目的。

电视的根本任务是生产高质量的节目，为受众服务，推动社会主义现代化建设，满足人民日益增长的精神文化需要。当社会效益与经济效益发生冲突时，经济效益必须让位于社会效益。电视策划服从于大局、服从于政治，是电视健康发展的前提。

2. 市场调研

市场调研可以为栏目策划提供科学、实际的依据，是实现栏目经济效益的决定性措施之一。市场调研主要集中在两方面：舆情调研和同业调研。

舆情调研需要了解受众在特定的时间段里所关注的问题和内容、乐于接受的制作形式，尤其要了解主要消费人群的兴趣所在，以及由调查而得出的市场信息，以制定相应的策略。

同业调研是指电视行业、传媒之间的调查研究。由于行业内部存在着较多的共同点和相通之处，在栏目的内容、形式、推广、宣传等方面更加便于借鉴、吸收同行的先进经验和做法，从而少走弯路、提高效率，不断突破创新。

3. 其他制约因素

栏目内容、风格要符合频道的整体定位，要与频道内容、风格相吻合。无论是什么样的内容和形式，首先必须考虑是否适应、合乎频道的规定和要求，如果与频道定位相悖，再精彩的策划、创意也是不成功的。

人员、技术、资金也是栏目策划需要考虑的现实因素。检验一个策划是否成功的重要标准是其可行性如何。人员素质、技术水平、资金条件是否能够达到策划案中规定的程度，必须要认真审视、切实研究解决。因而，摒弃不切实际、不合时宜的方案，根据自身条件，努力达到最佳效果是栏目策划的又一条原则。

二、内容定位

内容定位是指确定栏目的宗旨、性质、功能和选题范围。内容定位是对栏目的最基本定位，是一个栏目区别于另一个栏目的本质特征。

1. 确定宗旨

栏目宗旨的确定主要是通过节目表达一定的、明确的传播意图，从而达到相应的传播目的。而栏目功能则是栏目宗旨的具体外化与实现。

《新闻调查》是中央电视台唯一一档深度调查类节目，时长45分钟，每周一期，在百姓和高端人群中都有着广泛的影响。从1996年5月17日节目开播开始，它以记者的调查行为为表现手段、以探寻事实真相为基本内容、以做真正的调查性报道为追求目标，崇尚理性、平衡和深入的精神气质。在中国社会发生重大变革的时候，《新闻调查》注重研究真问题，探索新表达，以记者调查采访的形式，探寻事实真相，追求理性、平衡和深入，为促进和推动社会和谐进步发挥着点点滴滴的作用。

　　2003年《新闻调查》旗帜鲜明地打出调查性报道的口号，但是当时国内关于调查性报道的理论研究还不是特别深入，大多是在舆论监督的语境下进行的理论探讨。因此，在进行调查性报道实践的同时，《新闻调查》对于调查性报道的理论进行了较为全面和深入的梳理和研究，形成了自己的操作理念。

　　《新闻调查》认为，一个选题能否算得上调查性报道，要看它是否具备三个条件：第一，调查的内容是损害公众利益的行为；第二，这种行为被掩盖；第三，调查是记者独立展开的。只要符合这三个要素，就是调查性报道。

　　而电视调查性报道是调查性报道中的一类，从实现的过程来看，电视调查性报道有四个特点：

　　① 独立的电视媒体调查。它是电视媒体自身进行的调查，并非报道他人的调查行为和调查结果。借助司法或者是纪委的力量所做的大案要案属于调查节目，不是调查性报道，因为它不是独立调查。

　　② 个性化的调查记者。对于电视调查性报道来说，出镜记者的表现尤为重要，既是调查行为的主体，同时也是一个节目的结构元素，他是调查行为的实施者、调查过程的表现者，是节目的外化标志和品牌形象。

　　③ 深入的独家发现。强调的是调查记者必须有新的独家发现，这种发现对揭示事实真相具有推动作用，能够深化节目的主题。

　　④ 完整的调查过程。就是记者作为调查行为的主体，他的行为贯穿节目的始终。记者在调查当中，提出问题，求证问题，得出结论或者判断。

得出结论完整地揭示真相是调查性报道的最高境界。

2. 栏目性质

栏目性质是指新闻、娱乐、服务等电视节目的基本属性。

3. 内容

内容是栏目成败的基点，选题的新鲜性与独特性是栏目生存的关键。

如《第一时间》是一档早间经济资讯节目，反映的是老百姓备受关注的国内外经济动态。由于节目是在早间7:00—9:00播出，所以《第一时间》努力在营造轻松、温暖、明快、向上的早间的氛围，让观众从节目中体会到经济味、早间味、人情味等，《第一时间》的整体风格就是实用、鲜活和大气。

《新闻调查》在开播初期，有过这样的定位口号："三性"，即新闻性、故事性和真实性，一个《新闻调查》的选题，应该同时具备这"三性"。但是当时的操作中，这样的定位常常被割裂地认知和套用。在这样一种思维惯性下，后来又产生了《新闻调查》选题的四种分类方式：主题调查、舆情调查、事件调查和内幕调查。梳理、选择这些观点和以前的四种分类中发现，四种节目当中有一种东西是重叠和共有的，那就是调查类节目的核心特征：对问题的探究和内幕的揭露。对于调查性的报道，国外新闻界早有定论：所谓调查性报道就是揭露一种被某些个人或组织故意掩盖的、损害公众利益的内幕。结合国情，栏目提出了"探寻事实真相"这个口号。探寻事实真相，不但包括所谓的内幕调查，同时也包括对复杂问题的深层探究。所谓真相就是正在或一直被遮蔽的事实。有的真相被权力遮蔽，有的被利益遮蔽，有的被道德观念和偏见遮蔽，有的被狭窄的生活圈子和集体无意识遮蔽。如果仔细分析，这些真相呈现两种状态：一种是属于通常所说的内幕和黑幕，那就是被权力和利益遮蔽的真相；另一种是复杂事物的混沌状态，那是被道德观念和认识水平所遮蔽的真相。对第一种真相的调查，是对已经存在的事实的一种反证，也就是说对假象的一种揭露，像《透视运城渗灌工程》《楷模》《绛县的经验》《海灯神话》《温岭黑帮真相》《药品回扣内幕》《南丹矿难内幕》等节目；而对第二种真相的调查，就是对已经存在事实的一种澄清，也就是反映事物存在的复杂状态，比如《眼球丢失的背后》《一村二主》《死亡可以请求吗？》《婚礼后的诉讼》等。有时，多义甚至无解正是事实存在的真实状态。在确定调查选题的时候，栏目有这样几条标准：

第一，有没有故事。跌宕起伏、一波三折的故事是一个40分钟容量的节目所必需的。

第二，有没有独特内涵。也就是说，所选择的故事是不是反映出社会发展与变革当中的典型特征。一起骇人听闻的绑架案也许不会成为调查对象，而一个小人物承包了一列火车倒有可能引起我们的关注。因为，前者可能只是一起偶然事件，而后者却预示着某种体制的变革。但同样是绑架案，如果它的起因表现了严重的社会痼疾，则可能成为《新闻调查》的选题。《新闻调查》的"新闻"，有时并不体现通常意义上的时效性，但一定要有厚重的时代感，可以少一些轰动效应，但一定要耐人寻味；可以不是"人咬狗"，但一定要从"狗咬人"中看出些不寻常的东西。

第三，事实有没有关切度。所调查的问题，公众是不是关心。

第四，有没有真相。是不是有需要反证和澄清的事实。

第五，有没有独家性。栏目珍视并提倡独家的发现，无论事实还是角度。

以电视调查文体为表现手段、以探寻事实真相为基本内容、以做真正的调查性报道为追求目标，这就是《新闻调查》。

三、形式定位

在形式方面，栏目定位主要表现在节目的结构形态、表达方式以及整体风格等。遥控器在观众手里，面对如此多的选择，电视台的节目不但要好看，在编排上也要把握传播规律，利于观众收看。

1. 结构形态

电视新闻栏目从结构上可分为综合栏目、杂志型栏目和单一形态栏目三类。

综合新闻栏目多为要闻总汇，如《新闻联播》《新闻 30 分》《晚间新闻报道》等；杂志型新闻栏目如《新闻周刊》《新闻 1+1》《南方周末》等；单一形态新闻栏目如新闻述评节目《焦点访谈》、调查报道节目《新闻调查》等。

2. 节目形态及制作手段

每一类新闻栏目都是由各类节目形态（文体）组成的，在每一类节目形态中又可以选择多种多样的制作手段。

（1）杂志型新闻栏目可由消息、专题新闻、评论、谈话类新闻等节目形态任意组合形成。

《第一时间》按题材类型可分为两种类型：消息类、评论类。《第一时间·新闻》、《第一时间·读报》和《第一时间·时尚》以新闻消息的样式报道新闻，属于消息类板块，以轻松的方式传播严肃的资讯，报道凌晨以后发生的最新的国内、国际新闻为主，偏重经济视角。同时，提示即将发生的今日新闻，引导观众的兴奋点，也注重引领时尚和消费。《第一时间·读报》以新闻评论的样式报道新闻，其理念是相同的新闻，不同的说法，以适于电视表达的方式重新梳理平面媒体。

（2）综合新闻栏目可由动态、特写等各种消息类型组合形成。

（3）单一形态新闻栏目可以是专题新闻、评论、谈话类新闻节目的任意一种。

《新闻 1+1》是中央电视台新闻频道的一档新闻点评栏目，主要点评当天最热门的新闻，主要为民生新闻（例如经济适用房、禽流感等）。2011 年 8 月 1 日起，新闻频道《新闻 1+1》栏目全新改版亮相。节目在形态上寻求突破，由主持人与评论员的一对一访谈模式，改为由主持人承担评论员职能，对新闻热点展开个性化的评论与报道。在报道风格上，新版栏目强化"丰富的信息量"、"明快的报道节奏"与"鲜明的主题性"的融合，突出评论内容的多元化、深入性与媒体性特色；在关注题材上，栏目将进一步强化热点新闻的跟进，依托各地应急报道点资源，第一时间采访新闻当事人，突出热点新闻的即时延展。配合改版，栏目以"主播制"进一步强化主持人的符号特色。改版后的首期节目关注中国红十字会的社会质疑。

在西南政法大学新闻传播学院的王磊所发表的论文《电视新闻评论节目的创新：〈新闻1+1〉节目特色分析》[①]中对改版后的《新闻1+1》进行了详细的分析与研究：

> 中央电视台新闻频道改版后推出的《新闻1+1》，不仅改变了传统电视评论刻板的说教方式，而且大胆触及关系国计民生的敏感议题，并充分挖掘图像评论的功能意义，以创新特色成为电视新闻评论节目一道亮丽的风景。
>
> **一、改变说教方式，构筑公共平台**
> 1. 主持人与观察员双向制动，形成开放的话语场
> 传统的电视新闻评论大都"寄生"在所报道的事实中，评论的内容通常是主持人几句不痛不痒的批评和调侃，总体上是为新闻事实服务的。《新闻1+1》则开创了一种以主持人加观察员为主要形式的"二人转"式的新样态。主持人不仅是一个提问者和串联者，而且对节目观点的系谱进行宏观把控，对新闻意见进行有益的补充和平衡，把选题外围的思考空间交给观众，在每个"关节点"发出疑问，防止受众落入窠臼，既把他们引进来，又让他们能理清关系，顺畅地走出去。

---

① 王磊.电视新闻评论节目的创新：新闻《1+1》节目特色分析[J].电视研究.2008（11）.

2. 把握好"问责"式选题的容忍度，为新闻当事人行使"反论权"提供平台

在批评型或者舆论监督型节目中，《新闻1+1》往往是通过个案反映普遍问题，探究制度中的漏洞、体制中的弊端、法律中的瑕疵，站在体制机制层面进行反思。即使是对个案进行问责，也是抱着与人为善的态度，首先会站在对方的立场上来解读当事人做这件事的动机。其次是举出大量事实作为论据，最后的议论环节也留有一定回旋的空间。

3. 充分利用网络，构筑公共意见的集散地

中国目前已经进入由传统社会向现代社会转型的过渡期，这个时期一个基本特征就是社会的"碎片化"。因此，就传播的影响力而言，以往依靠某一个（类）媒介强势覆盖的情况也发生了变化。《新闻1+1》充分利用网络平台，选题大都是采用网络上热议的话题，着力于与公共利益密切相关的点进行探讨，并且充分尊重不同利益群体的情感诉求。《新闻1+1》通过网络话语和官方话语互搭梯子的方式让草根议程走上了公共议题的舞台，既集纳公共领域意见，又通过正确的舆论引导让偏私或者非理性的网络语言得到自我修正。

二、触及敏感议题，建立宏观架构

《新闻1+1》的主题大致分为三类：时事政策解读、公共话题、突发事件。每类主题都敢于选取一些较为敏感的话题，触角也会伸向体制机制层面，为决策层提供一种思路和参谏。这一方面需要胆识和评论策略，更重要的是必须把握好评论时机，在大量新闻事实的基础上寻求忠恕、公允、客观、平衡的新闻意见。

1. 时事政策解读：梳理历史发展脉络，建构媒介层面上的国家议题

在时事政策解读方面，《新闻1+1》曾推出一期引起网民讨论的节目——《临界点：中日关系圆桌论坛》。节目中双方嘉宾的交锋非

常激烈，谈到许多敏感问题时也直言不讳。节目最后，双方拉手的姿态也表现出中日关系正在走向暖春的新图景，为观众呈现出国家意义层面上的中日关系。从新闻控制的角度上说有利于引导受众理性地看待日本社会和民众，从而完成媒介层面上的政治意义建构。

2. 突发事件：注重报道时机，凸显"不一样的解析"

在突发事件类选题中，《新闻1+1》也开始关注一些敏感的社会问题，同时采取适当的策略，不抢"第一落点"，只抢"第二落点"。因为突发事件需要一个调查和处理的过程，如果一开始就陷入舆论的狂躁中，必然增加新闻意见的政治风险。只有当事件逐渐平息后，掌握详实、准确的材料，对事件有一个全景式把控，才能做出理性、富有建设性的评论。对突发事件评论另一种策略就是独到、深入、异质的阐释，在思考维度上抢占先机。

3. 公共话题：把百姓关注点作为切口，促进决策科学化

《新闻1+1》通常会对微观事件进行剥茧抽丝，最终抽象为体制机制层面的公共议题。《承担与感谢》这期节目，在探讨百姓怎样去理解和遵守奥运会期间的临时措施时，白岩松建议政策制定者能否在一些措施的细节处更以人为本。

三、挖掘图像功能，提供事实论据

传统的口播评论中，图像符号功能没有得到有效的展现，造成与平面媒体难分伯仲的局面。《新闻1+1》突破这一瓶颈，充分发挥图像评论的功能，同时运用人物同期声、画面、字幕、现场连线等多种方式，为演播室节目的"话匣子"提供论据。

《新闻1+1》不求优先的报道权，而求最佳阐释权，赢在思想而非第一手材料，赢在探究事件机理和解决思路而非论述和总结，赢在开放性的结论而非僭越式的对错判断，从而在图像评论与口播评论中建构起一种令人信服的逻辑推理关系，进而使受众能对评论文本进行支配式解读。

3. 语言风格

包括解说词写作风格和主持人语言风格。比如不同级别、不同地域、不同收视群的社会新闻节目有着不同的节目定位，它对主持人的风格要求也相应地不同。如《本周》的主持人贺红梅，她的主持风格轻松而不失庄重，随意而不失规整，平和而不失大气，符合中央台宏观、权威的身份特征。与之相比，凤凰卫视《媒体大拼盘》的主持人胡一虎的主持风格则更为随意、自然，甚至还带有娱乐性，与凤凰卫视整体上的轻松和《媒体大拼盘》趣味、诙谐的节目风格相匹配。比如同样在说到一条有关"无毛鸡"的消息时，贺红梅说："无毛鸡全身光秃秃的，没有一根毛，所以在夏天，它不会像其他鸡那样受炎热困扰，只是不知道它们到了冬天又该用什么方法来抵挡严寒"，语言中带一种介绍性质，寓教于乐。而胡一虎的主持中则带有"探宝"似的惊喜，"带你一起去看看"，语气中有一点诱惑与煽动性。

4. 确定时段

黄金时段是人们闲暇时间与播出时间重合最多的那段时间，其传播效果最佳。从世界各国惯例来看，一般可以把一天的播出时间分为四级：一级时间为19：00—21：00（周末延伸至22：30）；二级时间为18：30—19：00；三级时间为17：30—18：30；其余为四级时间。一级时间可称之为"黄金时间"，二级时间可称之为"亚黄金时间"或"准黄金时间"。

一般来说确定时段越接近黄金时段传播效果会越好，但事实上栏目的时段既要考虑频道整体栏目的设置，考虑相邻栏目之间的关系、衔接等，还要根据自身内容受众来确定播放时间。一般说，30分钟以内的栏目，每周至少要在同一固定时间播出5次，最好是一周打通。只有时间固定，才能找到节目，只有每日都有，才能产生规模效应。试想，如果播出时间不固定，观众怎么找得到节目；如果一周一次或二三周一次的小栏目，现在的观众谁还有耐心去等待。包括一些制片人，都认识到开办没有规模效应、"朝三暮四"不符合传播规律的小栏目，是吃力不讨好。有的明确提出，这样的栏目"生不如死"。而一周一次的栏目原则上不应少于45分钟，最好是 60 分钟以上的大型栏目。内容、形式也应尽量要选择观众最感兴趣的。

在具体操作中，由于有一些电视台的众多栏目归属不同的部门，而且内容也有一定的差异。时间上的协调和安排很困难。浙江卫视 2001 年新版黄金时间节目"合并同类项"的做法可以借鉴。2001 年，浙江卫视 19：00 黄金档主打栏目，全面更新，实行三个规范：一是设置规范，有规律地安排一周一个大型综艺节目，6 个专栏；二是长度规划，专栏为 20 分钟 + 电视剧，综艺节目 60 分钟；三是性质规范，除综艺节目外，其余六档栏目为同一类别，定位为社会综合类。共同冠以"卫视在线"名称，由专门编辑统一加上导语和结束语，由专门主持人播报。

四、受众定位

按照不同的标准，对观众进行细分和描述，再针对目标受众的特点与接受习惯制定栏目定位。需要考虑的受众方面的因素有：职业、年龄、性别、教育程度、社会地位、兴趣爱好、收视习惯、文化背景等。受众定位的前提是对受众进行调查了解。

1. 受众心理调查的方法

在进行受众心理研究之前需要得到大量的可靠资料，这些资料大部分是靠调查得来的。调查的方法有以下几种：

（1）问卷调查法。

事先根据需要了解的内容，制订一份问卷，在居民区随机抽取一个街区，一户一户上门访问，要求对方照实填写问卷。这样收集的资料是十分珍贵的第一手资料，可以做多方面的分析和研究。但这种调查方法涉及的人比较多，参与工作的人也比较多，而且对参与工作的人有比较高的要求，需要完善的组织和参与工作者的高度责任心。另外，问卷的科学设计也十分重要。

（2）小型专题调查会。

这种形式比较容易操作，一般是为一个具体栏目或一个具体节目召开的座谈会。组织者要事先根据需要了解的问题列出提纲，拟定与会者名单，可以事先把提纲发给与会者，使他们在会前有所准备。这种调查有时可以进行得比较深入，甚至进入对某些细节的讨论。值得注意的是与会对象的选择，选择普通百姓和选择专家学者都是可以的，不过要注意到这两者的代表性，在运用调查结果时要能够进行正确、合理的判断。缺点是这样获得的材料不是书面的，难以作定量分析，有时难以作为论据引用。

（3）各类现成材料的收集与利用。

这些材料包括《中国广播电视年鉴》等工具书和相关杂志上提供的资料，委托央视所作的收视率调查，从社会学、心理学、教育学、文化学等学科折射出来的相关内容、他人研究中提供的有说服力的材料，等等。

（4）大型调查网络的建立。

在社会转型期，许多变化每天都在发生。大到国家的政策法令，小到企业的发展策略，都需要在充分调查研究的基础上制订。在我国，大型调查公司的建立还是最近几年的事，但这个事业刚刚起步，就受到了社会的普遍欢迎。今后，大规模的调查公司将承接相关的调查项目，利用公司分布全国的调查网络，可以比较方便快捷地完成调查，提供可信的有价值的资料。随着通讯传媒的发达和电脑互联网络的普及，资讯的获得一定会比今天更加容易，电视媒体建立自己的大型受众信息调查网络的时代也会很快到来。

2. 心理调查资料的分析和研究

拥有了调查所得的资料，不等于就能得出正确的结论，还必须进行认真、可信的分析研究。分析研究的方法有以下几种：

（1）定量分析和定性分析。

在大量的原始资料面前，要做的工作是整理和分析。常用的分析的方法有两种，一种是定量分析，一种是定性分析。定量分析是指对所采集的数据进行分类统计，测算百分比，用严格的统计学方法计算出各类数据的比例关系，并在此基础上得出量化结论。

定性分析是指在定量分析的基础上，对量化结论的进一步分析。这种分析往往借助相关的背景资料，对量化结果的原因、性质、内涵以及所说明的问题、所表现出的发展趋势等作合乎逻辑的、科学的分析。只有经过了这样的分析，我们采集的数据才有用，我们的社会心理调查才能对电视工作起指导作用。

（2）历史分析和趋势预测。

一切的调查研究不是为了过去，而是为了未来，今天是过去的延续，未来又是今天的延续，所有的现象都有它的来龙去脉，了解这个过程有助于我们更加深刻全面地认识问题。电视受众心理调查的目的是为了研究受众心理的现状，也是为了把握大众心理发展的态势与走向。这一切都离不开对历史材料的把握和认识。

（3）比较研究。

有比较才有鉴别。比较分横向比较和纵向比较。横向比较是指同类事物在不同空间的比较。如，我国电视观众对谈话类节目的期望和看法与美国电视观众对谈话类节目的期望和看法有很大的差异，运用充分的数据和材料对两者加以比较、得出结论，这就是横向的比较。纵向比较是指同类事物在不同时间的比较。如对电视娱乐类节目的态度，前几年观众接受的程度与今天不一样，过一段时间，观众对这类节目的态度又会有所变化。分析与这些变化相关的因素，有可能找出规律性的东西。

（4）分类研究和系统评估。

调查结果的分类研究往往是为了某个单项的、具体的、微观的目的，而系统评估则是对某一方面情况的综合的系统的分析，这种分析涉及内容较多，各个相关因素之间的关系也比较复杂，要用辩证的方法对待所有的材料，把运动变化着的对象看成一个完整的系统去进行研究与评估。

五、栏目的活动与宣传

这是栏目策划当中比较重要的一个环节，也是树立栏目形象的一个重要手段。如何组织活动与宣传，有如下几个方面：

一是通过自己组织的特色活动来展开活动和宣传，这一点有几个栏目做得比较好，比如《十二演播室》每年一度的国际大专辩论赛，这是它风格化的一个特色活动。如《经济半小时》搞的"中国质量万里行"和"3·15特别报道"，通过这些活动来烘托自己的栏目，并带出经济效益和社会效益。

二是栏目自身的纪念性活动，如在栏目一周年或者百期等纪念日，搞一个新闻发布会或观众联谊活动把栏目形象烘托出来。这一点前提是栏目具有相当知名度和号召力。

三是借助社会的特定纪念日来推出活动，进行栏目宣传，如国庆、春节等。还有些特殊纪念日如重阳节、情人节、环保日、世界住房日等，有时候大家关注，有时候不关注，我们可以把三个月之后的台历翻一翻，看看大概是什么日子，然后确定在这个日子推出相关的活动。

四是媒介合作。从媒介生态学的角度来看，每一种传播媒介在这个世界上都不是孤立无援的，它应该有一种相互合作的生态环境。欧美目前的媒介竞争出现一种缓和趋势，即各个媒介相互宣传，这样大家都互惠互利。中国媒介这种思维现在也逐渐转变，广播、电视、报刊，互相宣传对方。比如《焦点访谈》出来后，《北京青年报》就把《焦点访谈》的故事线索拿来继续跟踪采访，变成了自己的专栏，这样就可以有较大发行量，借助的是电视媒介的优势，但做的是电视没做的事情。同样在这个过程中，它又把《焦点访谈》重新推广一遍。

另外，还包括电视媒介内部的宣传，新闻节目宣传文艺节目，文艺节目推介新闻节目。如有段时间《新闻联播》最后一条安排了《焦点访谈》预告。有些大型活动特别需要不断地做宣传，比如CCTV的12集电视文献纪录片《周恩来》和"3·15特别报道",在这方面做得比较有声势,这都是在宣传自己的同时确立栏目形象的好办法。

六、定位微调

栏目一旦定位,不应随意、频繁地变更、调整,否则无法给观众以固定、深刻的印象,无法营造收视的期待感,难以树立栏目形象。栏目定位要经实践考验,要在实践中逐步微调到位。定位微调的依据主要来自节目播出的社会反响,即观众的反馈,观众意见是正确定位的主要依据。

电视栏目的策划是一个复杂的工程,具体的电视栏目策划一定要结合电视栏目特定的生存背景、创作环境及各方面条件来进行。

第二节 新闻节目编排

电视新闻节目编排就是按照党的路线、方针、政策和新闻传播的规律,突出当前一个时期的宣传重点,由编辑对诸多单条电视新闻加工、整理、归纳、选择、调配后进行的有机串联。

电视编辑的工作虽千头万绪,但稿件的编排是其最重要的工作。在编辑过程中,把稿件之间的相互关系弄混了、弄乱了,原本同类的分离了,原本不同类的聚合了,整个新闻节目就会显得杂乱无章、支离破碎。电视新闻节目的编排在一定程度上影响着整个新闻节目的形象,它是电视新闻采制过程中的最终产品,宣传效果的好坏在某种意义上说由它决定。因此,电视新闻节目的编排是决定大局和全局的关键环节,责任编辑对此是负有重要责任的。通常责任编辑要根据最近一个时期的宣传意图,选择所要播出的内容,并且要根据编排的整体思想,对新闻的稿件内容即解说词和电视画面进行初审和修改,而后根据新闻价值的大小、稿件分量的轻重以及观众的收看心理，进行合理的安排播出顺序，要撰写串联词和拟定标题，按照有关领导的审看意见，精心做好节目播出的最后调整，然后拿出制作串联单和新闻提要单，组织新闻节目的最后制作。

电视新闻节目的责任编辑大都由有经验的编辑记者担任，从事这项工作的人员一定要通晓电视新闻业务，此外还应知道报纸版面的编排规律、原则，以及广播新闻节目的编排特性，应具有很强的新闻敏感和对新闻的分析判断能力，具备社会学、传播学、心理学等方面的理论知识。

一、电视新闻编排原则

电视新闻编排要依据一定的原则。编排原则既是报道思想的具体体现，又是编排技巧的"灵魂"。具体来讲，新闻编排应该从以下几方面考虑。

1. 新闻编排要从全局出发反映时代全貌

新闻编辑应该树立全局观念，增强宏观意识，洞察整体形势，站在时代高度处理具体新闻，编排新闻节目。这就要求编辑进行新闻编排时"吃透两头"，这是新闻编排工作中必须遵循的原则。

2. 新闻编排要体现党的路线、方针和政策

新闻编辑应该树立政策观念，加强对党的路线、方针和政策的研究，并通过新闻编排体现其精神实质。与其他节目比较，新闻性节目具有很强的政治性和政策性，新闻编辑应通过广泛的题材、丰富的内容准确及时地反映党的政策，避免片面性。

3. 新闻编排要发挥节目整体优势

新闻编辑应该树立节目观念，下功夫研究新闻节目的内在规律、基本特征和编排制作的艺术，通过适当的新闻编排发挥节目的系统宣传优势。编排一次新闻节目既要全面，又要目的明确，有所侧重；既要充分挖掘每条新闻所蕴含的新闻价值，又要注意新闻之间的内在联系，并通过新闻的合理配置和优化组合，取得最佳传播效果。

4. 新闻编排要考虑受众需要，做好服务工作

新闻编辑应强化受众观念，做好受众调查，并根据观众的愿望和反馈意见改进新闻编排，使新闻性节目更贴近群众、贴近生活、贴近实际，成为党、政府和群众的耳目喉舌。

二、节目编排总体要求

电视新闻是顺序传播，确定编排次序、编排组合方式直接影响到传播效果。

1. 选择头条突出重点

头条新闻直接体现了新闻编辑部门的意图，它往往代表一次节目的重点，代表当天的宣传方向；对观众来说，头条新闻是否有吸引力直接影响到收视兴趣。

2. 层次清晰、灵活多样

电视新闻的内容包罗万象、纷纭复杂。编排新闻节目一定要做到结构合理、层次分明、脉络清晰。否则就变成了无序的堆砌，反而产生消极效应。

在同类题材集中组合的基础上，要讲究层次，以避免在感情色彩和报道风格上的矛盾和不协调。要优化组合，把同类题材的新闻排列在一起。

在要闻总汇新闻栏目中，时政、会议、社会新闻等要基本分组，不能相互交叉得太杂乱。如《新闻联播》的基本模式是：第一组要闻，第二组经济，第三组会议及一般时政，第四组文体和社会新闻，先国内后国际。

同时也应根据新闻价值和观众的兴趣爱好调整结构，不要拘泥于所谓的固定模式，以灵活多样的编排来吸引观众的注意力。总的来说，新闻节目编排要做到布局合理、特色鲜明、主题突出。

三、编排技巧

1. 综合编排

把同类题材综合在一起,发挥综合优势,突出各部分特点。

这种编排的方法用比较多的篇幅,把同一主题的多种电视新闻稿件编排在一起,有的时候它占了整期节目的所有内容,有时候它占大半期或半期等。这种编排的特点是:稿件集中、主题突出、气氛较浓、声势较大。

例如中央电视台 2017 年 1 月 28 日播出的《新闻联播》节目,因为正值春节,当天的所有新闻都是围绕欢度春节展开的,营造了浓浓的节日气氛。

　　年夜饭　团圆饭
　　撞钟祈福辞旧岁　张灯结彩迎新年
　　【新春走基层·零点后的中国】隧道里的青春
　　【新春走基层·家是什么】青丝白发　缕缕牵挂
　　【说句心里话】边防战士海外维和官兵说句心里话
　　【厉害了　我的国】春晚致敬英雄　描绘大美中国梦
　　【永远的丰碑】百折不挠永向前——季步高
　　国内简讯
　　国际简讯

2. 连续编排

在一定时期内,按照有关的宣传计划,每天或定期在新闻节目中安排反映或解释当前重大问题、事件的电视新闻稿件,这种编排的特点是:系统性、连贯性。这种编排方法常用在把中心工作或重要问题的宣传引向纵深的时候,或者是把一个社会性的问题的讨论深入展开的时候。

3. 重点编排

对于一些单独而又重要的稿件，不但要放在新闻的头条，而且还要在新闻栏目的内容提要上加以重点介绍，使这类稿件在观众心目中留下十分重要的印象。此外，对于这类重点稿件在下一档新闻节目中可作为"要闻"重播。

4. 对比编排

在电视新闻节目内容有可比性的情况下，把揭示同一事物矛盾双方的电视新闻稿件（如是与非、善与恶、美与丑等矛盾双方）安排在一起，以揭示其差异，观众从中分析比较，得到启迪和教育，这种编排的特点是：对比强烈，是非分明。

5. 对等编排

编辑在编排新闻过程中，时常会遇到这样的情况，由于两篇稿件的质量相对等，或者由于新闻事件的当事双方与新闻媒介的利害关系相对等，这时，编辑在编排新闻节目时，在处理稿件上要注意对等的原则，力求平衡、均等、不偏不倚。

6. 交叉编排

交叉编排是指把电视新闻节目中一些内容比较严肃的节目和内容上比较轻松、活泼的新闻交叉编排，以唤起观众的兴奋点。

7. 组合编排

把同类题材或内容相近，或有内在联系的新闻排列在一起，形成一组，成为节目"重点"。中央电视台2017年2月7日播出的《新闻联播》通过多条消息对政府发布的文件的新政策进行了解读，就使用了组合编排技巧，三条新闻分别从不同的角度对同一主题进行报道、深化，增加了新闻的厚度和影响。

聚焦农业供给侧结构性改革：深化改革　成为农业农村发展新动能

中央一号文件提出，推进农业供给侧结构性改革，关键是改革，动能在改革，成败看改革。改革的核心是理顺政府和市场的关系。

创新体制机制，激活要素，激活市场，成为农业农村发展新动能。

这个春节，在安徽天长，分红，成了各个村的热词儿。几天的工夫，已经有10个村召开了分红大会。光华村是第一个分红的。

安徽天长是中央首批农村集体产权改革试点之一，2015年，当地就开始对村集体资产清产核资，折股到人。每个农户都领到了相应的股权证。可刚开始，王干和乡亲们却不相信股权证能有实用。

农民的抱怨并非缺少依据，在集体产权改革之前，村里的大事儿小事儿都是村干部说的算，农民毫无话语权。根据天长市纪委统计，最近三年查处的200多起党员干部违纪违法案件中，涉及村组干部的就占到了28%。

中央一号文件提出，要深化集体产权制度改革，激活要素。今年，改革试点将再新增100个县市区，让更多农民像王干一样，分享改革红利。

安徽农民王干坐在家里等着分红，湖南种粮大户陶子斌则是请农业专家支招儿。

湖南是全国水稻第一大省，去年，国家连续执行了13年的早籼稻最低收购价首次下调，让陶子斌的收益一下子减少了2400多块钱，对他来说，数额虽然不算大，可国家释放的信号却不小。

根据专家的建议，陶子斌今年将结合市场变化，调减一半的早籼稻面积，发展市场销量好的绿色水稻。

中央一号文件提出，要激活市场，更好发挥政府作用，让市场力量引领结构调整。今年，将深化粮食等重要农产品价格形成机制和收储制度改革。

2016全国两会建议提案办理情况:81.9%解决或逐步解决

今天,国务院新闻办公室举行国务院政策例行吹风会,国家发改委、教育部、财政部、国家卫计委有关负责同志,介绍了2016年人大代表建议和政协委员提案办理的相关情况。

2016年,国务院各部门牵头办理全国"两会"人大代表建议7873件、政协委员提案3862件,分别占总数的91.5%和90.9%。内容涵盖"十三五"规划纲要实施、供给侧结构性改革、区域协调发展等经济社会发展的各个方面。代表委员所提问题得到解决或计划逐步解决的占总数的81.9%。

根据各部门报告情况统计,各部门共采纳代表委员所提意见3000多条,出台相关政策措施1300多项,提高了政府决策的质量和水平。

"十三五"计生规划发布:2020年总人口将在14.2亿左右

国家卫生计生委日前印发《"十三五"全国计划生育事业发展规划》,《规划》指出到2020年,全国总人口在14.2亿人左右,年均自然增长率在6‰左右。《规划》还提出,到2020年,中国的总和生育率将从2015年的1.6左右提高到1.8左右,出生人口性别比下降到112以下。鼓励按政策生育的制度体系和社会环境基本形成,妇幼健康服务体系更加健全,人人享有计划生育优质服务基本实现。根据《规划》,"十三五"全国计划生育事业主要任务包括实施好全面两孩政策、强化计划生育基础工作、提升妇幼健康计划生育服务水平、提高计划生育家庭发展能力、综合治理出生人口性别比偏高问题、完善流动人口服务管理工作机制、加强信息化建设和战略政策研究、持续深入开展宣传倡导、深化国际合作与交流九方面。

8. 峰谷技巧

把节目想象成一系列的山峰和峡谷,高低不平,错落有致,形成节奏。

合理编排可以产生良好的节奏，既不拖沓又不杂乱，容易引起观众的收视兴趣。可以通过以下手段来产生节奏。

第一，长短搭配；

第二，图像新闻与口播新闻搭配；

第三，声音快慢搭配；

第四，严肃与活泼搭配；

第五，灵活性与整体性搭配。

一次新闻节目涉及题材丰富，内容广泛，不同题材尽量分组编排，做到层次分明、脉络清楚，使节目的整体结构趋于合理。心理学分析表明，新闻编排刺激强度规律呈现强弱强的周期性变化。由此规律产生了编排上的"峰谷技巧"，即指一个新闻节目不可能每条新闻或每个栏目都使观众保持兴趣，所以必须把节目设计成以重要或最有趣味的新闻做头条，形成对观众的刺激高峰，然后刺激强度转弱到低谷，处于低谷状态时又要找到新的兴奋点，再形成刺激的高峰，不断吸引观众的注意力，提高传播效果。

四、扩大信息量

当今社会是信息社会，观众希望在有限的节目时间里，获得尽可能多的新闻信息。新闻编排可以从以下几方面增加信息量：

（1）尽可能编发短新闻，特别是现场感强、内容充实的短新闻，可以明显加快新闻节目的节奏；

（2）扩大报道面，减少题材近似的报道；

（3）报道观众所欲知而未知的新闻，激发观众的兴趣，提高单条新闻的信息量。

第八章　新媒体环境下电视新闻业务

伴随着互联网的兴起和手机客户端业务的全面开展，围绕着电视新闻业务，既是一次前所未有的挑战也是一种厚积薄发的机遇，电视新闻在新时代如何运用融媒体、大数据、全媒体等新鲜词汇，是值得每一个电视新闻从业人员思考的问题。

第一节　电视新闻全媒体转型的主要挑战

一、全媒体时代的到来

全媒体是指媒介信息传播采用文字、声音、影像、动画、网页等多种媒体表现手段，即多媒体的表现手段，利用广播、电视、音像、电影、出版、报纸、杂志、网站等不同媒介形态进行的业务融合，通过融合的广播电视网络、电信网络以及互联网络进行传播（三网融合），最终实现用户以电视、电脑、手机等多种终端均可完成信息的融合接收（三屏合一），实现任何人、任何时间、任何地点、以任何终端获得任何想要的信息。

"全媒体"不是"跨媒体"时代的媒体间的简单连接，而是全方位的融合、各媒体之间的有机互融。网络媒体与传统媒体乃至通讯的全面互动、网络媒体之间的全面互补、网络媒体的自身的全面互融。总之，全媒体是目前媒介形式中覆盖面最全、技术手段最全、媒介载体最全、受众传播面最全的一种革命式样式。

传统媒体向全媒体转型，已经成为传媒业技术发展的必然趋势和普遍共识。各类媒体都依托着自身特点，向全媒体方向演进。全媒体的探索在世界各个国家中都正在进行，英国BBC早在2006年按照"One BBC"的思路启动了全媒体战略，美国的CNN早在媒介融合的初期就积极利用新媒体技术打造适合全媒体的新闻制作流程。

二、全媒体化产业重构压力

全媒体的产业重构面临着诸多的压力，一项新兴的产业面对的是陈旧而不腐朽的传统媒体格局，因而，全媒体的产业重构势必会经过一段漫长时间的探索。

（1）开放性全面竞争的压力，即视频内容业务全面开放。

传统媒体自身全媒体化存在着巨大的竞争压力，报纸、广播等传统媒体在全媒体进程中纷纷"触电"，他们相继开办视频业务。而新媒体视频业务的广泛开展，"用户生产内容"的新模式使视频供应空前充裕，"众包新闻"也由此出现。

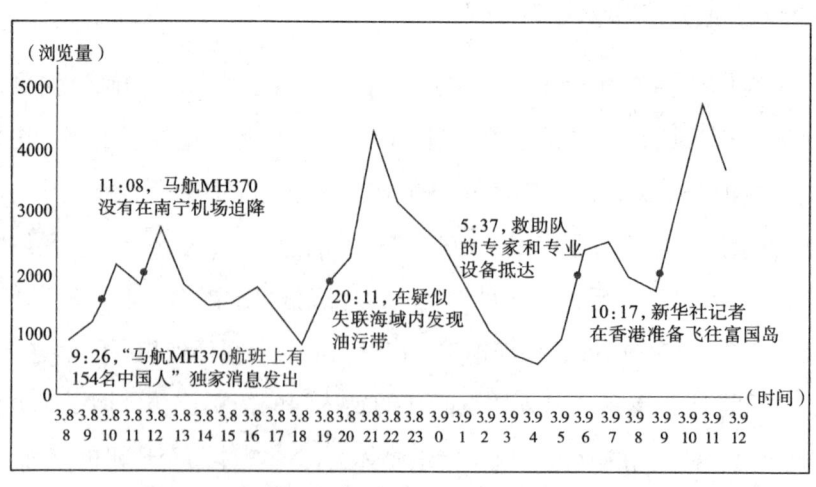

图 8-1　马航 MH370　3月8号至3月9号浏览量

2014年3月8日发生的马航失联事件当天，新华社新媒体客户端"我在现场"上线，第一条新闻就发布了"马航MH370航班上有154名中国人"的独家新闻。从技术上说，这是一个基于定位的事实分享新闻客户端，更确切地说，这就是一种新闻众包的尝试。

图8-1是几则关键新闻播发和浏览量之间的关系。

从图8-1我们可以看出，在马航失联之后有六个小时，官方消息处于真空期，谣言满天飞，新华社的报道，有时只是记者到达某地，也能引发巨大的关注。从这些数据可以看出，"新华社记者在香港机场准备飞往富国岛"这样标明了客观地理位置，仅仅是作为记者位置移动标记的稿件，本身就受到很大关注度。在没有其他资讯更新的时候，记者行动的推进本身就是一种有价值的资讯。"马航MH370没有在南宁机场迫降"的稿件也带来很大的点击量，带来这种现象的原因可能是记者带定位发稿非常真实可信，还有一个重要原因是当时处于消息真空期，受众没有接收到可以信任的官方消息。

新媒体同时"触电"形成了开放的视频时长，以网络、微博为代表的新媒体在报道时效性、内容的广泛性、形式的多样性全面超越报纸、电视等传统媒体，打破了传统电视对视频业务的独占性垄断优势，传统电视内容产业面临广泛而空前的竞争压力。

（2）转型压力，即从纵向一体化向横向一体化转变的压力。

传统媒体各自有着独立的分离市场。它们各自按照"采制→传输→包装集成→终端消费"的线性生产模式构成封闭的回路产业流程，各自形成纵向一体化封闭体系。全媒体推动着传播形态的融合，各个传统分离市场也走向融合，按照生产环节横向一体化的方式重构，形成内容生产、节目申报、素材传输、排版操作、终端设备等不同市场。全媒体转型就是旧的纵向一体化封闭体系逐渐瓦解和新的横向一体化市场逐渐形成的过程。对于传统电视内容产业而言，就是从"制播合一"向"制播分离"的转变过程。

2009年10月21日，上海文广新闻传媒集团正式分拆成上海广播电视台和上海东方传媒（集团）有限公司。标志着全国广电系统制播分离的大幕正式拉开。随后湖南广电的改制方案也于同年12月通过广电总局的审批。现在的湖南台已经发展成为国内极具影响力的电视台之一。目前全国绝大多数省区都不同程度地启动和实施了制播分离改革，中央电视台和北京、江苏、上海、天津、湖南、浙江、辽宁等部分省级电台、电视台成立了由台控股的节目制作公司积极推进制播分离改革。新一轮制播分离改革重磅出击，改革的重点是将广电行业内政策允许的制作业务和经营业务分离出来。打造市场主体推动广电产业做大做强。从制播合一到制播分离的转变是广电体制的变迁和创新。按照新制度经济学理论，制度变迁就是制度的替代、转换和交易过程。而在变革过程中它的发展一定不是一帆风顺的，会面临多方面的压力。

三、二元竞争格局过渡压力

全媒体转型是一个较长的时期，传统媒体与新媒体将长期并立，因此就形成了新旧媒体二元竞争的基本格局。

新旧媒体都有着各自的优势，传统媒体依靠自身在政策、资金和人才、原创新闻等方面的优势，依然维持着"自产自销"的传统产业格局。

传统媒体的优势依旧存在：

第一，政策优势起到决定性作用。

传统媒体的政策优势是不言而喻的，尤其是重大新闻的采访权，让新媒体望尘莫及。一直以来我国不给予网络媒体采访许可证，使得传统媒体在政策方面占有优势。从网络媒体角度看，一方面它们采取移植、借壳、签约发布等手法，即便没有采访许可证，也拓展了自身的业务空间；另一方面，随着2006年中国网络媒体在体育领域新闻采访的破冰，2008年奥运会期间网络媒体新闻业务全面铺开，直到2010年"两会"给网络媒体发放媒体通行证，传统媒体政策资源的优势开始逐渐弱化。

第二，人才方面优势凸显。

传统媒体依然聚拢着优秀的传媒人才，这种情况一方面来源于人才择业根深蒂固的求稳定的观念，另一方面也印证了人才对其自身尊严的期待。初创时期的网络媒体，核心部分是计算机技术专业人员，主要工作是网络平台的搭建和后台管理，而信息处理、加工能力与水平明显不足。这种单一技术人才的状况早已向多元化、复合型人才的综合运用转型，这些人才中至少包括新闻采编人才、经营管理人才、视觉设计人才及计算机技术人才等。但是从目前情况看，内容采编的人才虽然慢慢被重视，但如果想与传统媒体抗衡还需要漫长过程。

针对人才的选拔，尤其是网信工作人才的任用，近几年国家十分重视。习近平总书记在2016年4月19日召开的网络安全和信息化工作座谈会上提出："把需要的关键核心技术项目张出榜来，英雄不论出处，谁有本事谁就揭榜。"这是习近平针对如何用人才强网来支撑网络创新的问题，首次向网信工作各行业发出了"网络英雄榜"。

第三，传统媒体在原创新闻方面优势明显。

原创新闻是传统媒体优势的集中体现，在中国商业网络新闻原创，包括采访与删改等方面的权利较之传统媒体虽然少之又少，但是也开始慢慢兴起。这是因为新闻原创能力与水平固然重要，但新闻信息的汇编能力、检索质量也成为新闻媒体的另一生命了，曾经被传统媒体视为生存法宝的原创新闻、独家新闻，在网络媒体中的重要性及价值在目前新的语境下也需要重新定位。中国新闻奖是全国优秀新闻作品最高奖，自第十六届开始，网络新闻作品也被纳入该奖项，这更加从侧面反映了网络媒体的极大影响。

近两年新媒体正以迅猛之势不断发展，它凭借海量信息、同步传播以及瞬时互动等优势，原有的媒体帝国版图正在被重新洗牌、重新建构，尤其是原来附着在帝国版图上的媒体霸权也在被分割，传统媒体迎来了巨大的挑战。

四、政策人才优势逐渐丧失

传统媒体时代原本就业于报纸、广播的优秀人才向电视聚集一体，优秀视频人才向新媒体转移的趋势日趋明显。

传统媒体人收入减少将导致又一波离职潮。媒体人的工资收入一般包括两部分，就是基本工资和在本媒体发表稿件得到的稿费。工资来源的较为单一造成了大部分传统媒体人的工资较为普通。造成这种情况的原因一方面是政府财政压力，另一方面也是新媒体对传统媒体的冲击造成的运营压力。以往，传统媒体特别是中央媒体，在收入方面相当有优势。但最近几年受到大环境的影响，传统媒体人的收入越来越少。传统媒体影响力下降，广告收入也随之减少；一方面是中央反腐力度加大，作为公职人员的中央媒体人也受到很大制约，军政机关、国有企业在组织活动时，也开始执行中央"八项规定""六项禁令"。收入的锐减将导致传统媒体人迎来又一波跳槽高峰，如同公务员又一波"下海"潮一样。新媒体对人才的吸引将导致传统媒体腹背受敌。如果说前些年传统媒体人跳槽还是为了理想，那么现在跳槽更多是基于对现实的考虑。

传统媒体的离职潮在国外的媒体也屡见不鲜，美国《和风日报》前记者库兹尼亚参与的系列报道获得了2015年的普利策奖。早在2016年秋天，他就离开了这份发行量只有6万多份的地方报纸，去一个基金会做新闻公关。而39岁的他离开的理由只有一个，记者的工资连付房租都非常吃力。一度以来他十分热爱新闻行业，他曾说过："新闻是我的事业，能在二十几岁的时候找到想要从事的事业，我是幸运的。"

现在一些大的门户网站以及BAT等顶尖互联网企业也加大了对新媒体的投入，有理想、有远见、有抱负的新闻学子首选十有八九不是传统媒体。中投顾问发布的《2016—2020年中国新媒体产业投资分析及前景预测报告》显示：随着视频、新闻客户端等新媒体开始在奥运会期间大显身手，门户网站的争夺也进入到新的阶段。据零点研究咨询数据显示，2012年伦敦奥运会期间，搜狐以 32.7% 的市场占有率位居四大门户之首，成为网民获取奥运信息的主要来源，这也将改变新媒体的市场格局。搜狐奥运视频的满意度、流畅度均高居榜首，超过 86% 的网民曾在搜狐观看相关视频。搜狐赛时共推出七大系列策划，总计期数超过 150 期，这一数量比腾讯、新浪、网易三家对手的总和还多。搜狐奥运报道团队制作的《奥运观察》和《伦敦眼》两个系列从赛事本身、社会影响力等进行了全方位解读，不随波逐流，从纷繁众多的比赛、奖牌中冷静思考，作为权威网络媒体，发出了自己的声音，它的影响力也越来越大。

在不久的将来，未来传统媒体可能将一边面临着人才的流失，一边面临着新生力量的短缺。更多的人尤其是毕业生会拿传统媒体作为一个跳板，这将使传统媒体一直引以为傲的人才优势逐步丧失。

第二节　传统电视适应全媒体转型的重要变化

在互联网和移动通信技术发展如此浩浩荡荡之时，传统电视面对如此大的挑战，也在尝试着新的转型。全媒体时代对于电视的要求从原来的被动调整到如今的主动变革，电视在媒体发展的洪流中最为辉煌的发展区间和一家独大的媒介格局将随着媒介的演变而一去不复返，媒介市场越来越呈现的多元化趋势让电视成为一支生力军，放下身段，平等互动，裹挟在全媒体的大业中找到适合自己生存的发展之路。

一、核心竞争力：从信息采集转变为信息采集与内容包装并重

信息采集和内容包装是"内容产业"的两个层次。电视新闻在其发展历程中，由于受到原本固定的思维模式和传播理念的影响，一直以来重视

信息采集，而忽略内容包装。信息采集主要指的是对内容产品创作素材的收集，也就是电视新闻素材的采集和整理。内容包装主要指的是对创作元素的逻辑合成和对内容产品的集成，对信息内容进行包装，获得受众的喜欢才是包装的重要作用。在全媒体转型的大环境下，传统媒体原创新闻的优势逐渐受到新媒体的挑战，从媒介发展变迁的过程看，内容产业核心竞争力从信息采集逐步向信息包装转移，因而渐渐形成了采集和包装并重的二元格局。

1. "包装能力"是电视新闻核心竞争力的观念兴起

作为电视节目后期制作的一个重要环节，电视包装是一种独特的视听综合艺术，它用视觉元素冲击人的视觉感官，用声音信息作用于人的听觉器官，在电视包装时一定要符合影视语言的语法规划，来完成叙事和表意的目的。面临播出平台日益挑剔的收购订单，以及个体新闻的强劲竞争，传统电视新闻必须两线同时作战。

传统的内容采集仍然是电视新闻的第一条战线，在这条战线上的竞争对手不仅有同行还有无数个记者。第二条战线是内容包装，专业媒体所呈现出来的一个趋势是：在素材供应充裕的竞争环境下，必须要加强对新闻素材的精炼和再加工。一个媒介要赢得竞争胜过对手的主要因素不是靠具有原创性的独家新闻，而是靠包装的、具有原创性的信息加工标准、加工方式、信息处理手段及信息表现方式。新闻包装能力成为传统电视向全媒体转型过程中非常重要的生存技巧。而包装能力就是指意义建构能力，即把新闻碎片有机地连接起来，表达一定意义的能力，如"讲故事的能力""评论能力"等，以及综合判断受众需求确定报道主题的能力，即"议程设置能力"，另外包装还包括话题研发能力，即从既定的新闻素材中引申出公众关注度高并可以影响舆论的热点话题的研发能力。

2. 受众与内容生产者融合

移动通信技术的发展、网络的普及，以及数字技术的进步，极大地降低了新闻采集的专业门槛,内容采集出现了平民化的趋势,新闻采集能力从专业认识垄断向普通民众普及,进入到"人人都是记者"的新时代。

第一,受众与内容生产者融合,普通民众成为新闻素材的重要来源,极大地拓展了新闻素材的来源。

第二,个体记者与全媒体抢先了新闻首发的先机。在拼抢突发新闻的首发率方面,个体记者拥有独特的优势,任何碰巧在新闻现场的普通民众都可以通过手机拍摄视频并通过无线上网的方式即刻发布。

2015年8月12日晚,新浪微博账号@小寶最愛旻旻于23:26上传视频,配文称"重大火灾,爆炸声跟打雷一样!"据新浪热门话题官方账号"微博新鲜事",她是第一个发布爆炸事件的微博网友。互联网的快速、实时分享信息明显比传统新闻的速度快很多。

第三,数字复制技术的普及稀释了独家素材的排他性。进入21世纪以来,我国数字出版产业发展迅猛,产品形态不断丰富,传播方式日趋多样,产业链条日臻完善,产业规模日益壮大。独家素材只要发布了就成为共享资源,技术上那些内容是可以无限被复制下载的。传统的内容短缺已经远去,一个几乎具有无限供应能力的内容素材市场已形成。但同时也有一些不好的现象随之出现:不同的媒体报道的内容差不多,几乎千篇一律。甚至有的记者不会去新闻现场探寻新闻事实,而是转载其他媒体已经发表过的,而且这种情况特别普遍,给新闻业的发展带来了一些潜在的隐患。原创新闻遭非法转载成风,案例多为传统媒体遭遇网络媒体的直接转载或变相转载。

近期就有新浪网因未经北京某报许可转载《我为何要公布公务员"收入真相"》《发言人是"兼职"学术研究是老本行》等9篇文章,被该报社以侵犯著作权为由诉至海淀法院。

二、记者参与新闻:评论重于采集

全媒体时代,新闻的评论功能被逐渐放大,新闻评论是媒体编辑部或作者对新近发生的有价值的新闻事件和有普遍意义的紧迫问题，运用分析和综合的方法，就事论理，就实论虚，有着鲜明针对性和指导性的一种新闻文体，是现代新闻传播工具经常采用的社论、评论、评论员文章、短评、编者按、专栏评论和评述等的总称，属于论说文的范畴。简而言之，新闻评论是就有价值的新闻事实和社会现象发表意见以指导实践的一种文体。新闻评论是媒体的旗帜与灵魂，尤其是在全媒体的大环境下，信息来源重组的用户可以清晰地将信息与观点区分开；信息用户缺乏的不是事实，而是缺乏对事实的整理与判断。全媒体环境下的现场记者掌握着场内和场外的信息，同时直观体验现场的特殊氛围，现场记者可以根据自身的直观感受对其他信息源进行分析、比较和总结，得出独家的观点。广受国际主流媒体推崇的现场出镜记者，其重要功能就是代表媒体参与新闻，做出现场评论，也反映出全媒体环境下现场记者评论重于采集的趋势。且评论对一个记者专业素养的要求是极高的，评论必须要有逻辑性，要有理有据，必须要有超越叙述的东西，必须要有质量，它对于评论工作者的语言功底是极其高的。而采集简单来说就是对内容的一种收集，能力要求是较低的，两者都是极为重要的，但评论的地位更为重要。

全媒体时代记者的参与体验也前所未有地被重视，传统媒体时代的现场记者，由于无法与现场之外的世界进行及时充分的沟通，缺乏对全局的了解，基本处于一种"信息孤岛"状态，同时接收信息的受众也缺乏充分的信息渠道，处于一种信息饥渴状态，因此前方记者的报道在很大程度上决定着受众对于真相的认知。这种传播方式下，要求记者必须坚持"客观报道，尊重事实"的原则。现场记者要站在一个客观者的角度冷静地思考问题，以客观叙述的方式冷静报道新闻事实，不能有主观色彩，妄作评论，更不能介入到新闻事件之中。在全媒体环境下，现场记者借助手机上网、卫星电话等现代传播技术，可以在采集现场新闻的同时同步消费并掌握场外信息，也可以实现与后方编辑部的实时连线将现场画面实时分享，后方编辑部通过网络及其媒体掌握着更加丰富的信息，决定事实真相的主角已经从前方记者转移到了后方编辑部。现在人们面对着海量信息，受众不缺乏关于真相的一系列报道，甚至细节报道。在消费新闻的动力下，事件当事人在现场的感受和切身体会已经成为吸引眼球的独家资源。因此，全媒体环境下现场记者成了代替受众体会现场真相的体验者，关于现场的现状及其变化、气味、人的情感变化等无法通过镜头表达的特殊信息，通过记者的体验来直观地传达给受众。

2016年，天津港8·12爆炸事故发生后，中央电视台在直播中连线了前方多位记者，为大家带来了详尽而又及时的报道。记者蒋林条理清晰，反应敏捷，新闻切入点准确，善于通过观察挖掘细节，懂得有效引导镜头，将现场情况有效地传达给了受众。这是中央电视台对于突发性报道运用全媒体手段的一次重要尝试。作为体验参与者与评论者，电视新闻对报道方式和报道手段已经发生了重大的变化，电视新闻的记者也要与时俱进。

三、强势编辑部：引导变为主导

编辑部与前方记者的关系是决定编辑部功能的基本因素。传统的分离媒体时代，采编模式是由记者主导的，记者是获取新闻现场素材的第一人，而编辑部就像是一个材料工厂，对前线记者非常依赖，主要靠前线记者来确定编辑思路和报道格局，对前线记者进行引导和纠正。全媒体时代环境下编辑部成为各类信息和知识汇集的总枢纽，发挥着梳理信息和各种知识，调控整体报道布局，确定重点选题，依靠无线通信技术和互联网信息技术等现代化技术同步指导前线采访，从而实现舆论引导和价值观输出的功能。如今的编辑已经不再是一位简单的新闻把关人，而是已经成为一位具有多种专业技能的信息主持人。现在，我们浏览信息只需要打开页面，网络上就会呈现出图、文、声、视频等多方位的信息解读。这一传媒格局的变化，重新建构了编辑的角色。全媒体环境下编辑主导新闻采集和加工的各个环节，主要表现在以下两方面：

1. 议程整合

传统传播模式是先筛选后发布，它的议程设置居于自主设置、自上而下的中央集权特征。在先发布后筛选的新媒体竞争态势下，信息获取方式形成了"新媒体手法信息，传统媒体整合信息"的新模式，新媒体的意见领袖就担负起了议程设置的职能，议程设置具有先发性、随机性、同步性和分散性等特点。面临新媒体的竞争，传统媒体实际上在整合新媒体议程的基础上提出自己的议程。把关活动受到了传媒的立场、方针和市场标准的影响。

2. 表明价值观

在全媒体环境下，编辑一定要发挥自己"领头羊"的作用，要时刻宣示立场、引导舆论。全媒体是以电子媒体与数字媒体为主题的新型媒介时代，要解决的是在"人人都是记者"的条件下如何传播的问题。越来越多的媒体以编辑部社论、新闻评论的方式清晰表达自己的立场和价值观，越来越强调新闻报道的平衡性，甚至超过了对客观性的标榜。

四、业务流程与标准的调整与完善

随着数字时代的到来，涉足新媒体已经成为传统媒体发展的必然方向。网络、手机、4G、数字电视、自媒体等新词语我们已经很熟悉了，它们已经不断渗透到了我们的生活当中。将传统媒体与新媒体进行融合更加有利于传媒行业的发展，媒介融合就是基于这样一个背景，以信息消费终端的需要为目标导向，将节目的内容、网络、传播平台以及接收终端进行整合，使得内容可以获得最佳的传播方式，媒介融合已经成了大势所趋。现如今，融媒体被电视新闻提上了发展日程，"融媒体"是充分利用媒介载体，把广播、电视、报纸等既有共同点又存在互补性的不同媒体，在人力、内容、宣传等方面进行全面整合，实现"资源通融、内容兼融、宣传互融、利益共融"的新型媒体。

媒介融合加速了传媒市场一体化的发展，促使了内容跨平台流动和传统媒体逐渐消融等状况，使得媒介生态发生深刻的变化。最重要的变化是采编队伍整合。经过数十年的发展，电视行业培养出了一大批优秀的记者，组建了高效的新闻采编队伍。如今，记者作为新闻的采集者可以同时向电视台的节目、电视台的网站以及微博提供稿件。但是由于平台的受众不同，记者需要针对不同的平台受众对稿件进行进一步加工。而由于电视新闻的严肃性，所以记者的写作风格都有一定的限制，最初的转型时期，往往会出现很多困难。目前最需要的人才就是对网络新闻以及其他媒体语言特色熟悉的人，对新闻稿件进行编辑。所以媒介融合环境下，采编队伍的整合更多体现在编辑上。而网站的编辑则需要应急能力和资源整合能力，不仅要迅速处理记者发来的消息，还要及时监控网络舆情，并且要在最短的时间编辑新闻，确认真实性，并在最快的时间内发布出来。微博编辑还需要文字锤炼能力，将一场新闻提炼出140以内的关键字，不仅要涵盖新闻要素，还要使内容有吸引力，激发受众的点击欲望，这也是非常难的事情，对于传统媒体人来说将会是一个很大的挑战。所以，电视台在进行媒介整合即全媒体建设的过程中，对于人员的整合方式是，保留原本的队伍，加强业务能力的培训，从互联网行业，应届毕业生当中招聘工作人员，将有经验的传统采编队伍与互联网技术进行整合，使得新闻更加符合受众的需要，语言更加丰富，新闻形态更加多元化。

全媒体时代对于电视新闻最大的变化是采编流程的变化，传统的电视新闻采编有十分精细的流程，从选题到采访到编辑到包装到审片和成片都有一系列严格的要求。但是网络的出现使得新闻必须要争分夺秒在第一时间发布，非常强调新闻的时效性。按照传统的采编流程，时间上肯定比不过网络，就会导致新闻时效性变弱。采编流程的调整必须思考的问题有：

1. 争分夺秒抢占时效性

即时新闻与即时报道是新闻媒体的"杀手锏"，要不断提高采编工作的时效性，做到抢先报道。中央电视台和各大电视台均开设了自己的门户网站、官方微博、微信公众号等，实现即采即编即发，让受众第一时间了解现场情况，轻松获取新鲜资讯。

2. 改变传播模式，实现全天候无障碍发布

传统媒体借助新媒体技术优势，建设全媒体平台，改变了过去媒体单项传播、受众被动接受的方式，利用多种平台建立了统一指挥调度的多媒体采编平台，实现了新闻一次采集、多种生成、多元传播。许多电视台实现了在全媒体平台中深度融合现有的视听节目，采用文字、图片、视音频等多种媒体表现手段进行传播，利用广播、电视、网站等不同媒介形态，通过融合的广电网络、电信网络以及互联网进行传播，最终实现用户以电脑、电视、手机等多种接收终端，随时随地获取最难新闻资讯。2017年3月伴随着全国"两会"的开幕，媒体大战正酣，与往年传统媒体的"长枪、大炮"不同。中央人民广播电台的"王小艺的微信朋友圈崭新直播方式"、光明日报的"钢铁侠多信道直播云台"，各种移动直播端、网红记者群频繁亮相，令人眼花缭乱，科技进步真是"一日千里"，2017年全国"两会"媒体大战注定成为"全媒体时代"到来的一个里程碑。

新的采编流程以全媒体新闻中心作为信息的集散地，与多个分散媒介形成一对多的供应模式。形象地说，新闻中心就像一个超级市场，根据客户需求每天采集各种品类的信息商品，供各媒体选购。这就要求新闻中心在信息的品类、内容的丰富性，以及专业化程度上都要全面高水平，形成大规模、集约式的生产方式，实现全媒体生产、全介质传播。

传统媒体还必须实现深度采编，用特有的报道深度、新颖的新闻视角吸引受众目光。从受众的新闻观看和阅读习惯看，某一新闻事件发生后，受众一般会关注最先发布消息的媒体，媒体就应选择实时更新门户网站的内容，随后用户就会进入多媒体同时关注与对比的阶段，为了挖掘出更加深入、更有新意的报道内容。一般电视台会按照"门户网站—微信公众号—电视新闻栏目"的发稿顺序，先在门户网站上发出新闻消息，接着在微信公众号发出更进一步的报道，最后在电视栏目中呈现更详实、更生动的新闻报道。受众也逐渐养成了"一条龙"的收看习惯。如2015年7月15日江西文山电视台在门户网站和微信公众号都发出了"文山城区小学今起招生空前火爆"的新闻提示，这样的热点新闻就吸引了众多受众尤其是家长们的关注，当晚《每日看点》除了报道各学校招生报名火爆的消息外，还配发了深度调查："文山城入学难究竟难在哪里？"引起了市民们的极大关注和共鸣。

第三节　台网互动

伴随着全媒体时代的到来，电视媒体逐渐被揭开神秘的面纱，一向对网络等新兴媒体不屑一顾的姿态也渐渐调整，放下身段学习网络媒体、手机媒体的传播优势，自身也结合自己的资源与优势纷纷向全媒体迈进。

一、建立高效互动传播机制

三网融合，台网互动将会是未来的发展趋势。三网融合是指电信网、广播电视网、互联网在向宽带通信网、数字电视网、下一代互联网演进过程中，三大网络通过技术改造，其技术功能趋于一致，业务范围趋于相同，网络互联互通、资源共享，能为用户提供语音、数据和广播电视等多种服务。三网融合并不意味着三大网络的物理合一，而主要是指高层业务应用的融合。三网融合应用广泛，遍及智能交通、环境保护、政府工作、公共安全、平安家居等多个领域。以后的手机可以看电视、上网，电视可以打电话、上网，电脑也可以打电话、看电视。三者之间相互交叉，形成你中有我、我中有你的格局。它们相互渗透、相互兼容并逐步整合成为全世界统一的信息通信网络。三网融合，在概念上从不同角度和层次上分析，可以涉及技术融合、业务融合、行业融合、终端融合及网络融合。更主要的是应用层次上互相使用统一的通信协议。IP优化光网络就是新一代电信网的基础，是所说的三网融合的结合点。

"三网融合"是为了实现网络资源的共享,避免低水平的重复建设,形成适应性广、容易维护、费用低的高速宽带的多媒体基础平台。"三网融合"后,民众可用电视遥控器打电话,在手机上看电视剧,随需选择网络和终端,只要拉一条线或无线接入即完成通信、电视、上网等,三网融合丰富了人们的现代生活。

建立网站,实现台网互动,已经成为各电视台的普遍做法。在互联网新媒体时代,电视依附的社会结构正在改变,而这种改变,将使传统的单向广播式电视失去存在的基础。传统电视的变革势在必行。中央电视台的春节联欢晚会在中国以及世界都是关注度极高的,门户网站火的时候,大家在说春晚;微博火的时候,大家也在说春晚;微信火的时候,大家还在说春晚。但由于红包互动和视频直播的出现,2015年的春晚有了不同的意义,尽管有这样那样的瑕疵,但喊了多少年的台网互动终于开始在大事件上产生价值。央视第一次向商业视频网站提供了春晚直播版权,因此观众得以能在多个屏幕收看春晚。据悉,2015年央视春晚的多屏收视率(综合计算电视直播与网络直播)达到了29.6%。爱奇艺在那年也拿到了央视春晚独家直播权。2月19日,爱奇艺后台数据显示,爱奇艺全平台春晚总播放量突破7000万,累计播放时长超5000万小时,总播放人数超过4000万,人均播放时长达80分钟,弹幕数破亿。数据表明,此次直播流量已超过此前世界范围内任何一次大型赛事、晚会的在线直播量,创下全球单平台在线直播纪录。传统的电视春晚为用户带来的更多的是内容上的传播,视频春晚则将传播渠道与传播内容拓宽,并且可以融入个性化的设计;而融合社交功能的春晚,用户可以在获取信息的同时分享信息,拉近春晚与观众间的距离。电视、视频网站与社交媒体的结合,构建了一个全新的富媒体平台,这也是一个新的传播界面,实现内容传播的立体化效果。

在媒体融合上,湖南台可谓是大胆开拓。从2004年湖南卫视新媒体——金鹰网的上线,到2017湖南卫视跨年晚会,每一次都实现着台网互动的创新与跃进。与淘宝网、腾讯公司、盛大网络等的合作，使得湖南卫视在国内的影响力日益扩大。2017年的跨年演唱会更是成为观众和各路品牌广告聚焦的核心。契合湖南卫视上星20周年，2017年湖南卫视联合芒果TV玩了一把创新上的升级，从跨年之夜到新年头天，连环惊喜双重献上，为品牌广告主带来了新一轮的营销红利。

随着时代的发展和技术的革新，视频网站已经逐渐成熟，以往主要以UGC内容为主，对电视台的竞争并不明显，随着移动互联网的深化，为满足各种终端的需求，视频网站对优质内容的需求越来越大，电视节目内容自然也被纳入其中，这对于电视媒体的发展也是一个重要趋势。

二、创建无缝隙媒介覆盖

当前，随着互联网、手机和微博、微信、客户端等新兴传播手段的异军突起，传媒发展已进入新媒体时代。新媒体的迅猛发展，给广播电视媒体带来了极大的挑战。加快传统媒体与新媒体融合，事关抢占宣传思想文化阵地，巩固壮大主流舆论，事关传统媒体产业的生存发展。2014年，中央全面深化改革领导小组审议通过了《关于推动传统媒体和新兴媒体融合发展的指导意见》，要求传统媒体加快与新兴媒体融合的步伐，为各级媒体加快媒体融合指明了方向。如何在新媒体时代占领宣传思想主阵地、加强舆论引导能力和水平、如何在残酷的市场竞争中占有一席之地已成为地方传统媒体面临的严峻挑战。转型融合与创建无缝隙媒介覆盖已成为电视媒体发展的趋势。

中央人民广播电台"中国之声"拥有全世界最庞大的频率，覆盖体系达2500个频率之多，覆盖了全国国土，实现了无缝隙覆盖。同时网络广播、数字广播、卫星广播以及手机、MP3等新锐载体的发展又扩大了中国之声立体式的覆盖，覆盖大陆和港、澳、台及亚洲多数国家。遍布海内外数百家电台、上千名记者全面合作，国家部委新闻发言人、资深专家、著名学者组成庞大嘉宾队伍，即时新闻，权威解读。

中国之声在东南工程、503工程、村村通工程、西新工程等国家重点工程支持下，持续发展广播事业。国家调拨43项国家专项资金，更新改造中国之声覆盖技术，大幅提升转播效果。中国之声以1950个调频（FM），461个中波（MW），132个短波（SW）无缝隙覆盖全国。中国之声开辟传统广播、网络广播、数字广播、卫星广播、手机广播、电视广播等新锐载体，拓展广播覆盖新空间。中国之声作为覆盖最好的全国大交通广播与交通运输部签署战略合作协议，逐步实现中国之声沿高速公路网的全面覆盖，形成全国大交通的广播格局。

中国之声拥有最庞大的广播听众群体，有效覆盖人群达到14亿。中国之声依托6.07亿城镇人口，高端收听人群不断扩大。2010年，中国之声全国日平均听众规模为4805万，四周累积听众规模更是高达1.3亿，几乎接近于全国广播人口的1/3。中国之声是全国唯一覆盖一至六级市场的广播媒体，在各级市场上均有良好表现，是企业实现全国战略宣传不可或缺的重要媒体。众多企业选择中国之声投放，旨在带动全国市场，为各地经销商提供国家级的媒体支持，形成高空传播之势。24小时不间断播音，每天播出新闻总条数超过1000条，超过上一年度5倍，形成巨大的新闻信息平台；新闻报道分秒必争，与新闻事件"零时差"；新闻报道的首发率和原创率提高近30%，报道角度更加多元和丰富；2000余名规模庞大的专家库形成大影响舆论监督、大角度实时观察；广泛联合网络广播、数字广播、卫星广播及手机等新锐载体，构成全媒体报道阵容。

三、树立品牌擢升影响

品牌影响力是指品牌开拓市场、占领市场、并获得利润的能力。电视频道或栏目整体形象包装的目的，无非是塑造和巩固其媒体品牌，扩大影响，从而增强竞争力，赢得更大的市场销售份额。为包装而包装，而不是为品牌而包装，不是为营销而包装，更不是在营销目标下的包装。

电视频道包装的目的就是打造电视频道的品牌，运用电视品牌进行营销，在营销精神指导下又反馈于电视频道整体形象包装，实现品牌包装和品牌营销的良性互动。其实，频道或栏目整体形象包装的目的，无非是塑造和巩固其媒体品牌，扩大影响力，从而增强竞争力，赢得更大的市场销售份额。

  品牌，不仅是本产品区别于其他产品的重要标志，也是媒体形象的重要体现，品牌策略可以使媒体获得长期的竞争活力。从不同角度来看，品牌的概念、意义不尽相同。从媒体的角度来看，品牌是一项资产和借以建立媒体的营销工具，品牌标志着媒体的形象、文化和其产品的质量等属性，从受众角度看，品牌是一种文化的象征，是个性、形象和风格的折射。美国管理协会对品牌的定义是：经营者或经营集团的产品与服务，基于其他竞争者有所区别而赋予之名称、术语、记号、象征、设计，抑或它们的组合运用。演绎到电视频道品牌，可概括为其在视觉形象、文化内涵、节目内容等可识别或经延伸到理念识别等方面，从而区别于另一个电视频道的重要标志，它拥有长期稳定的观众收视群、广告投资商和成熟的运营手段等。包装与营销是连在一起的，包装的目的就是为了营销。对于电视台来说，就是要追求更高的收视率。遥控器在观众手里，如果不能先被观众喜爱，就不要奢谈影响受众。但同时，频道包装风格也并不是越前卫越新潮就越好，它必须要与频道定位相吻合，与频道特定受众的需要相吻合。电视传媒其实很早就引入了市场营销的相关理论，提出了频道包装设计的"5W"策略：What（为什么设计）、Who（为谁设计）、When（什么时候设计）、Where（在哪里设计）、Why（如何设计）。这些问题的提出和解答，为电视频道包装的整体化、目标化、市场化提供了现实指导意义。但是由于中国电视频道包装市场仍处于不完善的发展阶段，一些痼疾仍然存在，加上电视媒体品牌意识尚未理性化觉醒，电视频道整体形象包装纳入品牌营销策略体系这个高端市场仍然会遇到很多障碍。

  在未来的全媒体大格局中，各级电视媒体在品牌包装和品牌经营方面都逐渐重视起来，以湖南广播电视台为例，湖南广电的定位是平台建设者，整合旗下的所有新媒体业务,用互联网的办法做自己的平台,打造以芒果TV为品牌的新媒体,展开与互联网企业的正面竞争。在战略表述中,芒果TV的终极表达不是当网上的"专卖店",而是要加速成为一个"引擎",从效益增长、内容创新、生态聚合三个方向快速成长,与湖南卫视一道,形成"双平台"带动、全媒体发展的新格局。在融合时代下,湖南广电的核心竞争力就是要具有媒体和资本两种能力,从而实现传媒控制资本、资本壮大传媒的效果。

四、报道方式的社会参与

全媒体时代对电视新闻的报道方式提出了新的命题。电视新闻如何让受众关注并深入与持续,必须运用新手段、新思维,而这其中核心的问题就是基于传统媒体与新媒体融合状态下的社会参与。社会参与的形式是多种多样的,从表象上看是新闻内容的反馈与互动,深刻地讲是电视媒介的社会认同度。

1. 众包新闻的尝试

移动互联网时代,新兴的媒介技术为新闻受众提供了多种参与新闻生产的方式。近年来,众包新闻逐渐崭露头角,成为用户参与新闻生产最突出和有影响的一种方式。从本质上来说,"众包新闻"源于用户的自愿贡献。因此,根据用户贡献性质的不同,"众包新闻"可以分为众包内容和众筹新闻两大类别。在我国业界,不少媒体机构和从业者个人已经开展多种形式的众包新闻实践。"众包新闻"作为用户参与新闻内容生产最为突出和重要的一种表现形式,极大地冲击了新闻从业者在公共信息流通中的"把关人"作用。从某种程度上来说,"众包新闻"的出现,表明新闻机构已经无法保持它们对公共信息的"排他性管辖",新闻业迈入"去专业化"的进程。"众包新闻"源自经济学领域的"众包(Crowdsourcing)"概念。根据经济学者的定义,"众包"是一种依赖互联网技术支持的新兴商业生产模式。Howe是"众包"概念最早的提出者,他认为所谓"众包"就是"一个公司或机构把过去由员工执行的工作任务，公开外包给非特定的大众网络的做法"。演化到如今，"众包新闻"被认为是新闻机构借助网络技术组织化地从用户那里获取报道灵感、素材以及资金等帮助的一种新闻生产模式，它是新闻机构和用户之间的一种通力合作。

在众包新闻生产过程中，用户的参与形式是多种多样的，包括提供线索、分享观点、发布照片、撰写报道等。根据用户所贡献的性质不同，"众包新闻"可以分为"众包内容"和"众筹新闻"两个基本类型。"众包内容"是目前新闻机构普遍采用的一种新闻生产模式，大多数"众包新闻"实质上即是"众包内容"。它的做法非常简单，就是新闻机构通过网络平台邀请用户为新闻报道贡献内容，用户可以根据自身的特性，承担包括消息源、文字记者、摄影师、评论员等多种角色。"众筹新闻"是通过向用户募集资金来完成新闻报道的一种众包新闻形式。它的具体做法是新闻记者通过网络平台提出一系列新闻报道选题，用户通过捐赠一定的资金来资助他们认可的报道选题，在设定的期限里，如果某一选题获得预期的资助金额，那么提出该选题的记者就可以用这笔钱来进行报道。在众筹新闻中，用户扮演的角色相对单一，他们主要发挥"主编"的审核作用，决定新闻选题的生死。

众包新闻由新闻工作者和用户协作完成，用户在众包新闻中发挥着关键性的作用。众包新闻作为一个舶来品，目前已在我国发展迅速，从中央到地方媒体都有开展众包新闻模式的尝试。我国众包新闻的本土化尝试，既包括报纸早期开设目前已经成为常规项目的"报网互动栏目"；也包括近期新闻机构开展的种种"新"新闻实践，如新华社的"我在现场"、都市快报的"征集启事"。

2. VR 新体验

VR 虚拟现实技术是一种可以创建和体验虚拟世界的计算机仿真系统，它利用计算机生成一种模拟环境，是一种多源信息融合的、交互式的三维动态视景和实体行为的系统仿真使用户沉浸到该环境中。

VR虚拟现实技术能直接运用到电视新闻的报道中，随着计算机网络和三维图形软件等先进信息技术的发展，电视节目制作方式发生了很大的变化，视觉和听觉效果以及人类的思维都可以靠虚拟现实技术来实现。它升华了人类的逻辑思维。虚拟演播室则是虚拟现实技术与人类思维相结合在电视节目制作中的具体体现。虚拟演播系统的主要优点是它能够更有效地表达新闻信息，增强信息的感染力和交互性。传统的演播室对节目制作的限制较多。虚拟演播系统制作的布景是合乎比例的立体设计，当摄像机移动时，虚拟的布景与前景画面都会出现相应的变化，从而增加了节目的真实感。用虚拟场景在很多方面成本效益显著，如它具有及时更换场景的能力，在演播室布景制作中节约经费。不必移动和保留景物，因此可减轻对雇员的需求压力。对于单集片，虚拟制作不会显出很大的经济效益，但在使用背景和摄像机位置不变的系列节目中它可以节约大量的资金。另外，虚拟演播室具有制作优势。当考虑节目格局时，制作人员的选择余地大，他们不必过于受场景限制。对于同一节目可以不用同一演播室，因为背景可以存入磁盘。它可以充分发挥创作人员的艺术创造力与想象力，利用现有的多种三维动画软件，创作出高质量的背景。

2016年VR报道成为全国"两会"融合报道新趋势。全国"两会"报道主要有三个方面的"新"：一个是新技术，光明日报用了VR（虚拟现实）和360度摄像等新技术；第二个是新创意，比如人民日报中央厨房打造的"傅莹邀请您加入群聊""总理给你送快递"等，比较突出；第三个是新的报道模式，光明日报的融媒体模式和人民日报的中央厨房模式，实际上就是一种报道模式创新。它们都力求让受众更易理解，让受众更大范围地参与进来。

3. 全媒体内容采编系统

在过去的现场新闻、活动的报道中我们需要携带数量不一的拍摄、采编和传输等笨重的设备，尤其是在突发性新闻和事件发生的时候，需要协调相关的人员，配带相关设备然后再急匆匆赶赴现场，然而当我们记者赶赴现场时事情的经过已经接近尾声，许多关键的现场情况和镜头已经错过。针对此类情况我们可以采用移动客户端采编功能来实现，其可针对文字、图片、视音频等多媒体稿件和素材进行采集，以智能手机、平板电脑等移动终端作为载体，帮助记者、网友在一线采访或公众爆料时，通过手机摄影、录音、录像和写稿，并直接快速发送到网络编辑平台，极大提高内容信息搜集的发布速度和新闻的时效性，增强了网友用户网站平台的及时互动性，成为各电视台和报社现有信息收集系统的有效补充。

运用移动客户端的采编功能，用户可以通过以下几种方式进行投稿：第一，QQ实时快速投稿。第二，微博互动，数据采集公众可以通过微博提供爆料，通过微博账户，将公众爆料信息入库到全媒体采编系统的方式，实现数据的采集。可支持的微博有新浪微博、腾讯微博。第三，邮件内容快速投稿，对通过个人邮箱、公司邮箱发送的稿件、图片、文件进行接收，并经过入库程序，稿件进入到全媒体采编系统中。投稿人也可以进入到全媒体采编系统查询、浏览自己所投的稿件。第四，微信实时内容传稿，公众可以通过微信传递图片、视频、音频和附件，并自动保存到全媒体采编系统里面，除此之外，用户也可以运用 Word 文件的形式快速投稿。这些投稿方式快速而便捷，大大提高了工作效率，提高了新闻的时效性。

五、直播的常态化

直播的概念是电视提出的，早在 20 世纪 90 年代，中央电视台就开始尝试对重大的新闻和事件进行实时的现场直播，进入 21 世纪，电视对于直播更是趋于常态化，但是由于电视媒介性质的局限性，电视对于直播的领域和直播的技术都有挑剔，而进入全媒体时代，利用网络技术和手机客户端，直播变得更为轻松与普遍，这对于电视而言，无疑是一个深刻的命题和一个值得反思的话题。

全媒体时代，直播再次被电视提上重要的日程，许多人都认为，电视是用来直播的，直播是电视的常态，这是由电视传播的同步性本质决定的。

1. 电视直播常态化的舆论意义

电视直播常态化作为一种新的舆论形态而产生的舆论力量，既是中国不断开放的舆论标志之一，又证明并推动着中国的开放。如果说"入世"是中国当代开放史的标志之一，那么"入世"前后中国电视直播呈现出的"峰值"状态，恰恰从媒体的角度反映、记录、推进了这一进程。舆论的开放作为社会开放的先导力量和开放社会的一种标志正是中外新闻史的一般规律，而电视直播常态化恰是舆论开放在新闻时效性追求中的极限。

2. 电视直播常态化的人文意义

电视直播常态化作为一种新的传播方式而导致的共时知情权，从本质上体现了大众传媒的人文关怀。而公众对共时知情权由兴奋到熟悉，进而冷静的社会心理历程，不仅有利于造就成熟的公众和社会，也恰恰提升了大众传播的社会公信力。在关怀缺失的社会转型期，大众传媒做出了种种人文努力，从超现实的娱乐慰藉到私密性的情感泛滥，特别是自称不包打天下，却又似乎无处不为民请命的舆论监督，一浪高过一浪。应该承认，这些内容无不传播了传媒在一定意义上的人文关怀，也体现了传播者的良苦用心。但是，媒介即是信息，事实先于价值，就大众传媒而言，其本质性的人文关怀是对公众知情权的尊重和支持，而电视直播常态化使知情权跃升到了共时知情权的阶段，使媒体人文关怀与媒体的传播本质最紧密地联结在一起，形成了媒体人文关怀时代性的标志性景观。

3. 电视直播常态化的时代意义

电视直播常态化作为新闻观念和直播技术双重进步的结果，体现了传播者、传播理念、把控能力和管理方式的全面提升，具有中国传媒进步的标志性意义。直播常态化至少体现了共时传播理念的支配地位、事中把控机制的不断完善和传媒管理方式的现代性进步。2003年3月20日以中央电视台关于"伊拉克战事"空前性频道化直播和5月1日新闻频道的全面启动，都再次证明直播常态化在中国新闻史上的标志性意义。

直播常态化在与不断开放社会的互动中，昭示并推进着有关媒介、公众与社会在理念层面的新突破，并依此开启着直播常态化的新未来。媒介传播理念将由共时知情向共同知情演进。共时知情强调的是时效性，而共同知情则强调信息来源的非垄断性，在直播中，公众表达的意见、提供的信息同样是直播新闻的一部分，其实，网络直播已经实现了这一点。这意味着媒介的进一步开放和大众传播活动将在一个更加开放的系统中进行，要求直播常态化在开放性和公众参与中寻求新的进步；公众由传播过程中的受众向具有一定控制权的传播主体演进。使用与满足理论研究认为，在很大程度上，大众传播的使用者是有控制权的，这一方面要求公众整体素质和理性判断能力的不断提高，同时也意味着传播者和接收者作为平等主体在传播过程中都发挥着重要作用，启示着直播常态化在传媒与公众的平等互动中寻求新的突破；媒介环境由相对封闭向开放透明逐步演进使得直播常态化成为主流需求，媒介政策的发展、传播环境的开放、传播媒介的增多、社会心理的成熟等，导致人们媒介选择机会的增多、速度的加快和信息来源的多元渠道，要求直播常态化在媒介竞争与整合中寻求新的媒介互动形式与内容，要求电视直播摒弃仪式化的形式，而更加注重"直播真实"。

新闻事件的直播在带给受众的感观上具有突出的特点：首先，参与感增强。由于是现场直播，是正在发生的新闻，带给观众"亲历历史"的刺激感和满足感。其次，直播的这样一种形式以其"纪实性"成为新闻客观性的代名词，具有极高的"可信性"，满足观众求真、求实的心理需求。再次，直播将新闻发生现场的声音和画面同步呈现给观众，不仅有有声的画面和有画面的声音，也包含了无声的画面和无画面的声音。这些元素基本未经过电视台的编辑而基本原始地展现在观众面前，信息的传递丰富而立体，从而提供给观众自主解读的空间。最后，电视直播可视性强。由于直播是与事件发展过程相伴随，有不可预知性，有悬念，引发观众的期待心理，牢牢地抓住了观众的注意力。

现在的新闻直播，除了记者在现场的报道和现场画面，常常会加入新闻主播室这一元素，在新闻主播室里，新闻主播调度各种新闻元素，比如新闻连线、新闻评论、专业知识介绍等，将新闻立体地呈现给观众。同时，这些元素的加入在某种程度上也影响了观众对于新闻的判断和解读，新闻所崇尚的"客观性"受到了挑战。如2016年6月3日发生的东方之星沉船事件，各大媒体采用的就是直播间和事发现场之间的连线为观众带去最新、最直观的报道。既丰富了画面内容，又达到了一定的传播效果。

随着直播技术的不断创新与提升，直播所能覆盖到的行业与场景也将变得越来越丰富。直播常态化作为电视传播的一种形态，其发生发展进步，从根本上取决于社会进步与开放的程度，透过直播常态化的过去和未来，其实也折射着中国社会的不断进步。直播常态化正在直播现实，记录历史，启示未来，对未来电视的发展有着重要的借鉴意义。

第九章 新闻法规与职业道德

做一名合格的新闻工作者,仅有良好的政治和业务素质是不够的。还必须具备较高的职业道德修养、具有较强的法制和纪律观念。遵守职业道德和新闻法规对每位新闻工作者来说非常重要,对于促进事业的健康发展、振奋和焕发新闻工作者队伍的精神风貌、树立与维护行业的正确良好的形象意义重大。

第一节 电视新闻工作者职业道德规范

早在1981年1月,中宣部新闻局和中央新闻单位就共同商拟出台了一个《记者守则》,这是建国后新闻工作者第一个职业道德规范,在新闻界引起很大反响并达成共识。10年过后的1991年1月,中国记协四届一次理事会讨论通过了《中国新闻工作者职业道德准则》。1993年7月31日,中宣部、新闻出版署联合发出《关于加强新闻队伍职业道德建设禁止"有偿新闻"的通知》。1997年,中国记协重新修订了《中国新闻工作者职业道德准则》。同年,中宣部等四部门又联合发出了《关于禁止有偿新闻的若干决定》,等等。中央和有关部门、中宣部和新闻出版署曾三令五申严禁搞有偿新闻和新闻工作中的其他不正之风。经过修订后的《中国新闻工作者职业道德准则》(以下简称《准则》)明确规定:

一、全心全意为人民服务

全心全意为人民服务是中国共产党的根本宗旨,也是社会主义新闻职业道德的根本宗旨。毛泽东同志早在 1945 年 4 月 24 日党的第七次全国代表大会上所作的政治报告《论联合政府》中就指出:"共产党人的一切言论行动,必须以合乎最广大人民群众最大利益,为广大人民群众所拥护为最高标准。"这是无产阶级各项事业的道德准则,也是新闻工作道德准则的具体体现:

1. 新闻事业是党和人民的事业,全心全意为人民服务是新闻工作者的起点和归宿

我国《宪法》规定,国家的一切权利属于人民,人民依照法律规定,通过各种途径和形式,管理国家事务,管理经济事务和文化事业,管理社会事务,行使当家做主的权利。新闻媒体只有及时传播人民群众关心的信息,使人民群众了解来源于政治、经济、文化、科技、社会各方面的信息,才能更好地行使参政议政的权利,参与国家事务管理,才能真正当家做主。

2. 社会主义新闻事业是党、政府、人民的耳目喉舌

1985 年胡耀邦同志在中央书记处《关于新闻工作的讲话》时,第一次明确界定了新闻事业的性质是"党、政府、人民的耳目喉舌"。1989 年 11 月 28 日江泽民同志在新闻工作研讨班的讲话进一步明确了新闻工作的地位和作用。"我们国家的报纸、广播、电视等是党、政府、人民的耳目喉舌。"新闻工作应充分、准确地反映出人民群众的意志、愿望、要求和呼声,深刻、完整地反映出人民群众在社会实践中涌现出的新情况、新经验、新问题、新动向,想群众之想,急群众之急,通过新闻报道切实地为群众办好事、办实事。

3. 记者要善于调查研究,坚持新闻为人民而写的原则

记者是专业的调研人员,要深入第一线,同群众保持最广泛、最深刻的联系，要善于根据情况的变化发现新问题，采写出人民群众所需要、所关心、所喜闻乐见的新闻作品，要用科学的理论武装人，正确的舆论引导人，高尚的精神塑造人，优秀的作品鼓舞人。

4. 做好舆论监督工作

新闻舆论作为上层建筑、意识形态的一部分，对政治生活、经济文化生活影响越来越大。舆论工作就是党的思想政治工作，是党和国家前途、命运所系的工作，舆论正确是党和人民之福，舆论错误是党和人民之祸。社会主义的新闻工作在多方面的开展、做好为人民服务、为社会服务的同时，还要充分发挥新闻事业的宣传教育功能和舆论导向功能，新闻工作者要勇于坚持真理，善于同社会不良倾向作斗争，要做真理的宣传者和捍卫者，以事实为基础，以理服人。要有高度的政治敏感和准确的判断力和洞察力，善于从适当方面迅速抓住问题实质进行剖析，使人引以为戒。

5. 新闻工作者要提高自己的业务水平和工作技能

为了更好地为人民服务，新闻工作者就要紧跟时代前进的步伐，刻苦钻研新闻业务，掌握多学科的知识，努力掌握新的科学技能（电脑、外语、驾驶），以便更好地为人民服务。

二、坚持正确的舆论导向

新闻工作者应当增强政治意识、大局意识、责任意识，坚持正确的舆论导向。在新闻报道中，要弘扬爱国主义、集体主义、社会主义的主旋律，动员和团结全国各族人民投入到建设祖国、振兴中华的伟大事业中来。要坚持团结、稳定、鼓励正面宣传为主的方针，造成有利于推动改革开放、发展社会生产力的舆论。新闻报道不应当出现低俗化倾向，而应当宣传对社会公众身心有益的内容。

三、遵守《宪法》、法律和法规

新闻工作者必须在《宪法》和法律的范围内活动，自觉遵守《宪法》、法律和宣传纪律，如果违反了这些规定，就必然会受到法律的制裁。原《北京青年报》记者关键就是这样断送了自己的前程。他于1991年在日本留学期间加入特务组织，搜集了大量的国家机密级材料出卖给外国间谍机关，最终受到了法律的严惩。

有的报刊为了获得更多的发行量，不惜开辟大量的版面来登载一些具有低级趣味的明星轶事、个人隐私，以此来招揽读者、提高报纸或杂志的知名度和发行量，还美其名曰"为了满足大众的知情权"。殊不知，知情权和隐私权的产生都是社会发展的产物，因此，这两种公民权利能否得到保护也已成为一个国家文明程度的重要标志。在我国的《宪法》中，虽然没有"隐私权"字样的出现，但《宪法》第38条明确规定："中华人民共和国公民的人格尊严不可侵犯……"这其中便隐含着对隐私权的认可和保护。因此，要通过合法和正当的手段获取新闻，尊重被采访者的声名和正当要求。不能打着"满足大众知情权"的旗号，随意侵犯他人的隐私权。

新闻记者是观察者、传播者，而不是裁判者，对于司法部门审理的案件，新闻工作者可以客观报道案件发生情况、法院审理过程及判决结果。但不得在报道中故意偏向原告或被告任何一方；不得报道非公开审理的案件和涉及国家机密、个人隐私、未成年人犯罪的案件；在法院审理尚未结案以前，未经司法机关同意，不得报道侦破情况；不得报道合议庭的评论情况；不得对审理做任何评价；不得超越司法程序抢先报道判决结果；对案件审理和判决的评论，只能在结案后进行。新闻工作者在进行新闻报道时应当维护司法尊严。

四、维护新闻的真实性

真实是新闻的生命，社会主义新闻工作者要坚持发扬实事求是的作风，加强调查研究，不得弄虚作假，尤其不能像西方某些新闻记者为追求新闻轰动效应而捏造、歪曲事实。

新闻真实性原则还要求新闻工作者采写和发表新闻要客观公正，力求全面地看问题，防止主观性、片面性，努力做到从总体上、本质上把握事物的真实性。

五、保持清正廉洁的作风

作为社会主义制度下的新闻工作者，要坚持发扬清正廉洁的作风，自觉抵制拜金主义、享乐主义、个人主义思想的侵蚀，坚决反对"有偿新闻"等不正之风，树立行业新风。

十多年前，"有偿新闻"在中国大陆本来毫无立锥之地，然而如今却逐渐风行于中国新闻界。更为可悲的是，人们对"有偿新闻"已经少了应有的警惕和良知，如记者拿"红包"，无论是圈中人还是圈外人，均视为一种虽不合理、不应该但又司空见惯的平常之事。在这种心态下，新闻界"越轨"之严重，在中国新闻史上可以说是空前的，这严重损害了新闻界的形象和新闻工作者的威信。

针对这种情况，《准则》规定，新闻工作者不得以任何名义索要、接受采访报道对象的钱、物、有效证券、信用卡等；参加各种会议和活动不得索取和接受任何形式的礼金；不得以职务之便谋取私利。同时还强调，新闻报道和经营活动要严格分开，新闻单位不得用新闻形式做广告；不得向编采部门下达"创收"任务，记者、编辑不得从事广告或其他经营活动。

这些具体规定是针对当前新闻界存在的最普遍也是最严重的问题，我们相信，只要严格遵守这些规定，"有偿新闻"终会在新闻界销声匿迹。

六、发扬团结协作精神

在社会主义社会中，不同的传媒机构有着不同的受众对象，具有自身的特点，但是他们的总目标都是一致的，都是在党和政府的领导下为社会主义建设事业服务。团结协作，形成合力是社会主义新闻工作的一大优势。

由于不同媒体、不同栏目各自具有不同特点，他们之间也必然存在一定程度的竞争，但这种竞争应当建立在平等、团结、友爱、互助的基础上，要提倡互相学习、相互支援，开展正当的业务交流和竞争。

如同西方新闻界一样，我们也提倡多发"独家新闻"，但那种为了达到某种目的而封锁消息来源，甚至背信弃义的做法是与社会主义新闻道德背道而驰的。

第二节　新闻法规

我国正在加强社会主义法制建设，法律法规在逐步健全。法律作为国家良性运转的保障，正在国家政治、经济、文化、生活等各个领域和社会主义现代化建设中起着越来越重要的作用。新闻工作者要自觉学习法律知识、提高报道水平，适应社会主义法制社会对新闻工作的要求。

一、新闻工作者应有的法律意识

1. 事实意识

事实是指事物的真实情况，它是不以任何人的意志为转移的一种客观存在。

第一，慎重选择消息提供者，所有事实核实无误后方可采用。

第二，在报道中交代新闻来源。

第三，妥善保存采访中获取的材料、证据，包括采访笔记、采访录音、录像、采访对象提供的各种有形的材料等。

第四，客观平衡报道。

2. 责任意识

第一，向公众提供真实客观报道的责任。

第二，发生新闻纠纷被告上法庭后，有责任配合法院调查，以辨清是非。

第三，诉讼终结后执行法院判决的责任。

3. 证据意识

证据就是证明案件真实情况的一切事实。一般来说，与新闻官司有关的证据应该是与新闻报道、新闻侵权行为有关，对证明新闻侵权的真实情况有某种证明意义并能够成为查明案情和定案依据的物证、书证、证人证言等客观存在的一切事实。

种类：

① 物证；

② 书证；

③ 证人证言；

④ 被害人陈述；

⑤ 被告人的供述和辩解；

⑥ 鉴定结论；

⑦ 勘验、检查笔录。

4. 诉讼意识

① 正确认识，积极应诉；

② 主动配合，依法应诉；

③ 寻求机会，争取辩解。

二、关于"保守国家秘密"

新闻自由受到法律保护，但这种自由不是绝对的，而必须是在法律允许的范围内行使的民主权利。新闻活动不应违反国家保密规定。

1. 新闻保密原则是支持新闻事业党性原则的重要内容和具体体现

新闻事业的一项重要内容就是要遵守党的组织原则和宣传纪律。所谓宣传纪律，就是无产阶级对新闻机构的新闻宣传活动规定的组织纪律，保守党和国家的秘密是其中首要的一条宣传纪律。

社会主义革命胜利后，社会主义新闻事业在活动中仍然必须坚持党性原则、遵守宣传纪律，坚持新闻保密原则也必须提到同等高度来认识。

1984年，《中共中央宣传工作中请示与报告制度的决定》对宣传工作中的请示与报告制度作了规定，以强化宣传纪律。

2. 新形势下加强新闻宣传中的保密工作的重要性及有关措施

我国实行对外开放以来，新闻宣传报道中的保密工作出现了一些新情况、新问题，这主要表现在：

第一，空前发展的新闻出版业，一方面为社会主义"两个文明"建设发挥着巨大作用，另一方面，也在一定程度上增加了国外、境外情报机关通过公开发行的书、报、刊搜集我国情报的机会与可能。

第二，一些境外、国外新闻机构和组织出于不可告人的目的，利用我国的对外开放和有些人保密意识淡薄，派人以各种名义潜入国内窃取、刺探，非法搜集中国国家秘密和情报，损害中国利益和形象。

第三，随着新闻改革的推进，各种传媒的宣传形式呈多样化，加之某些传媒一味地抢新闻、"挖深度"，而淡漠了保密观念，将不该报道的报道了，甚至把不该报道的重要细节也"和盘托出"，致使"泄密事件"频频发生，其教训十分深刻。

第四，新闻从业人员，特别是刚刚进入新闻队伍中的青年人，对保密工作的重要性、严肃性缺乏认识，对保密制度和传统做法不熟悉。什么能够报道，应该什么时候报道，报道到什么程度，等等，头脑中比较模糊。

第五，有的新闻单位没有健全相应的保密制度，或者仍处于一种无章可循、有章不循的状态。

为适应这种新形势，1987年7月18日，《中共中央宣传部、中央对外宣传小组、新华通讯社关于改进新闻报道若干问题的意见》（以下简称《意见》）针对国内新闻与国际新闻的对内对外报道中存在的主要问题提出改进意见，要求"新闻报道必须十分注意保密"。指出："在目前开放、搞活，要求经济信息社会化的情况下，经济新闻的保密问题显得特别重要，需要认真把关。"《意见》还提出处理办法："一是要重申政治纪律和宣传纪律，如发现泄密行为，应依法严肃处理。二是缩小保密范围，将可以公开的内容在适当的时候，以适当的方式，由新华社或其他新闻机构公开报道。"

1989年11月25日，李瑞环同志在中宣部举办的新闻工作研讨会上讲话强调了要严格新闻宣传纪律，指出："新闻单位要加强保密观念，严格保密纪律，健全保密制度。对中央授权有关新闻单位发布的重要新闻，其他新闻单位不得抢先。要注意内外有别，新闻从业人员在工作中了解的机密，绝不准向无关人员透露，更不得传播各种小道消息。对违背新闻宣传纪律者，一定要认真追查，并根据不同情况给予批评教育或党纪、政纪处分；触犯刑律的还要追究其刑事责任。"

在新闻活动中严守宣传纪律、坚持保密原则是维护国家安全和利益、保障社会主义建设顺利进行的要求，是新闻事业党性原则的重要体现，其范围包括：

（1）有关党和国家政策、党和国家领导人讲话和活动以及机密文件等。

① 中央尚未最后确定或虽已作出决定、但尚未正式公布、限于内部掌握的内外政策；不对外公布或暂时不对外公开的党和国家的政治活动。

② 中央领导人的内部讲话。

③ 党的文献、档案；不宜公开的内部调研材料或内部分析意见；关系到党和国家根本利益的重大政治性问题和其他各种敏感性问题。

④ 中央、军队和各地方的秘密文件。

⑤ 由人大常委会任免的干部、未经人大常委会审议通过，不得抢先报道。

⑥ 记者在采访报道过程中得到的文件、简报等材料，凡标有机密级的，用后一律按秘密规定妥善处理，不得扩散或遗失。

（2）军事秘密。

"凡涉及国防安全和利益，对外不能公开的事项都属于军事秘密。"

① 部队的作战计划、番号、编制、实力、装备、阵地、调动、部署等。对参战部队的宣传报道，除遵循以上规定外，不得暴露具体作战地点、高地具体目标、参战部队规模、具体作战意图、战术手段、武器装配情况、我军伤亡具体人数、我军技术侦察获得的情报以及其他情报来源、我对敌通信联络实施干扰等秘密情况。（1985年12月12日《中共中央宣传部、中国人民解放军总政治部关于加强军事宣传纪律的规定和主要事项的通知》）

② 海、边防涉及军事斗争事件，如需报道，应报请中央、中央军委或总部批准后，由授权新闻单位统一发布。

③ 中央军委、总部的重大决策和领导同志的内部讲话，未经中央军委或有关总部批准，不得公开报道。

④ 关于军民纠纷事件，对涉及军队人员和内部事宜的批评，可通过内参向军队的上级党员反映，确实需要公开批评的，要经部队审查同意。

⑤ 各地武装部队、各重要企业、可供国家动员的人力和财力等各种储备，不得公开报道。

⑥ 军工企业的详细地点、生产内容、产品型号、性能、使用代号和重要参数等核心秘密不得公开报道。

⑦ 不要报道直接供应军事工业的战备资源，重要的有色金属和稀有金属矿区。

⑧ 不要报道战备工程、平战结合的重要战略设施和大中城市的具体规划。

⑨ 涉及国防工业尖端技术领域、全局性的科学技术规划、科研项目、综合计划和重要统计数字等，不得公开报道。

⑩ 报道不能涉及武器科研、生产、实验单位的具体隶属关系，以及内部名称和地址。

（3）科学技术中的秘密事项。

① 国家批准的发明或正在进行实验的可能成为发明、专利的阶段性成果，目前国外虽有、但系保密的重要科研成果，以及我国特有的生产技术诀窍和传统工业技术，重大成果的关键配方、关键工艺、关键设备等，未经国家主管部门批准，不得公开报道。

② 我国通过非公开渠道取得或引进的外国技术专利、机密资料、尖端设备，不得公开报道。

③ 我国特有菌种、毒种和生物制品，我国特有的特效药剂的制造工艺、放射性疾病的防治技术和药物器材，一律不公开报道。

④ 我国特有的重要资源和特有的珍稀动物资源的数量、培养技术不公开报道。

⑤ 涉及需要保密的科学技术工作规划，重要的科研基地和保密设施，大专院校设置有保密性质的系、专业及其教研活动，一律不公开报道。

⑥ 国家重大科研攻关项目计划。

（4）外交、军事活动中的秘密事项。

① 对于涉及友好国家和友好党的方针、政策、人事等问题，特别是那些敏感的问题，中央党政机关因工作需要可在一定的小范围内进行实事求是的研究，但不要在公开、半公开和一般内部文件、刊物上反映，必要时可整理成内部绝密材料向中央反映。不能将内部讨论的内容向其他人员泄露，更不允许在涉外交往中将我内部讨论情况和不同看法通过任何形式向外国人透露。（1984年10月5日《中共中央办公厅、国务院办公厅关于严禁公开或半公开讨论友好国家和友好党内部事务的通知》）

② 凡有损害解放军、公安、检察、法院、司法、安全、海关等国家执法机关形象以及涉及我国外交形象的案件，未经中央批准，一律不准公开报道。（1986年3月10日《中共中央宣传部关于做好端正党风宣传报道的通知》）

③ 凡是不利于我国的国际形象、容易引起国际社会误解的东西，如社

会丑陋现象，应内部反映，一般不作公开报道。个别经批准的，应从打击罪犯、严禁蔓延的角度进行正面报道（1988年4月30日《中共中央办公厅转发〈新闻改革座谈会纪要〉的通知》）。

（5）国民经济和社会发展中的秘密事项。

① 属于保密的国民经济计划资料（含国民经济预测资料），未经主管部门审核批准不得公开报道。

② 属于保密的重要出口商品的生产、销售、价格、库存情况，我国进出口的意图、计划、盈亏、外贸策略和鼓励出口的具体政策措施等内部情况和数字，以及不利于我国出口商品信誉的情况，均不得公开报道。

③ 我国利用外贸和与国外进行经济技术合作方面的内部工作情况，不得公开报道。

④ 仿制外国产品，转让或公开专利技术，涉及法律问题和外贸经济利益的情况，不得公开报道。

⑤ 国家未公开发表的国民经济和社会发展规划、概算、决算、财政金融的中长期规划，不得报道和引用；确需报道的，需经主管部门批准。

⑥ 放射性元素、重要有色金属和特殊非金属矿藏的具体位置、储量和品位，均不得公开报道。

（6）维护国家安全活动和追查刑事犯罪中的秘密事项。

① 没有把握的案件，正在侦察、起诉或审理的案件，以及尚未做出终审判决的案件，不要公开报道。

② 对于涉及现场勘察、尸体检验、犯罪痕迹的提取检验、现场分析、侦破方向的确定等侦察手段，事关公安工作机密的重要数据，以及有可能诱发刑事犯罪的案例一律不得公开报道。不得泄露当事人隐私和与案件有牵连人的姓名。

③ 对在押犯人的采访，要经公安、司法部门批准，稿件要公安、司法部门审查。不得公开报道关押犯人的监狱、农场的地理位置和在押犯人的数字。

④报道涉及间谍、特务案件，事先应经国家安全机关批准。

（7）灾情报道。

①重大火灾。"涉及国家重要机密和纵火爆炸造成惨重伤亡的火灾案例，一般不要公开报道。"（1985年3月2日《中共中央宣传部、公安部、广播电视部、国家统计局关于定期公布火灾统一数字加强消防宣传的通知》）

②地震等自然灾害。关于地震、气象、洪水等可能造成重大影响的预报或预测，一般不做公开报道；需要报道时，必须经国务院有关领导部门批准，由新华社统一发布。（1987年7月18日《中宣部中央对外宣传小组新华社关于改进新闻报道若干问题的意见》）"各级地震部门、地震台站及地震工作者，群测点及测报员以及任何单位或个人，在地震预报意见未经人民政府批准发布前均不得向外界泄露，更无权对外界发布。"（1988年8月9日《国务院批准国家地震局发布地震预报的规定》）

1997年通过的《防震减灾法》第16条规定："国家对地震预报实行统一发布制度。"全国性的地震长期预报和中期预报，由国务院发布。省、自治区、直辖市行政区域内的地震长期预报、中期预报、短期预报和临震预报，由省、自治区、直辖市政府发表。北京市的地震短期预报和临震预报，由国家地震局和北京市政府负责管理地震工作的机构，组织召开震情会商议，提出预报意见，经国家地震局组织审评后，报国务院批准，由北京市政府发布。第15条规定："其他任何组织或者个人不得发布地震预报。"1998年12月发表的《地震预报管理条例》第14条规定："新闻媒体刊登或者播发地震预报消息，必须依照本条例的规定，以国务院或者省、自治区、直辖市人民政府发布的地震预报为准。"新闻媒介如果得到民间与地震有关的异常情况反映时，首先应当与所在地政府及地震部门取得联系，而不应抢先报道。在地震发生后，应当从政府和地震部门取得可靠信息进行震情和灾情的报道。对有关地震的谣言，应与地震部门配合积极辟谣。

③疫情。"任何其他单位和个人未经批准，不准对外报道、公布和引

用发表未经公布的传染病疫情。"（1989年11月8日《卫生部关于授权公布传染病疫情的通知》）

1989年《传染病防治法》第23条规定："国务院卫生行政部门应当及时地如实通报和公布本行政区域的疫情。"这是对政府卫生行政部门的义务性规范。"任何单位或个人未经批准，不准对外通报、公布和引用发表未经公布的传染病疫情。"这是对新闻媒介的禁止性规范，即不得报道未经政府卫生行政部门发布的或未经批准的疫情新闻。新闻媒介应当根据政府卫生行政部门公布的疫情进行报道。

④ 汛情。1991年《防汛条例》第28条规定："电视、广播、新闻单位应当根据人民政府防汛指挥部提供的汛情，及时向公众发布防汛信息。"新闻媒介应当及时报道防汛信息，而消息来源必须是政府防汛部门提供。

⑤ 气象。"由中国气象局管辖的各级气象台（站）负责发布，其他部门、单位及个人未经省或省级以上气象部门同意，均不得向社会公开发布各类天气预报和灾害性天气警报。"（1993年7月1日《国务院办公厅对中国气象局〈关于加强发布公众天气预报归口管理的报告〉的复函》）

《气象条例》第14条规定："国家对气象预报和灾害性天气警报实行统一发布的制度。""任何组织和个人不得擅自向社会发布天气预报。"1999年颁布的《气象法》对此也有规定。

三、新闻传播活动中违法行为的基本特征及其主要类型

新闻传播活动中的违法行为，是指新闻传播机构或新闻从业人员在主观过错的支配下实施的违反法律规范要求和法定行为模式的危害社会的行为。在新闻工作中不履行法定义务、违反法律的规定、滥用手中的报道权利都可能导致违法行为的发生。

1. 新闻传播活动中违法行为的基本特征

包括新闻传播活动中的违法行为在内的所有违法行为都具有下述三方面的基本特征：一是违法行为都有社会危害性，即行为对国家、集体和他

人造成了一定的危害，并要承担相应的法律责任，如果不具有社会危害性的行为就不能认作是违法行为；二是违法行为具有违法性，即违法行为都是违反法律规范要求的行为，这是违法行为的法律特征，也是对违法行为的法律上的否定评价；三是违法行为是应受到法律制裁的行为，体现了国家对违法行为在法律要求和法定行为模式范围内所进行的惩罚。以上是就违法行为的一般性特征而言，对于新闻传播机构和新闻从业人员来说，违法行为除了具备上述三方面的特征外还具有下列个性特征：

第一，新闻事业的政治宣传与政治鼓动的功能，决定了新闻传播活动中的违法行为具有强烈的阶级性。

新闻事业正式诞生于资本主义方式萌芽、兴起的封建社会末期，因此，作为阶级社会的产物，新闻事业产生伊始便注定了它具有阶级斗争、政治斗争工具的使命。无论是威尼斯新闻信息中传达出的早期资产阶级经济发展的要求，还是稍后政党政论报刊期间充斥报端的党同伐异的激烈言论，乃至廉价报纸时期黄色新闻的泛滥，都莫不体现出新闻事业的这一鲜明特征。正是由于这一点，新闻传播活动中的违法行为的社会危害性，首先就是指对占统治地位的社会关系和社会秩序的破坏而言。统治阶级总是把不利于自己统治、侵害其政治、经济等利益的新闻报道及言论视为非法而加以制裁。在不同类型的法（剥削阶级的法和社会主义的法）中，对于什么是有社会危害性的新闻传播行为存在着截然不同的认定，如在资产阶级大革命时期资产阶级报刊对于封建王朝统治的猛烈抨击，早期无产阶级报刊对于工人运动的报道和马克思主义的宣传，站在当时统治阶级地位的立场来看，显然都是严重违法行为而必须坚决禁止的。由此而见，新闻传播活动中的所谓违法行为，最主要是以是否触及统治阶级的根本利益为法律依据和判断标准，因而具有强烈的阶级性。

第二，新闻事业在社会生活及广大群众心目中所处的特殊地位，决定了新闻传播活动中的违法行为给社会造成的危害，范围更广泛，影响更深远。

相对于其他行业及其社会成员的违法犯罪行为，新闻媒介和新闻工作者在新闻工作中，其行为一旦超出了法律界限而危害社会，后果要严重得多。一般的刑事犯罪，受到伤害的也许只有一个人或少数几个人，负面影响所及也只是在一定时间和一定范围之内，但如果犯罪主体是新闻媒介和新闻工作者，比如刊发了一篇违反法律规定的新闻报道，所造成的社会危害就必然是大范围的，而这种大范围的社会危害又往往很难随着犯罪主体受到法律制裁而立即停止或消除；又如同样的违法行为，实施行为的主体是一般人与新闻记者，所产生的影响及后果是决不能等量齐观的。尽管在法律面前人人平等，对同样犯罪的一般人与新闻记者在法律量刑上不无不同，但对社会造成的有形或无形的消极作用，在范围与程度上明显是不一样的。

第三，新闻事业作用于社会的特殊途径和特殊方式，决定了新闻传播活动中的违法行为所产生的社会危害主要体现在精神污染和思想侵害方面。

新闻事业的基本职能是采写、传播新闻信息，新闻工作者与社会发生的各种关系更多的是在实践这一基本职能的过程中形成的。由于这一职业特点，表现在新闻传播活动中的违法行为，便具有了鲜明的个性特征。比如，同样是对人身权侵害的犯罪行为，新闻传播活动中的犯罪方式是通过精神的影响作用诸如侵犯名誉权、隐私权、肖像权等从而侵害人身权的；又如对财产权的侵害，一条关于股票行情或证券交易的失实报道，可能会导致大批股民或证券持有人的财产遭受损失。这种间接侵害财产权的违法行为，其实施手段与方式显然是与那种直接的抢劫、诈骗或行窃是不同的。再如新闻媒介对淫秽、色情文字的传播，这些不健康的、低级趣味的精神产品，对社会尤其对青少年的身心健康所造成的危害其严重程度并不亚于直接的肉体伤害，区别仅在于所使用的犯罪凶器不同，一个可能是用刀，另一个则是用笔；一个作用于肉体，一个作用于精神。而后者较之前者，危害更严重。所以，包括我国在内的世界许多国家，对此类精神侵害的禁止都有明确而严格的法律规定。

2. 新闻传播活动中违法行为的主要类型

新闻传播活动中的违法行为，可以依据不同的标准做出不同的分类，比如依社会危害性的程度，可以分为严重违法行为和一般违法行为；依主观过错（故意和过失）的不同，可以分为故意的违法行为和过失的违法行为；依违反法律的不同，可以分为刑事违法行为和民事违法行为。为便于展开讨论，本文采用第三种划分标准。

（1）新闻传播活动中的刑事违法行为。

刑事违法行为是指严重危害社会的行为，亦指犯罪行为。这种犯罪行为与其他违法行为之不同，不仅在于其社会危害性的量大，而且在于这种社会危害性的量达到了一定的限度，起了质的变化，危及到社会的重大利益，所以国家需要用刑法处罚的手段来保护这种利益，我国刑法第10条给犯罪行为所作的原则性规定是："一切危害国家主权和领土完整，危害无产阶级专政制度，破坏社会主义革命和社会主义建设，破坏社会秩序，侵犯全民所有的财产或者劳动群众所有的财产，侵犯公民私人所有的合法财产，侵犯公民的人身权利、民主权利和其他权利，以及其他危害社会的行为，依照法律应受刑法处罚的，都是犯罪"。这个规定指出了犯罪的一系列基本特征，为我们确认新闻传播活动中的刑事违法行为提供了原则依据。

一般地看，表现在新闻传播活动中的刑事违法（犯罪）行为，较为普遍的有以下几种形式：

① 收受贿赂罪。

新闻工作者在业务活动中利用工作之便收受贿赂，是新闻队伍中的一种严重的腐败现象，是以权谋私的突出表现，同时也是一种犯罪行为。1988年全国人大常委会《关于惩治贪污罪和贿赂罪补充规定》第4条明确规定："国家工作人员、集体经济组织工作人员或者其他从事公务的人员，利用职务的便利，索取他人财物的，或者非法收受他人财物的为他人谋取利益的，是受贿罪"。在1994年4月公审宣判的一起轰动全国的大案——原北京长城机电科技产业公司总裁沈太福非法集资及贪污案中，同案犯中就有两名记者，他们是中央人民广播电台的孙××和科技日报社的蔡××。他们经不住金钱的诱惑，助纣为虐，推波助澜，帮助沈太福制造舆论，欺骗公众，最后由于收受贿赂而被司法机关依法逮捕，受到法律的严厉制裁。由于新闻媒介特有的舆论宣传的作用，这就使得社会上的各种不法分子通过行贿利用新闻工作者为其充当协作犯罪的角色具有了现实可能，如果不加强自律，提高警惕，稍有不慎就有可能跌入犯罪的泥潭。但在这里需要加以区分的是，新闻工作中利用职务之便收受贿赂与收受礼金是不同的，尽管收受礼金也是一种应当禁止和惩罚的腐败行为，但在性质上有所区别。受贿违反的是刑事法律，往往可能给新闻单位的管理和社会利益造成严重危害；而收受礼金，目前尚属不正之风，它所侵害的主要是新闻队伍的廉洁性，一般还不会给社会造成另外的物质损失。所以鉴于目前社会上送礼现象较为普遍，新闻从业人员收入不高等具体情况，只要不是收受数额相当大的礼金，对这种情况尚不宜以犯罪论处。

② 泄露国家机密罪。

新闻工作者的职业活动范围，上自政界要人，下至平民百姓，上自国家机关及其要害部门，下至工矿企业乡镇山村，社会生活领域中的各机构、各部门，几乎无所不往、无所不在。新闻工作者的这一职业特点，决定了他较之一般人更有可能接触甚至掌握到国家的许多机密，因而也就有了利用记者身份窃取、泄露国家机密的犯罪条件。根据我国刑法第186条、全国人大常委会《关于惩治泄露国家机密犯罪的补充规定》和《中华人民共和国保守国家秘密法》的规定，故意或过失泄露国家机密的属犯罪行为。近年来在我国相继发生的几起新闻工作者因泄露国家机密而受到法律制裁的案例，给我们提供了极为深刻的教训。

1991年被捕入狱并判处20年有期徒刑的原《北京青年报》记者关键，在其屈指可数的新闻生涯中，曾以"越洋"电话采访港台某歌星而名噪一时。

就是这个在报社小有名气,并连续被评为报社"先进记者"及"市级优秀青年记者"的关键,为了达到出国的目的,从1986年开始利用其记者职业的便利条件,多次将国家绝密或机密泄露给有用的"外国朋友"。此后一直到1991年他被捕前,几乎从未间断过刺探、窃取、收买甚至杜撰国家机密提供给境外新闻媒介或间谍机关。在他被捕后仅他的住处就一次搜查出各类秘密级和内部资料500余件。同样因泄露国家机密罪而受到法律惩处的原新华社编辑吴士深和《中国健康教育通讯》杂志编辑马×,他们在1992年10月将一份秘密文件私自复印后提供给香港某新闻机构,并从中得到人民币兑换券5000元的"酬劳"。由于他们的行为构成为境外人员非法提供国家机密罪,而且后果特别严重,分别被判无期徒刑和6年有期徒刑。

除了像关键、吴士深、马×这样的新闻队伍中的败类出于对金钱的欲望和其他卑劣动机公然泄露甚至出卖国家机密的犯罪行为以外,新闻传播活动中的泄露国家机密罪,还大量地表现在由于采写报道新闻的过程中不遵守国家保密法规和有关制度从而导致泄露国家机密的过失犯罪行为。比如在1981年升空的中国运载火箭运行的轨道和无线电测频等高技术情报、历史悠久的宣纸制造技术、不易退化的野生大豆种籽、矮麦、漏笋等优良品种的栽培技术,等等,都是通过我们的新闻媒介"无偿奉送"给外国情报机构的。这些惨痛的教训是向我们敲响的警钟:在新闻工作中必须提高国家安全的思想觉悟和保守机密的法律意识,否则就可能给国家造成重大损失,从而犯下不可饶恕的罪行。

③非法出版罪。

新闻传播活动中的非法出版罪,主要是指非法印刷、出售报纸或新闻期刊等出版物,从而牟取暴利的一种违法犯罪行为。其犯罪主体既可能是报社及其从业人员,也可能是社会上的其他单位和人员。近几年来此类犯罪活动十分猖獗,个别新闻单位及人员不遵守新闻出版法规,不坚持良好的新闻出版行为规范,使报刊市场出现紊乱现象。仅1994年4月和8月,新闻出版署报纸司和北京市新闻出版局在两次抽查北京市的报摊时，一次就发现了20多种违法违规小报。这些非法出版的小报，或是内容庸俗腐朽，或是纯粹的广告宣传，或是金融、股市等信息，由于迎合了一部分读者的口味与需要，因而有着一定的市场和可观的经济效益。

关于非法出版行为，国家有关部门制定颁布了一系列的法规，对此予以严格禁止和坚决打击。比如，国务院〔1980〕163号文件明确规定："地方各类刊物，……未经主管部门批准，未经办理登记手续，一律不得编印、出版、发售"。文化部、国家工商局、公安部1985年2月15日发布的《关于加强报刊发行管理工作的通知》规定："未经批准登记的报刊不得在社会上公开出售，如有发现，一律取缔"。国务院在1987年7月6日发布的《关于严厉打击非法出版活动的通知》中更明确地指出："对从事非法出版活动情节恶劣、后果严重、触犯刑律的，应当依法追究刑事责任"。

表现在新闻传播活动中的非法出版罪主要是从两个方面来加以认定的，一是出版程序上的非法，即出版行为违反了国家关于报纸期刊出版发行的编辑、审查、注册、备案等法律规定，比如1994年上半年被查封处罚的《上海股市报》《沪股快讯》等四家报纸，都是未经审核批准、不顾国家法令而非法公开出版的。其他如公开征订、摆卖、定价销售内部报纸，以报纸形式印送广告或其他宣传品，单独发售报纸临时增版部分或正常开版内的部分版叶，等等，均属非法出版罪。二是出版物的内容非法，许多非法出版的报刊，大多都是出于牟取暴利的目的以刊载反动、淫秽、封建迷信等方面的内容为主，或者都是抄袭剽窃之作，严重危害社会而达到了违法犯罪的程度。比如，不法分子李××、张××等四人，从1986年6月起，违反工商管理和报刊管理的有关规定，伪造期刊登记证号，非法编印、发售宣扬凶杀、强奸、乱伦等内容的期刊《发人深省的案例》8期共101万册，获利4万余元，最后被天津市中级人民法院定罪判刑。

新闻传播活动中的刑事违法行为，除了上述三方面的表现以外，其他方面的犯罪现象也时有发生，但因不属于新闻传播中特有的、普遍的违法行为现象，故不再赘述。

（2）新闻传播活动中的民事违法行为。

新闻传播活动中的民事违法行为，是指新闻机构及其从业人员违反民事法律规范、不履行民事法律义务并要承担相应的民事法律责任的过错行为。在我国现阶段，民事法律规范的通用准则是1986年4月12日第六届全国人民代表大会第四次会议审议通过的《中华人民共和国民法通则》，它对我国基本的民事法律关系作了明确的规定，主要调整对象是平等主体之间的财产关系和民事范围内的人身关系。根据民事法律关系的这两类调整对象，民事违法行为一般分为不履行合同的行为和侵权行为。不履行合同的行为是指当事人没有按法律规定或合同约定履行自己义务的行为。侵权行为则是指行为人非法侵害他人财产权利或人身权利的行为。新闻传播活动中的民事违法行为，主要表现在新闻侵权行为上。

按照广义的理解，侵权行为包括侵害他人人身权利的行为和侵害他人财产权利的行为。在新闻工作实践中，侵害他人财产权利的行为主要表现在两个方面：一是新闻媒介刊播失实新闻或虚假广告对群众的财产权利造成的间接侵害，二是抄袭剽窃造成对他人著作权的直接侵害；侵害他人人身权利的行为，则主要表现在通过新闻媒介对他人人身名誉权所造成的损害并产生了一定的后果上。近年来的新闻官司，绝大多数也正是属于这类侵害公民名誉权的民事案件。

从民法理论上说，名誉权是指公民、法人及其他社会组织对自己在社会生活中所获得的评价，即自己的人格尊严受法律的保护，依法所享有的不可侵犯的权利。在现实活动中，对名誉权的侵害活动方式主要有两种：一是侮辱，就是以言语、行为或其他方式贬低他人的人格，破坏他人的名誉；二是毁谤，就是无中生有地捏造事实并加以散布，以此损害他人的名誉和贬低他人的人格。基于新闻传播活动中违法行为的特点，新闻侵害名誉权具有不同于一般侵害名誉权的特殊形式，其构成要件如下：

侵权主体是特殊主体，主要是指新闻出版单位、新闻从业人员、所刊播作品的作者等特定主体。

名誉侵权的客体是一种精神权，虽然是与民事主体人身不可分离，又无直接财产内容的权利，但有时又与财产有着间接的联系。比如企业法人、工商个体户等生产经营主体受到新闻媒介对其名誉权的侵犯，就有可能影响正常的生产与经营，从而造成财产损失。

与小说、剧本等纯系虚构的文学作品所导致的侵权纠纷主要应由作者承担民事责任不同，新闻侵害名誉权一般为共同过错，这是指新闻报道者与新闻单位，有的还包括转载或引用侵权作品的新闻出版机构等共同致害人，以上共同侵权人对被侵权人承担连带责任。有些人认为，虽然新闻报道或刊载的其他作品确实在客观上侵犯了他人的名誉权，但自己并不知道，故属无过错的，责任应由作者或记者自负。其实，这种看法是错误的。法律明文规定，要求一切新闻出版单位，必须严格审查作品的合法性，这是法定义务。由于审查不严导致侵权作品得以刊播，这就是失职，就是过错。当然，因为新闻侵权人内部的权利不同，一般由最初发表侵权作品的新闻单位承担主要责任。

在多数情况下，只要在新闻报道中实施了法律禁止的行为就构成了名誉侵权。导致新闻侵害名誉权的直接原因及其表现形式较为常见的有以下几类：

① 报道失实。

报纸、刊物、电台、电视台等新闻媒介所报道的内容不是客观事实或与事实基本不符，从而造成了对他人名誉权侵犯的后果。在新闻传播活动中侵害名誉权的案例绝大多数都是此类报道失实引起的。近几年的多起轰动社会的新闻官司，其中不少都是因为报道中出现了不实之词或不实之事，严重地侵犯了原告人的人格和尊严而引起的。

② 侮辱诽谤。

利用新闻报道捏造或传播谎言，损害他人人格，贬低他人名誉的，一般视为侮辱诽谤行为。比如著名作家杨沫起诉《梅开二度访杨沫》的作者汪某及其所在的《知识与生活》杂志，吴若增起诉《吴若增的失落》作者潘某及其所在的《文学自由谈》杂志，天津华旗集团起诉《购物导报》及其记者张某，等等。所诉案由都是因为这些报纸、刊物所采写和刊载的报道及其作品使用了攻击性的口吻和侮辱性的语言，甚至低级趣味的描写，对原告进行了诋毁和中伤，原告因此诉诸法律，最后均以胜诉结案。

③ 不公正评价。

由于不公正评价导致的新闻侵害名誉权，是指报道内容所反映的事实即使是客观存在的，但作者的主观评价不客观、不公正，甚至是错误的，即把对某一事实的褒贬故意夸大，达到一定程度，从而构成侵权。比如1994年8月31日的北京市西城区法院开庭审理的歌手谢津起诉《谢津将被封杀》一文的作者徐某及刊载此文的《戏剧电影报》一案，就是因为作者在文章中所使用的评论性语言鲜明地表达出对原告不公正的评价，如"结语"部分所写"有人分析谢津恐怕是在学一些大腕的做法，以此造成轰动效应"及"引起……深思：到底应该用怎样的方法来扶持大陆歌手的健康成长和发展"，这种评论文字显然是原告所不能接受的。

④ 揭人隐私。

所谓隐私，是指公民对自己私生活中不能为他人知晓，或不便于公开的个人秘密，如思想秘密，生理秘密，财产秘密，公民住宅及住所安宁，等等。在民事活动方面，由于扩散、宣扬他人隐私会损害到他人的名誉，因此是应当承担民事法律责任的。在目前，我国新闻侵害隐私权的法律诉讼尚不多见，但在新闻实践中，如记者采访时，有意或无意地触及了被采访者隐私的现象还是屡见不鲜的。比如反复追问采访者的个人收入情况，千方百计地打听某影视明星的实际年龄，某电视台在一起打击拐卖妇女案的现场报道中将两位受害姑娘以特写镜头暴露于众目睽睽之下，等等。在西方国家，新闻媒体为了招徕读者和牟取暴利，是极为热衷于揭人隐私，尤其是名人的隐私，但如果受害人一旦举报，所受到的法律制裁也极为严厉。比如世界十大名模之一的德国女郎希费尔，因被意大利的一家杂志偷拍了裸露上胸的照片并登在了该杂志的封面上，愤而起诉，最后经法庭调解，该杂志除声明道歉之外，另付她250万马克的名誉损失费。这一条爆炸性新闻曾在整个欧洲引起轩然大波，凡持有正义感的模特与出版商都坚决支持希费尔这一维护个人尊严的举动。由此我们想到早在1955年以色列一位司法部部长说过的话："当前民主国家的主要问题，不是如何保障新闻自由，而是必须保障个人自由免于被新闻自由所侵犯。"此言固然不适宜于我们社会主义国家的新闻事业，但对于我们每一个新闻工作者来说，在采写、传播新闻的过程中，应该对隐私权这一法律所赋予公民的合法权益给予充分的尊重，这是在现代社会所必须具备的最基本的法律常识之一。

以上，我们简要地分析了新闻传播活动中名誉侵权行为的四种形式，应该说，随着我国新闻事业的进一步发展、繁荣和舆论环境的相对宽松以及公民法律意识的进一步增强，这种新闻官司还会出现甚至还可能会更多地出现，对此是需要引起我们广大新闻工作者的高度重视的，另外还需要明确的是，新闻报道一旦侵害了公民的名誉权，都必须承担相应的法律责任。在《民法通则》颁布以前，我国的司法审判实践只是对于诽谤他人而且情节严重的才追究其刑事责任。但由于在刑事犯罪中，受处罚的对象只能是公民个人，而作为法人的新闻机构是不能追究刑事责任的。因此，一般对于新闻侵权，都并未追究其法律责任。《民法通则》公布实施以后，情况就不同了，法人虽然不承担刑事责任，但在民事活动中，他是一个民事主体，当法人侵害了他人的民事权利后，就必须承担民事责任。特别是因新闻报道而侵害他人名誉权的，就要承担停止侵害、恢复名誉、消除影响、赔偿损失等民事法律责任。此外还需要明确的是，在新闻实践中应正确区分新闻侵权与正常舆论监督的界限。新闻媒介是社会舆论监督的重要工具，它的职责之一就是倡导良好的社会风气并对不良社会现象进行批评。任何公民或社会组织通过新闻媒介发表自己的言论、看法也是法律赋予的权利，不应对新闻媒介的实事求是的批评动辄看作"新闻侵权"以避免不必要的法律诉讼。

四、采访报道权的内容

1. 新闻工作者可以公开报道的事项

（1）各级人民代表大会的举行，包括可以公开报道的大会程序，人事选举结果，各级人大人员构成，有关决议的审议结果等。

（2）立法过程和法律、法规的颁布施行。

（3）有关人民切身利益的重大决策的制定和施行。

（4）国家领导人公开的政务活动及言论。

（5）国民经济运行情况。

2. 必须经有关方面审查批准后可以报道的事项

（1）领导机关授权发表的新闻材料。

（2）有关中国共产党和国家重大事务的报道，其中重要人事任免需经有关领导机关授权后方可统一发布。

（3）有关重大、敏感的国际问题的评论、文章需发表时，必须报请有关领导部门批准。中央授权的新闻宣传机构对上述评论、文章应负责审定，凡无把握的，应征求有关部门的意见，必要时应向中央请示。

（4）涉及国家秘密的报道，按保密法及有关规定执行。

（5）新闻不得干预司法独立，对正在审理中的案件报道必须征得受理法院的同意。

（6）自然灾害和事故（汛情、疫情、震情、交通事故）。有关各种天灾人祸的报道，由于是关系人民生命财产安全和社会安定团结的报道，虽然总的原则是让人民知悉了解实情；但必须真实、准确、及时，有关的法律、法规、规范仍应由有关部门统一发布。

3. 禁止采访报道和转载的内容

（1）煽动推翻中国共产党领导的人民民主专政政权和社会主义制度，煽动抗拒、破坏国家法律、法规的实施。

（2）未经有关方面证实、审查、批准可能在群众中引起混乱的灾情、震情、疫情报道。

（3）扰乱正常社会秩序的报道。

（4）损害国家主权和泄露国家秘密的报道。

（5）涉及外交关系的报道。

严禁发表或转载对各国领导人进行人身攻击的文章、漫画，不得公开对友好党、友好国家的内部事务乱加议论。严禁公开转载和引用议论友好国家领导人和内部事务的外国著作和报刊材料。

（6）对其他公民的人格尊严和人身权利进行诽谤的报道。

（7）涉及个人隐私的内容。

当记者采访的是个人行为的当事人时，不能侵害公民的隐私权，记者在采访中不得采访纯属个人隐私的有关材料，否则当事人有权拒绝采访。未经当事人同意，新闻不得公布其与公共生活无关的私生活材料。

新闻工作者采访报道活动不得违反国家的法律法规；在采访、报道或转载活动中要特别注意上述所列内容的特别规定。

五、关于肖像权

1. 肖像权基本内容

（1）肖像拥有权。

公民依法拥有自己的肖像权，他人不得侵害其拥有权，不得侮辱、损坏权利人的肖像。

（2）肖像制作专有权。

肖像的制作是指运用造型艺术手段将公民的外部形象表现出来，并固定在某种物质载体上，使公民的形象转化为肖像。肖像的制作可以由自己完成，如：自画像、自摄像等，但更多的是由他人制作，他人制作肖像权人的肖像应征得肖像权人的同意。无论是由谁制作的肖像，肖像权人都对自己的肖像享有专有权。肖像权人一方面有权根据需要制作自己的肖像，他人无权干涉;另一方面有权制止任何人不经本人同意而制作他人的肖像。

(3)肖像使用专有权。

肖像使用专有权是指肖像权人对于自己的肖像利用价值的专有支配权。肖像权人有权以任何方式进行自我保护,任何人不得干涉;有权禁止他人非法使用自己的肖像;有权有偿地或无偿地将自己肖像的利用价值转让给他人,由他人使用。

(4)肖像利益维护权。

肖像权人有权维护自己肖像的精神利益(禁止他人对自己的肖像进行恶意毁损、玷污、丑化)和物质利益(肖像权人有权要求以营利目的的使用本人肖像的侵害人赔偿其财产利益的损失)。

2. 肖像权的合理使用

在我国,新闻机构和新闻工作者在新闻报道中使用公民的肖像都是基于社会公众利益的目的而非营利的目的,因此,在下列情形下,新闻媒介可以合理地使用公民的肖像:

(1)使用具有新闻价值的人物的肖像。

台湾学者史尚宽认为:"例如元首、政治家、外交官、议员、学者、发明家、著作家、艺术家、运动员、成功之企业家——凡具有新闻兴趣的人皆不得主张肖像权。"在我国,对于党和国家领导人、人大代表、政协委员、著名社会活动家、学者、演员、运动员以及其他社会知名人士,为了报道其活动和事迹而使用其肖像,不构成侵权。

(2)使用参加集会、游行、仪式、庆典或其他公共活动的人的肖像。

因这类活动往往具有新闻报道价值,所以任何人在参加这些社会活动时,都应允许其肖像用于宣传报道。

(3)国家机关为执行公务而使用公民肖像。

如公安机关为识别、辨认、通缉犯罪分子而使用其肖像;司法机关在诉讼活动中作为证据而使用当事人的肖像等。

（4）为了公民本人的利益而使用公民的肖像。

如为了寻找下落不明的公民，在寻人启事上使用该公民的照片。

（5）为了行使正当舆论监督而使用他人肖像。

例如拍摄破坏文物、翻越交通隔栏的照片并予以公开，这属于正当的舆论监督，不构成侵权。

（6）为了科学、文化、经济、卫生、体育等公益事业的需要而有限地使用公民的肖像。

所谓有限使用，是指只能在一定范围内使用，如为了医学临床教学、研究而在教室、医院展示别人的病理照片或者在专业书报杂志上撰写文章时使用这些照片，不得随意扩散使用的范围。

（7）基于肖像作品著作权的使用。

这种使用是根据《著作权法》的有关规定而进行的。合理使用他人肖像，必须遵循合理使用的特定目的、范围、方式等方面的合理规则进行。同时，使用时应尊重他人的声誉和尊严，否则仍会侵害他人的肖像权或者其他人格权。

六、舆论监督中应注意的几个问题

1. 学会运用"公正评论与批评"的原则

舆论监督实际上是由两个阶段组成，一是受众知情阶段，受众通过新闻报道，了解事件的前因后果；二是受众批评阶段，受众通过所接收到的信息产生自己对此事件的独立看法和意见，行使宪法赋予公民的言论自由的权利。

围绕着言论自由这一宪法权利，许多国家都建立了类似我国"公正评论与批评"的法律保障制度。凡是政府机构、慈善组织、商业机构、教育单位及其他受到大众注目或引起公众争议的公共机构、措施和人物，尤其是对"公务人员"的"公务行为"；涉及"公众利益"的公共事务；"公众人物"在"公开场合"的举动等，新闻工作者及公众都可以通过媒介予以报道或批评。有些国家称这样的法律保障制度为"媒介优先权"，意即在涉及公众利益的情况下，为保证充分的意见和舆论沟通（但必须没有恶意），法律优先考虑对公正评论的权利的保障，其次是有关个人或法人的名誉权等人身权利。

美国是新闻立法比较早的国家之一，美国法律界确定了三条舆论监督保护性原则，即公正评论，确有恶意，绝对权利。法院认为，公众选举的官员应该随时准备接受公众对其职务行为进行的批评。在美国，法院对于涉及公众人物有关诽谤或名誉侵权的指控，要求原告负有"举证责任"，用证据证明报道是虚假的，在举证事实错误的同时，还必须证明言论是出于恶意。对普通公民的保护较之于对公众人物的保护要多，普通公民只需证明媒介提供的错误信息的确不是出于疏忽，就可以定为媒介侵权。从其司法实践上看，在监督公共官员从事公共事务的问题上，给予媒介适当的特许权，使其免受指控。

所谓"媒介特许权"，是指为了公民利益或为保护个人合法权益，可以作有诽谤性的陈述而不需要负法律责任。并非是不平等的特权。这种特许权又分为"绝对特许权"和"有限特许权"。享有绝对特许权的言论可以受到法律的绝对豁免。最主要的是在法庭审判中的陈述，包括法官、陪审员、证人、律师以及当事人在法庭上的言论，均给予绝对的保障，此外还包括法庭文件，政府官员之间职务往来的文件以及议员在议会上的发言和议会文件等。享有有限特许权的言论包括：为完成公共或私人责任所发表的言论（如履行职务时所作的陈述，对涉及公共利益事项的评论等），为保护其自身利益所发表的言论，为答辩所发表的言论以及关于议会、司法等公共议事的报告等。对享有绝对特许权的言论，通常不得提起诉讼。对享有有限特许权的言论，在起诉时原告必须对被告具有恶意负有举证责任。

2. 了解法院"维护权益平衡"的原则

随着我国法律建设的不断完善，自 1987 年《民法通则》颁布施行以来，我国法律已赋予公民、法人保护自己的人格尊严的权利，使公民、法人在受到新闻媒介不公正批评时有了自我保护的法律武器。

由于舆论监督在社会生活中的特殊作用，我国人民法院基本上是本着"既要保护公民、法人的名誉权，又要支持舆论监督"的原则办事。

据北京市朝阳区人民法院的办案经验，一般来说，法院在审理因舆论监督而导致的名誉侵权案件时，会因侵权对象的不同而区别对待。如果监督的对象是党政机关、公众人物，其应接受监督的范围大，接受监督的能力强，法院一般倾向于保护公权，即新闻单位的舆论监督权。如，新闻媒介批评和监督省委书记，只要基本事实清楚，即使有轻微失实引起诉讼，法官一般保护新闻媒介的舆论监督权。如果被监督的对象是普通百姓，而行使舆论监督权的又是一家大媒体，那么，法院一般倾向于保护普通公民和法人的权益，即保护处于弱者地位的普通百姓。

在事实的认定上，法院坚持基本的事实应准确。如果基本事实准确，只是个别词句不妥，一般应保护新闻媒体的舆论监督权；如果新闻媒体连基本事实都没搞清楚，那还谈什么监督？这时法院就应该保护被监督对象的权益。

新闻舆论监督失实时，应及时更正、道歉，这样可以减轻新闻单位对被监督对象造成所应承担的法律责任，而且也体现出新闻单位"有错就改"的高姿态。现在，越来越多的新闻单位加强了新闻工作者的道德自律，越来越多的被监督对象在媒体主动"更正""道歉"后息讼。

3. 搞清新闻工作者的角色定位

新闻媒介在监督社会的同时也在接受社会的监督，因此新闻工作者首先必须搞清自己的"角色定位"（指记者明确自己在社会生活中的正确位置、应当充任的合适角色和应当行使的社会职责；明确自身的权利、义务、责任，从而自觉地规范自身的行为）。

新闻媒介在报道新闻时应是客观事实的反映者，不是裁判者。舆论监督的目的应该是客观地报道新闻、反映观点，新闻工作者应尽量摒弃任何个人的偏见、情感和观点，尽量做到事实与意见的分离，做到事实的准确和报道方式的冷静，要以理性的视角观察事物、反映事实，在舆论监督中应尽量采用"公平"和"平衡"的编辑方针，向受众传达客观、完整、准确的信息，以呼吁社会各界保护公共利益。

新闻工作者应是中立的把关人，他们的角色是双重的。当批评社会和国家时，他们站在人民的立场上，是人民的代言人；在报道争议问题时，他们能高瞻远瞩，站在争辩各方之间，有时类似不偏不倚的观察者，有时要统合各方面的意见和建议，引导舆论，成为人民的教育者。

其次，新闻工作者应严守宣传纪律，不得公开报道涉及国家机密、个人隐私和未成年人犯罪的案件；在行使舆论监督的权利时不得侵犯公民、法人的名誉权、隐私权等人身权利；必须严格依照司法权避免擅自对案件进行定性或随意对事实、证据及当事人作肯定或否定的指认；在案件审结前，不得发表有倾向性的报道，不得搞"媒介审判"，不得超越司法程序抢先报道判决结果，以免给司法机关造成舆论压力。

4. 新闻舆论监督要注意区别对待不同的监督对象

（1）把批评单位和批评个人分开。

有些报道是将某一单位或某一部门作为批评对象，在这种情况下，即使报道中有一些小纰漏，也不大可能是报道者故意为之，因此可以在判定上宽松一些；而对个人的批评则应严格把关，防止有人利用舆论监督进行人身攻击。

（2）把道德批评和能力批评分开。

有些批评报道仅仅是对于一个人工作能力存在某些欠缺进行批评，这一般不存在恶意编造、诽谤他人的情况；但有些报道则是对一些人的道德品质进行批评，如思想问题、生活作风问题等，这涉及一个人的名誉，一旦失实会给侵害人带来很严重的精神损失，所以对此类侵权要严厉处罚。

（3）把批评国家公务人员与批评普通公民分开。

国家公务员作为人民的公仆，是国家权利的行使者，其行为本身应受到群众的监督。舆论监督有利于约束国家公务员的公务行为,防止公务员利用职务之便出现贪污、腐败等不良行为。因此,对于批评公务员的报道,只要其不是诽谤和故意侮辱他人人格的,均可以视为正常的舆论监督。

  法律的精髓在于维护权益的平衡。新闻单位在行使舆论监督权利的同时,要充分考虑被监督者的利益,尽可能保证各方面权利的平衡,只有这样,才能真正创造出一个宽松、安全而稳定的监督环境。

主要参考文献

[1] 丁柏铨.新闻采访与写作(第三版)[M].北京:高等教育出版社,2014.

[2] 武斌.新闻写作案例教程:范例、思路与技巧[M].广州:南方日报出版社,2014.

[3] 吴晨光.如何打造成功的自媒体——超越门户[M].北京:中国人民大学出版社,2015.

[4] [美]亨利·詹金斯.融合文化——新媒体和旧媒体的冲突地带[M].杜永明,译.北京:商务印书馆,2012.

[5] [美]马克·克雷默(Mark Kramer),温迪·考尔(Wendy Call).哈佛非虚构写作课:怎样讲好一个故事[M].王宇光等,译.北京:中国文史出版社,2015.

[6] 黎勇.发现独家:新媒体时代的独家新闻采写之道[M].广州:南方日报出版社,2016.

[7] [美]肯尼思·科布勒.美国新闻摄影教程[M].任悦,译.北京:人民邮电出版社,2009.

[8] 陈绚.新闻传播伦理与法规概论[M].北京:高等教育出版社,2012.

[9] 魏金成.新闻法规与职业道德教程(第二版)[M].武汉:武汉大学出版社,2013.

［10］长弓.大环境变了，传统媒体人才流失或将加速［EB/OL］.网易科技报道，http：//www.so.com/link?url=http%3A%2F%2Ftech.163.com.

［11］王可."钢铁侠"网红撩动媒体大战，唐装开讲碎碎念［EB/OL］.你好台湾网，http：//www.so.com/link?url=http%3A%2F%2Fwww.hellotw.com.

［12］张伟伟.众包新闻：一个亟待关注与研究的领域［J］.今传媒，2016（04）.

［13］陈文丽，孙国红.浅谈全媒体战略下新闻报道模式转型［J］.今传媒，2013（09）.

［14］李盛之.直播常态化：历程、意义与趋势［J］.现代传播，2003（05）.

图书在版编目（CIP）数据

实用电视新闻采制教程/靳斌，张树锋编著. —北京：中国国际广播出版社，2017.8（2019.6重印）

（21世纪高等院校新闻学与传播学经典教材）

ISBN 978-7-5078-4012-4

Ⅰ.①实… Ⅱ.①靳… ②张… Ⅲ.①电视新闻 – 新闻工作 – 高等学校 – 教材 Ⅳ.①G222

中国版本图书馆CIP数据核字（2017）第154012号

实用电视新闻采制教程

编　　著	靳　斌　张树锋
责任编辑	杜春梅
版式设计	国广设计室
责任校对	徐秀英
出版发行	中国国际广播出版社 ［010-83139469　010-83139489（传真）］
社　　址	北京市西城区天宁寺前街2号北院A座一层 邮编：100055
网　　址	www.chirp.com.cn
经　　销	新华书店
印　　刷	天津市新科印刷有限公司
开　　本	710×1000　1/16
字　　数	350千字
印　　张	25
版　　次	2017年8月　北京第一版
印　　次	2019年6月　第二次印刷
定　　价	58.00元

欢迎关注本社新浪官方微博
官方网站 www.chirp.cn

版权所有
盗版必究